W0254685

Informatik aktuell

Herausgeber: W. Brauer
im Auftrag der Gesellschaft für Informatik (GI)

Peter Holleczek (Hrsg.)

PEARL 92

Workshop über Realzeitsysteme

Fachtagung der GI-Fachgruppe 4.4.2
Echtzeitprogrammierung, PEARL
Boppard, 3./4. Dezember 1992

Springer-Verlag
Berlin Heidelberg New York
London Paris Tokyo
Hong Kong Barcelona
Budapest

Herausgeber

Peter Holleczek
Universität Erlangen-Nürnberg
Regionales Rechenzentrum
Martensstraße 1, W-8520 Erlangen

Programmkomitee

W. A. Halang	Hagen
P. Holleczek	Erlangen (Vorsitz)
A. Küchle	Friedrichshafen
K. Mangold	Konstanz
H. Meyerhoff	Bremen
D. Popovic	Bremen
H. Rzehak	Neubiberg
D. Sauter	München
K. Stieger	Neubiberg
H. Reinig	Dresden
H. Windauer	Lüneburg

CR Subject Classification (1992): C.3

ISBN-13:978-3-540-56267-2 e-ISBN-13:978-3-642-77980-0
DOI: 10.1007/978-3-642-77980-0

Dieses Werk ist urheberrechtlich geschützt. Die dadurch begründeten Rechte, insbesondere die der Übersetzung, des Nachdrucks, des Vortrags, der Entnahme von Abbildungen und Tabellen, der Funksendung, der Mikroverfilmung oder der Vervielfältigung auf anderen Wegen und der Speicherung in Datenverarbeitungsanlagen, bleiben, auch bei nur auszugsweiser Verwertung, vorbehalten. Eine Vervielfältigung dieses Werkes oder von Teilen dieses Werkes ist auch im Einzelfall nur in den Grenzen der gesetzlichen Bestimmungen des Urheberrechtsgesetzes der Bundesrepublik Deutschland vom 9. September 1965 in der jeweils geltenden Fassung zulässig. Sie ist grundsätzlich vergütungspflichtig. Zuwiderhandlungen unterliegen den Strafbestimmungen des Urheberrechtsgesetzes.

© Springer-Verlag Berlin Heidelberg 1992

Satz: Reproduktionsfertige Vorlage vom Autor/Herausgeber

33/3140-543210 – Gedruckt auf säurefreiem Papier

Vorwort

PEARL ist tot - es lebe PEARL, könnte man meinen, wenn man den Untertitel der neuen GI-Fachgruppe liest ... . Nur, diese Botschaft ist wohl etwas verkürzt. Richtig, den stark von Rechner-Hersteller-Interessen bestimmten PEARL-Verein gibt es nicht mehr. Da allenthalben proprietäre Betriebssysteme durch Standard-Betriebssysteme wie UNIX abgelöst werden, mußte auch für PEARL eine zeitgemäßere Lösung gefunden werden, die

- die Verdienste des PEARL-Vereins zur Förderung einer "standardisierten" Echtzeitprogrammierung

sowie

- die positiven, wissenschaftlichen und didaktischen Ansätze von PEARL zur Strukturierung von Realzeitaufgaben

aufgreift und zukunftssicher macht.

Die Chance wurde von der Gesellschaft für Informatik e.V. (GI) wahrgenommen. Im Rahmen der GI-Fachgruppe 4.4.2 Echtzeitprogrammierung PEARL wurden die Aspekte Echtzeit und PEARL quasi synonym zusammengefaßt und unter die Obhut der GI gestellt. Unabhängig davon ist PEARL in der Informatik-Ausbildung zur Zeit hoch im Kurs, so daß PEARL im Rahmen der GI sicher eine gute Heimat hat.

Dieser Entwicklung trägt auch diese Tagung Rechnung. Fast zwangsläufig stehen UNIX und Echtzeitaspekte an erster Stelle. Im Rahmen von "Leistungsmessungen" werden Maßstäbe gesetzt, denen sich auch UNIX stellen muß.

In Abschnitt "Verteilte Systeme" kann PEARL zeigen, ob es Lösungen zu den strukturellen Problemen anspruchsvoller Automatisierungsaufgaben hat.

Im Rahmen von "Aktuellen Realzeit-Anwendungen" werden mit Hilfe exemplarischer Lösungen Streiflichter auf den Stand der Kunst geworfen.

"PEARL in der Ausbildung" zeigt, daß PEARL in der Informatik-Ausbildung seinen festen Stellenwert hat und - wie am Beispiel der Fern-Universität Hagen sichtbar - durchaus auch mit Breitenwirkung.

Erfreulich war insgesamt die Vielzahl der Einsendungen, die dem Programm-Komitee die Auswahl schwer machte und - trotz Zusammenrückens - dazu führte, daß eine Reihe von Vorschlägen zurückgewiesen werden mußten.

Die Tradition des PEARL-Vereins fortsetzend, ist es gelungen, den Tagungsband wieder im Springer-Verlag erscheinen zu lassen. Dabei hat die Fachgruppe die Ehre, die neue Reihe Informatik aktuell mit eröffnen zu dürfen. Die Firmen Digital, Siemens, ATM, Dornier und Werum haben ihren Beitrag geleistet, das junge Pflänzchen GI-Fachgruppe am Anfang noch etwas zu hegen, wofür an dieser Stelle gedankt sein soll.

P. Holleczek — Erlangen, September 1992

Inhaltsverzeichnis

Der POSIX-Standard und echtzeitfähige UNIX-Systeme

H. Rzehak
Fakultät für Informatik
Universität der Bundeswehr München
Werner-Heisenberg-Weg 39
8014 Neubiberg,

Zusammenfassung: Der Beitrag beschäftigt sich mit dem Thema UNIX und Echtzeitanwendungen unter den beiden folgenden Aspekten:

- Welche funktionalen Erweiterungen umfassen die Echtzeiterweiterungen zu POSIX, und
- welche Qualitäten muß eine Implementierung aufweisen, damit sie für Echtzeitanwendungen geeignet ist?

Entwürfe für die Aufnahme neuer Konzepte in den POSIX-Standard werden dargelegt, und es werden die Betriebssystem-Eigenschaften behandelt, die für die Zeitverhältnisse in den Anwendungsprogrammen wichtig sind. Daher wird ausführlich erläutert, wie es zu unbeabsichtigten Wartezeiten (Latenzzeiten) kommen kann, und in welcher Größenordnung diese liegen können.

1 Einleitung

In den POSIX-Arbeitsgruppen werden Erweiterungen des POSIX-Standards für Echtzeitanwendungen ausgearbeitet. Gleichzeitig sind UNIX-Implementierungen auf dem Markt erschienen, die für sich in Anspruch nehmen, daß sie für Echtzeitanwendungen geeignet sind (vgl. [FURa], [FURb], [GAL], [KRIEa], [KRIEb], [LOH], [MUEL], [TRE]). Antworten zu den folgenden Fragen sind deshalb von Interesse:

- Welche funktionalen Erweiterungen umfassen die Echtzeiterweiterungen zu POSIX, und
- welche Qualitäten muß eine Implementierung aufweisen, damit sie für Echtzeitanwendungen geeignet ist?

Die Echtzeiterweiterungen zu POSIX (vgl. [PX.4], [PX.4a], [PX.4b], [PX.13]) beschreiben wichtige Funktionen, die in konventionellen UNIX-Systemen für Echtzeitanwendungen fehlen. Daneben liegen Entwürfe für die Aufnahme neuer Konzepte in den POSIX-Standard vor. Hervorzuheben ist hier:

- Die Verwaltung mehrerer unabhängiger Kontrollflüsse (Threads) in einem Prozeß. Ein Prozeß wird dabei durch den eigenen benutzerseitigen Adreßraum und den Besitz von Betriebsmitteln gekennzeichnet.
- Die Definition von Anwendungsprofilen. Es sind vier Anwendungsprofile vorgesehen. Das minimale Profil stellt einen Basis-Systemkern dar, der neben dedizierten Anwendungen auch zur standardkonformen Konstruktion eines Betriebssystems mit hierarchischer Struktur dienen könnte.

Zur Beurteilung der Echtzeiteigenschaften eines Betriebssystemes werden in den POSIX-Arbeiten Leistungskenngrößen (Metriken) eingeführt. Zu einem POSIX-konformen Produkt sollen Leistungsdaten gemäß diesen Metriken veröffentlicht werden, die durch einen Conformance-Test überprüfbar sind. Allerdings werden durch die vorgeschlagenen Metriken nicht alle Betriebssystem-Eigenschaften erfaßt, die für die Zeitverhältnisse in den Anwendungsprogrammen wichtig sind. Daher wird ausführlich erläutert, wie es zu unbeabsichtigten Wartezeiten (Latenzzeiten) kommen kann, die durch das Betriebssystem verursacht sind.

2 Echtzeiterweiterungen zu POSIX

2.1 Übersicht über die Entwicklung

POSIX (Portable Operating System Interface) ist die Bezeichnung für einen Standard, der in der IEEE-Arbeitsgruppe P1003 ursprünglich erarbeitet wurde. Der erste zusammenfassende Bericht wurde 1988 veröffentlicht (IEEE Std 1003.1-1988). Diese Arbeit wurde 1989 als ISO/IEC Dis 9945 registriert. Das Basisdokument (vgl. [PX.1]) wurde 1990 als ISO/IEC-Standard verabschiedet. Wesentliches Ziel war es, die verschiedenen UNIX-Dialekte zu vereinheitlichen und eine Basis für portable Programme zu schaffen. Dabei wurden folgende Prinzipien besonders berücksichtigt:

- Der Standard soll eine klare, konsistente und eindeutige Definition des existierenden UNIX-Systems sein, um die Portabilität zwischen den UNIX-Systemen zu fördern.
- Es ist eine Schnittstellen (Interface) -definition und keine Festlegung einer Implementierung beabsichtigt.
- Die Portierbarkeit von Quellenprogrammen ist zu gewährleisten, nicht die von Objektprogrammen.
- Die Beschreibung benutzt ANSI-C.

- Super-User und Systemadministration wurden nicht in die zu spezifizierenden Aspekte einbezogen.
- Der Schnittstellenumfang soll minimal sein.
- Breite Implementierungsmöglichkeit soll gegeben sein.
- Die Anpassung an den neuen Standard soll möglichst kleine Änderungen in bestehenden Implementierungen erforderlich machen.
- Ebenso sollen möglichst kleine Änderungen in bestehenden Anwendungsprogrammen erforderlich sein.

Die Bindung an die Programmiersprache C soll zukünftig aufgehoben werden, indem in einem Teil die grundlegenden Anforderungen sprachunabhängig beschrieben werden, und ein zweiter Teil die Sprachbindungen (Language Bindings) enthält. Heute wird in einer großen Anzahl von Arbeitskreisen an weiteren Dokumenten zu POSIX gearbeitet. Hierzu eine Übersicht (Titel verkürzt):

P1003.0	Guide to POSIX-Based Open Systems
P1003.1	Core POSIX System Interface (ISO/IEC 9945)
P1003.1a	Core POSIX System Revision
P1003.2	Shells and Utilities
P1003.2a	User Portability Extension
P1003.3	Test Method Extension for POSIX
P1003.4	Real-Time Extensions for POSIX
P1003.4a	Threads Extension for POSIX
P1003.4b	Extensions for Real-Time System API (P1003.4)
P1003.5	ADA Language Binding
P1003.6	System Security
P1003.7	System Administration
P1003.8	Transparent File Access
P1003.9	FORTRAN Language Binding
P1003.10	Supercomputing
P1003.11	Transaction Processing
P1003.12	Protocol Independent Interface
P1003.13	Real-Time Application Environment Profiles
P1003.14	Multiprocessing Application Environment Profiles
P1003.15	Batch Scheduling
P1003.16	C Language Bindings to POSIX
P1003.17	Name Space and Directory Services
P1003.18	Platform Environment Profile
P1201.1	High-Level Windowing Interface API
P1201.2	User Interface Drivability
P1224	Networking Message Handling Services API
P1237	Networking Remote Procedure Calls
P1238.1	Networking Common OSI
P1238.2	Networking FTAM

Für Echtzeitanwendungen sind von besonderem Interesse:

P1003.4	System Application Program Interface (API) - Amendment 1: Real-Time Extensions [C Language]; aktuell: Draft 12 vom Feb. 1992
P1003.4a	Threads Extension for Portable Operating Systems; aktuell: Draft 6 vom Feb. 1992
P1003.4b	Realtime System API Extensions; aktuell: Draft 1 vom Nov. 1991
P1003.13	Standardized Application Environment Profile - POSIX Realtime Application Support AEP); aktuell: Draft 4 vom Nov. 1991

2.2 Vorgesehene Funktionalität

Die in IEEE P1003.4 vorgesehenen POSIX-Funktionserweiterungen für Echtzeitanwendungen sehen im einzelnen vor (in der Reihenfolge des Normvorschlags):

- Echtzeiterweiterungen zum Signal-Konzept
- Synchrone und asynchrone Ein- und Ausgabe
- Semaphore
- Hauptspeicherresidente Prozesse (Process Memory Locking)
- Hauptspeicherresidente Dateien und gemeinsamer Speicher für mehrere Prozesse (Memory Mapped Files and Shared Memory)
- Pioritätsgesteuerte Prozessorzuteilung
- Uhrzeit und Zeitgeber (Clocks and Timers)
- Botschaftensystem (Message Passing)
- Dateien mit optimierten Zugriffszeiten (Realtime files)

Dabei wurden existierende Echtzeiterweiterungen zu UNIX entsprechend den in Abschnitt 2.1 dargelegten Prinzipien berücksichtigt. Die Einführung grundsätzlich neuer Konzepte und einige strittige Punkte wurden in gesonderten Erweiterungen (P1003.4a und P1003.4b) zusammengefaßt, um eine rasche Verabschiedung des Hauptteils zu ermöglichen.

Zu den grundsätzlich neuen Konzepten gehört die Verwaltung selbständiger Kontrollflüsse (Threads) in einem Prozess. Ursprünglich wurde ein Prozeß (häufig auch Task genannt) durch den selbständigen Kontrollfluß definiert (vgl. [HER]). Bei Systemen mit dynamischer Adreßtransformation wurde damit auch ein eigener (benutzerseitiger) Adreßraum assoziiert, was eine stärkere Abschottung der Prozesse untereinander bedeutet. Dies ist als Schutzmechanismus wünschenswert, andererseits können globale Daten oder gemeinsame Unterprogramme nur in besonderen Bereichen (common segments) verfügbar gemacht werden. Bei Konzepten für Betriebssysteme wird heute zwischen beiden Aspekten wieder unterschieden. Beispiele sind POSIX und OS/2. Die Begriffe Prozeß (bzw. Task) und Thread unterscheiden sich durch nachfolgende Stichworte:

Prozess (Task):

- Besitzer von Betriebsmitteln
- Eigener Adreßraum
- Enthält einen oder mehrere Threads
- Kommunikation über die Prozeß-Grenzen hinaus bevorzugt über Botschaften

Thread:

- Element eines Prozesses
- Kann selbst keine Betriebsmittel besitzen (Ausnahme: der Prozessor)
- Verfügt über alle Betriebsmittel des Prozesses, dem er angehört
- Kommunikation zwischen den Threads bevorzugt über globale Daten

Systeme ohne dynamische Adreßtransformation kennen nur einen (benutzerseitigen) Adreßraum. Der selbständige Kontrollfluß in einem solchen System wird zunehmend nicht mehr Prozeß (bzw. Task) sondern Thread genannt.

Für die Einrichtung von mehreren Threads in einem Prozeß ist auch der Gesichtspunkt von Bedeutung, daß man durch mögliche Nebenläufigkeiten in einer Anwendung den Prozessor für diese Anwendung besser nutzen Kann. Dies kann man auch für die Implementierung von PEARL nutzen. Da PEARL globale Objekte kennt, bietet sich die Abbildung einer PEARL-Task in einen Thread an, während eine COLLECTION in Mehrrechner-PEARL in einen POSIX-Prozeß abgebildet werden könnte.

Durch die Standardisierung soll das ganze Spektrum der Echtzeitanwendungen abgedeckt werden. Um das Betriebssystem an Anwendungen anpassen zu können, die nicht den vollen Funktionsumfang benötigen (z.B. wegen fehlender Hardware), werden in P1003.13 verschiedene Anwendungsprofile definiert. Die Vorschläge umfassen z.Z. vier Klassen (Application Environment Profiles, AEP):

- AEP 1 (Minimal real-time system):

  Dieses Profil ist kennzeichnend für "eingebettete Systeme". Das Programmiermodell kennt nur einen Adreßraum, was einem POSIX-Prozeß entspricht. Nebenläufigkeiten werden durch mehrere POSIX-Threads realisiert. Minimale Hardware-Voraussetzung ist der Prozessor mit seinem Hauptspeicher, aber keine Speicherverwaltungseinheit für dynamische Adreßtransformation (memory management unit).

- AEP 2 (Real-time controller system):

  Das Minimalsystem ist erweitert um eine Dateien-Schnittstelle, zeichenweise serielle Ein- und Ausgabe und eine Ausnahmebehandlung (POSIX-Signals). Die minimalen Hardware-Voraussetzungen werden ergänzt um eine oder mehrere serielle Schnittstellen (z.B. RS 232). Ein Massenspeicher ist nicht Voraussetzung, da das Dateiensystem auch im Hauptspeicher realisiert werden kann.

- AEP 3 (Dedicated real-time system):

  Dieses Profil unterstützt mehrere POSIX-Prozesse, eine allgemeine Schnittstelle für Gerätetreiber und die Schnittstelle zu einem nicht hierarchischen Dateiensystem. Für Systeme mit dynamischer Adreßtransformation (memory management unit) sind hauptspeicherresidente Prozesse und Daten (memory locking) vorzusehen. Minimale Hardware-Voraussetzungen sind ein oder mehrere Prozessoren mit oder ohne Speicherverwaltungseinheit für dynamische Adreßtransformation (memory management unit).

- AEP 4 (Multi-purpose real-time system):

  Hier werden alle POSIX-Funktionserweiterungen für Echtzeitanwendungen unterstützt. Hardware-Voraussetzungen sind Prozessoren mit Speicherverwaltungseinheit für dynamische Adreßtransformation (memory management unit), Massenspeicher, Netzwerk-Unterstützung und Sichtgeräte.

AEP 1 kann auch als Funktionsumfang eines Betriebssystem-Kerns aufgefaßt werden. Mit den dort beschriebenen Basisfunktionen lassen sich die übrigen Funktionen implementieren (hierarchische Struktur des Betriebssystems).

Neu in den POSIX-Veröffentlichungen ist auch die Definition von Leistungsmetriken. Anbieter einer POSIX-konformen Implementierung sollen Werte zu den Leistungmetriken veröffentlichen. Vorgesehen sind Leistungsmetriken für alle Systemfunktionen, die Aussagen über deren Zeitbedarf liefern. Die Definitionen sind so gewählt, daß die Werte von außen überprüfbar sind. Sicherlich erleichtert dies die Auswahl eines geeigneten Betriebssystems; leider ist das Problem der Latenzzeiten (vgl. Abschnitt 3) durch die definierten Metriken nicht vollständig erfaßt.

3 Zeitgerechte Reaktion und Latenzzeiten

Konventionelle UNIX-Systeme sind nicht nur wegen des Defizits in der Funktionalität der Schnittstelle für Echtzeitanwendungen ungeeignet, es ist auch das Zeitverhalten der Programme nicht genügend kalkulierbar. Dies liegt daran, daß es bedingt durch die Konstruktion des Systemkerns zu unkontrollierten Wartezeiten (Latenzzeiten) für UNIX-Prozesse kommen kann. Im nachfolgenden wird beschrieben, wie diese Latenzzeiten entstehen, und welchen Anforderungen echtzeitfähige Betriebssystemkerne genügen müssen.

3.1 Reaktion auf externe Ereignisse

Wesentliches Merkmal eines Echtzeitsystems ist die zeitgerechte Reaktion auf externe Ereignisse. Das externe Ereignis wird gewöhnlich durch einen Interrupt gemeldet, und die benutzerspezifische Reaktion ist in einem Benutzer-Prozeß formuliert (vgl.[RZEa]). Es sei angenommen, daß die Interrupt-Priorität so hoch ist, daß dieser unmittelbar bedient wird, und daß der gerade bearbeitete Prozess niedrigere Priorität hat, als derjenige, der die Ereignisreaktion enthält. Die Zeit zwischen dem Eintreffen des Ereignisses (Interrupt) und der Ausführung der ersten Anweisung der benutzerspezifischen Reaktion bezeichnet man als Latenzzeit für den Prozesswechsel (Process Dispatch Latency Time). Man könnte annehmen, daß diese aus dem Zeitbedarf für die Interrupt-Service-Routine und dem Zeitbedarf für die Zuweisung des Prozessors an den Prozeß mit der benutzerspezifischen Reaktion besteht. Dies ist jedoch nur in günstigen Situationen der Fall, da der Prozesswechsel gegebenenfalls nicht sofort durchgeführt werden kann.

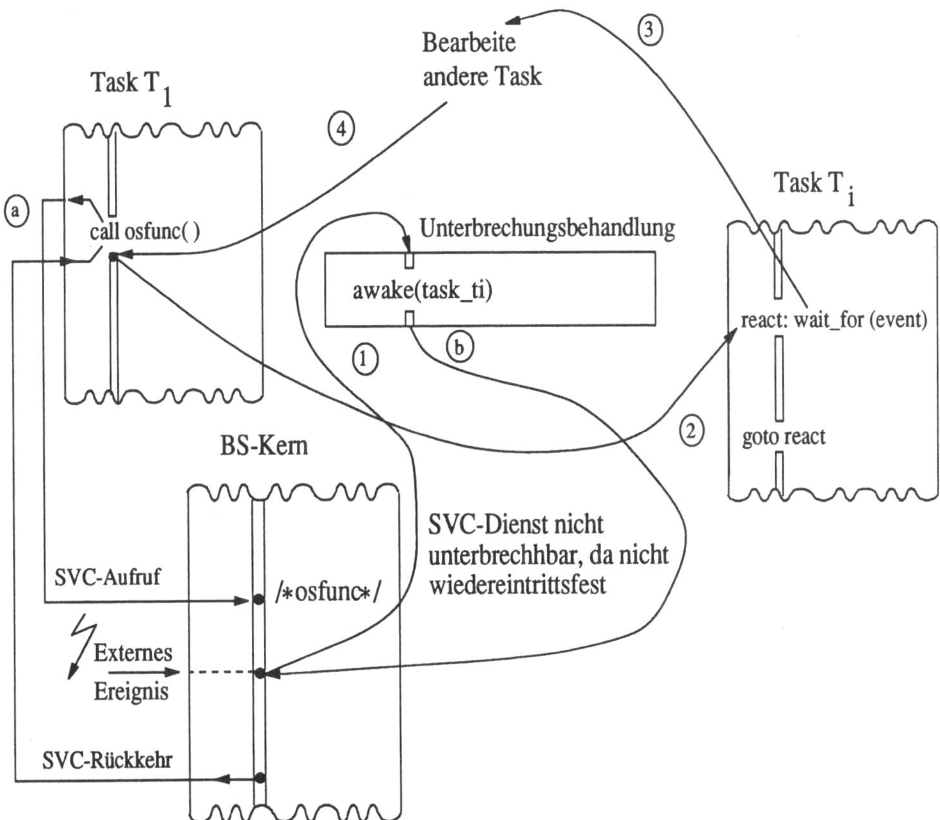

Bild 1 Benutzerspezifische Reaktion auf ein Ereignis

Um dies zu verstehen, ist ein möglicher Ablauf in Bild 1 dargestellt. Es ist angenommen, daß beim Eintreffen des Unterbrechungssignals ein Betriebssystemaufruf für den gerade bearbeiteten Prozeß ausgeführt wird. Ist die ausgeführte Systemfunktion nicht wiedereintrittsfest (reentrant), so kann der Prozeßwechsel zum Ausführen der benutzerspezifischen Reaktion so lange nicht durchgeführt werden, bis der Systemaufruf beendet ist. Es kann nämlich nicht ausgeschlossen werden, daß dort ein erneuter Aufruf erfolgt. Die Reaktionszeit kann um die Zeit verlängert werden, die für die Ausführung eines (nicht unterbrechbaren) Systemdienstes benötigt wird.

In Bild 2 ist dieser Ablauf entlang der Zeitachse dargestellt. Die Latenzzeit für den Prozeßwechsel (PDLT) ist die Zeit zwischen Punkt (1) und (2). Konventionelle UNIX-Systeme haben keine wiedereintrittsfeste Systemfunktionen. Sie sind für Echtzeitanwendungen ungeeignet, weil die PDLT die Zeit für den längsten Systemaufruf annehmen kann. Dies können Werte im Sekunden-Bereich sein. Heute angebotene UNIX-Systeme für Echtzeitanwendungen nehmen für sich in Anspruch, daß die Funktionen des Betriebssystemkerns voll wiedereintrittsfest sind (vgl. [FURa], [MODC], [TRE]). Um die Leistungsfähigkeit dieser Systeme beurteilen zu können, muß man die Technik näher betrachten, mit der wiedereintrittsfeste Systemfunktionen realisiert werden.

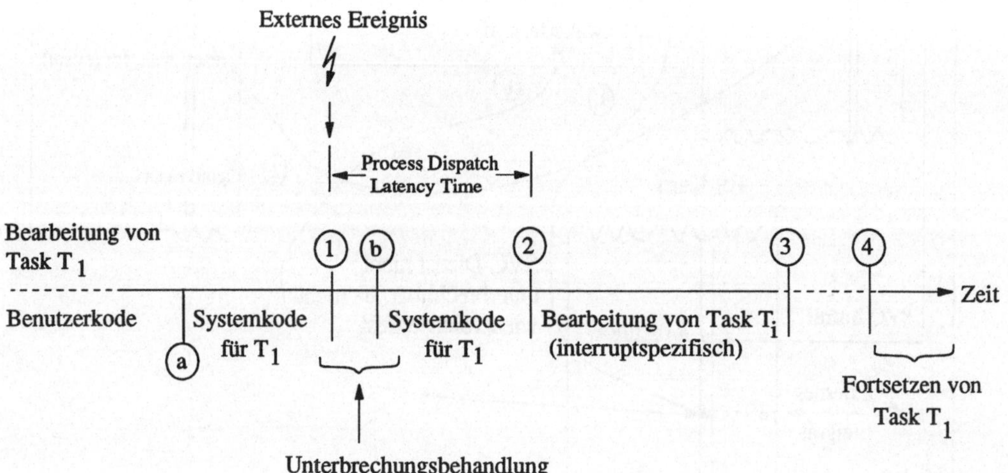

Bild 2 Definition der Latenzzeit für den Prozeßwechsel

3.2 Wiedereintrittsfeste Systemfunktionen

Im allgemeinen verändern Systemfunktionen Eintragungen in Datenstrukturen des Betriebssystemkerns, um die verschiedenen Objekte und Betriebsmittel des Systems zu verwalten. Diese Änderungen sind im allgemeinen nicht in einer einzigen unteilbaren Operation (z.B. einem Befehl) durchführbar, und es ergeben sich damit zeitweilig inkonsistente Zustände dieser Datenstrukturen. Wenn in einer solchen Situation eine Unterbrechung eintritt, so sind einige, wenn nicht alle Systemfunktionen nicht ausführbar, da sie auf inkonsistenten Daten operieren würden. Eine radikale Abhilfe besteht darin, die Unterbrechung von Systemfunktionen zu verbieten. Konventionelle UNIX-Systeme verwenden diese Methode. Sie ist einfach und durchaus akzeptabel, wenn man keine Eignung für Echtzeitanwendungen verlangt. Um Unterbrechungen in einem gewissen Umfang zuzulassen, muß es möglich sein, die gleiche Funktion nochmals aufzurufen, bevor der vorherige Aufruf beendet wurde. Man bezeichnet solche Funktionen als wiedereintrittsfest (reentrant).

Zur Realisierung sind folgende Bedingungen zu erfüllen:

- Eine Folge von Anweisungen, die Daten von einem konsistenten Zustand in einen anderen konsistenten Zustand überführt (kritischer Abschnitt), darf nicht erneut aufgerufen werden, so lange nicht für den vorhergehenden Aufruf die letzte Anweisung ausgeführt wurde.

- Wenn Daten, die in je zwei kritischen Abschnitten benutzt und in mindestens einem davon verändert werden, einen nicht leeren Durchschnitt bilden, so stehen diese zueinander in Konflikt und dürfen nur unter wechselseitigem Ausschluß ausgeführt werden.

Es gibt verschiedene Konzepte, um diese Bedingungen zu erfüllen. Das für Echtzeitanwendungen bevorzugte Konzept sieht die Konstruktion der Systemfunktionen aus kritischen Abschnitten vor, wobei die Benutzung von Semaphoren sicherstellen muß, daß der gleiche kritische Abschnitt nicht mehrfach aufgerufen wird, und daß kritische Abschnitte, die zueinander in Konflikt stehen, unter wechselseitigem Ausschluß ausgeführt werden. Bild 3 zeigt ein Beispiel mit drei kritischen Abschnitten, wobei eine eingeschobene Ausführung mit höherer Priorität dargestellt ist.

Ein grundsätzlich anderes Konzept ist das Wiederaufsetzen einer Funktion an der Aufrufstelle, wenn eine Unterbrechung durch eine höhere Priorität erfolgt. Hierbei können Latenzzeiten von dem Prozeß mit höchster Priorität ferngehalten werden, während alle anderen Prozesse direkt und indirekt Verzögerungen durch die Wiederholung von bereits ausgeführten Befehlsfolgen und die Sicherung der Eingangsdaten erleiden.

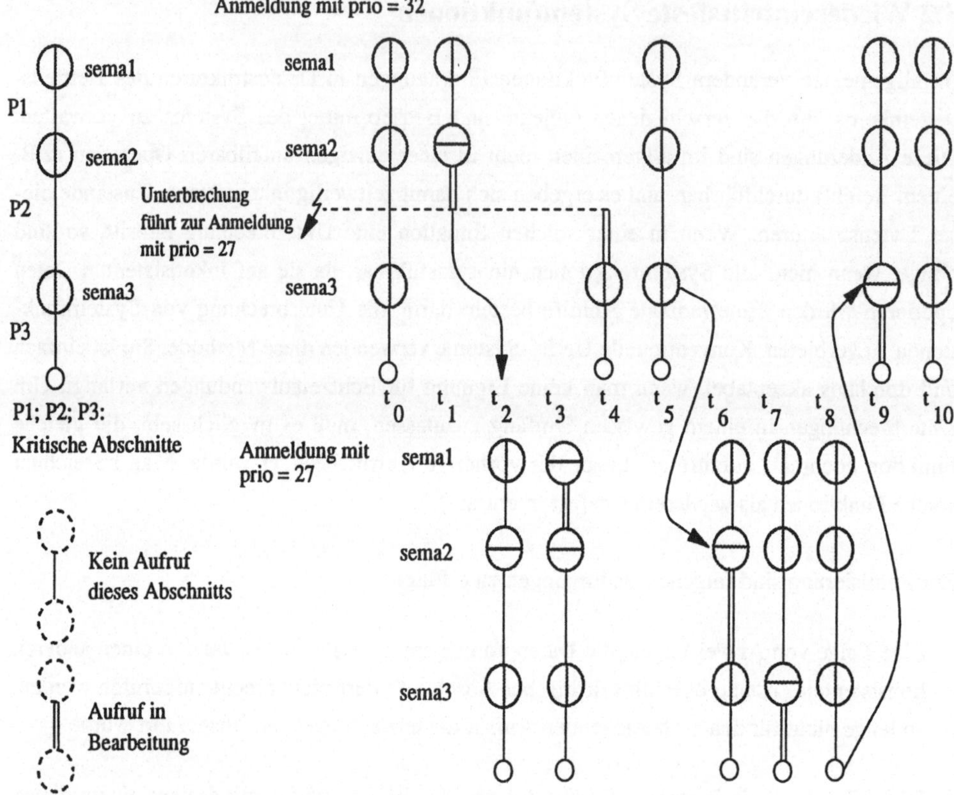

Bild 3 Wiedereintrittsfeste Systemfunktion: Ausführung mit Unterbrechung

Schließlich sei noch die Einführung von besonderen Punkten mit Unterbrechungsmöglichkeit (preemption points) erwähnt, an denen sich alle Systemdaten in einem konsistenten Zustand befinden. Eine Systemfunktion wird dann stets bis zum nächsten Punkte mit Unterbrechungsmöglichkeit ausgeführt. Gegenüber den beiden anderen Konzepten führt dies jedoch zu deutlich schlechtern Ergebnissen.

Bei der Anwendung von einem der ersten beiden beschriebenen Konzepten zur Konstruktion wiedereintrittsfester Systemfunktionen wird im allgemeinen der sofortige Prozeßwechsel gewährleistet sein. Die Prozeßwechsel-Latenzzeit ist damit vergleichsweise kurz. Sie ist aber nicht die einzige Latenzzeit, die durch die Ausführung von Systemfunktionen verursacht wird. Wie aus Bild 3 ersichtlich ist, kann es später bei der Ausführung der benutzerspezifischen Reaktion zu unkontrollierten Wartezeiten kommen, wenn eine Systemfunktion ausgeführt wird, die einen durch ein Semaphor gesperrten Abschnitt benutzt. In Bild 3 ist dies die Zeit zwischen t3 und t6, die zum Beenden des aufgerufenen und damit gesperrten kritischen Abschnitts benötigt wird. Hierdurch ergibt sich eine Latenzzeit des Betriebssystems, die einen Wert bis zur Ausführungszeit des (dynamisch) längsten kritischen Abschnitts annehmen kann. Bei kaskadierten Unterbrechungen kann eine Systemfunktion in besonders ungünstigen Fällen mehrfach auf ein gesperrtes Semaphor treffen.

3.3 Abschätzung der Latenzzeiten

Die Prozeßwechsel-Latenzzeit ist vergleichsweise leicht von außen zu messen. Bei voll unterbrechbaren Systemfunktionen besteht diese in dem Zeitbedarf für die Interrupt-Service-Routine und in dem Zeitbedarf für die Abwicklung des Prozeßwechsels. Hinzu kann noch eine Wartezeit kommen, wenn der Interrupt wegen einer noch nicht abgeschlossenen Interrupt-Service-Routine höherer Priorität nicht sofort bearbeitet werden kann (Interruptlatenzzeit), oder wenn der Prozeß mit der benutzerspezifischen Reaktion (Sekundärreaktion) wegen eines ablaufbereiten Prozesses höherer Priorität nicht sofort ausgeführt wird. Diese Wartezeiten können durch die Wahl einer hohen Priorität für den Interrupt und die Sekundärreaktion vermieden werden. Für die Latenzzeit des Betriebssystems ergibt sich als Abschätzung die Ausführungszeit des (dynamisch) längsten kritischen Abschnitts. Dieser Wert soll als Richtwert für die Latenzzeit des Betriebssystems bezeichnet werden. Ob kaskadierte Unterbrechungen von Systemfunktionen möglich sind, und ob es dabei zu einem mehrfachen Warten einer Systemfunktion auf die Freigabe eines Semaphors kommen kann, könnte nur eine Analyse der Anwendung ergeben. Der Nachweis dürfte jedoch äußerst schwierig sein, und man muß sich mit der Aussage bescheiden, daß solche Situationen extrem selten sind.

Der Richtwert für die Latenzzeit des Betriebssystems ist ohne Kenntnisse über die interne Struktur des Betriebssystems kaum zu ermitteln. Zugängliche Daten zeigen (vgl. Abschnitt 4), daß dieser Wert bei voll unterbrechbaren Systemfunktionen deutlich über der Prozeßwechsel-Latenzzeit liegt. Die tatsächlichen Verzögerungen durch das Betriebssystem unterliegen jedoch starken statistischen Schwankungen und der Richtwert wird nur selten erreicht.

4 Leistungsdaten

Die Veröffentlichung von Leistungskennzahlen gemäß den definierten Metriken (vgl. Abschnitt 2.2) ist für eine POSIX-konforme Implementation nur eine Option (POSIX Realtime Performance Documentation). Man wird damit höchstens eine gewisse Vergleichbarkeit von veröffentlichten Leistungsdaten erreichen, aber die Anbieter von Betriebssystemen dürften damit ihre Zurückhaltung bei der Veröffentlichung von Leistungskennzahlen nicht aufgeben. Aus zugänglichen Unterlagen sind einige Daten über die Latenzzeiten im nachfolgenden zusammengestellt.

Tabelle 1 zeigt einige gemessene Werte für die Prozeßwechsel-Latenzzeit (vgl. [FURa]). Die aufgeführten Systeme erheben den Anspruch, UNIX-Systeme für Echtzeitanwendungen zu sein. Einige Systeme werden auch höheren Ansprüchen gerecht.

OS	Hardware	Process Dispatch Latency	
		MIN μs	MAX μs
HP-UX	HP 9000/825	655	1991
CX/RT	Harris Night Hawk 3400	90	430
RTU	Concurrent/ Masscomp 6300	1605	11605
REAL/IX	AEG-MODCOMP Tri-D 9730 (MC 68030-25)	50	360

Tabelle 1 Prozeßwechsel-Latenzzeit für einige Systeme

Hewlett-Packard verwendet für HP-UX eine Kombination von semaphorgeschützten kritischen Abschnitten und besonderen Punkten mit Unterbrechungsmöglichkeit (preemption points). Dies entspricht einer Kombination von Konzept eins und drei gemäß Abschnitt 3.2. Hewlett-Packard hat Daten für die Ausführungszeiten von Abschnitten des Systemkerns veröffentlicht, in denen der Systemkern generell nicht unterbrechbar ist, oder der erneute Aufruf des Abschnitts nicht möglich ist (Tabelle 2; vgl. [DOUa], [DOUb]).

	ohne Wiedereintritts-fähigkeit	mit Wiedereintritts-fähigkeit
90 % der Pfade durch den Systemkern	40 ms	1.4 ms
99 % der Pfade durch den Systemkern	129 ms	3.4 ms
längster Pfad durch den Systemkern	1127 ms	14.6 ms

Tabelle 2 Latenzzeit des Betriebssystems HP-UX

Die Daten stellen die Latenzzeit des Betriebssystems gemäß Abschnitt 3.2 dar. Besonders lange Abschnitte ergeben sich in Funktionen für die Terminal-Treiber und Netzwerkdienste. Vergleicht man die Daten für HP-UX in Tabelle 1 und Tabelle 2, so bestätigt sich die Vermutung, daß der Richtwert für die Latenzzeit des Betriebssystems beträchtlich höher ist, Prozeßwechsel-Latenzzeit. In Tabelle 3 und Tabelle 4 sind noch Vergleichsdaten zwischen einem Echtzeit-UNIX-System und einem speziellen Echtzeit-Betriebssystem zusammengestellt (entnommen aus [GRA]). Sie bestätigen die grundsätzliche Konkurrenzfähigkeit, auch wenn die Eignung für eine Anwendung von anderen Faktoren wesentlich mitbestimmt wird.

		RTOS-UH	REAL/IX
Max. Interrupt-Frequenz (kHz)		14.7	6.67
Interrupt-Auflösungs-Zeit (μs)		6.6	150.0
Prozesswechsel-Latenzzeit ohne Last [μs]	Min.	55.2	128
	Max.	63.9	171
Prozesswechsel-Latenzzeit mit Last [μs]	Min.	57.3	128.8
	Max.	110	228

Hardware: MVME 147 with MC 68030-25 MHz

Tabelle 3 Reaktion auf asynchrone Ereignisse

		RTOS-UH	REAL/IX
Beabsichtigte Zykluszeit T_0 [ms]		2.000	2.0833
Ohne Last:			
Abweichung von T_0 [%]	Min.	- 0.25	- 1.28
	Max.	0.00	+ 1.28
Mittelwert [ms]		2.000	2.0833
Mit Last:			
Abweichung von T_0 [%]	Min.	- 11.75	- 4.96
	Max.	+ 11.75	+ 4.96
Mittelwert [ms]		2.000	2.0833

Hardware: MVME 147 with MC 68030-25 MHz

Tabelle 4 Zyklisches Ausführen eines Prozesses

5 Prioritätensteuerung

POSIX sieht grundsätzlich eine prioritätsgesteuerte Prozessorzuteilung vor. Die Prioritäten können verändert werden. Dies entspricht der üblichen Praxis. Gewisse Vorkehrungen wurden getroffen, um anwendungsabhängig andere Zuteilungsverfahren zu implementieren. Bei der Benutzung von Semaphoren kann es zu einem bekannten häufig als Prioritätsinversion bezeichneten Effekt kommen. Dabei wird ein Prozeß hoher Priorität durch einen Prozeß niederer Priorität blockiert. Der Prozeß hoher Priorität wartet dabei auf die Freigabe eines Semaphors, das der Prozeß niederer Priorität belegt hat und nicht freigeben kann, solange ihm der Prozessor nicht zugewiesen wird. Die Situation muß dadurch gelöst werden, daß die Priorität dieses Prozesses zur Freigabe des Semaphors auf die Priorität des wartenden Prozesses angehoben wird (priority inheritance). Es gibt bekannte Protokolle zur allgemeinen Lösung des Problems (priority ceiling, vgl. [SHAR]), die jedoch davon ausgehen, daß ein gesperrtes Semaphor stets von dem Prozeß freigegeben wird, der es gesperrt hat. Dies ist jedoch keine Voraussetzung für die Benutzung von Semaphoren. Die Forderung, eine automatische Prioritätsvererbung in POSIX vorzuschreiben, wurde abgewiesen, weil dem Betriebssystem nicht bekannt ist, welcher Prozeß das gesperrte Semaphor freigeben wird, und damit auch nicht klar ist an welchen Prozeß die Priorität vererbt werden soll.

6 Schlußbemerkungen

Die POSIX-Erweiterungen für Echtzeitanwendungen sind auf dem Wege zum endgültigen Standard, und UNIX-Systeme sind verfügbar, die für viele Echtzeitanwendungen akzeptable Leistungsdaten aufweisen. Weitere Anbieter haben POSIX-konforme Echtzeitbetriebssysteme angekündigt (vgl. [LOH], [MUEL]). Bei der Bewertung und der Auswahl von Betriebssystemen sind die dargelegten Zusammenhänge zu berücksichtigen, und Schlagworte wie "voll unterbrechbarer Systemkern" müssen relativiert werden. Der Standardisierungsprozeß wird in Stufen ablaufen, wobei zunächst das Basisdokument P1003.4 verabschiedet wird. Noch im Fluß sind die Festlegungen, die vor allem die Gestaltung von kleineren Systemen von Interesse sind (Application Environment Profiles, Threads).

POSIX ist eine Schnittstellennorm und enthält keine Aussagen über die Implementierung. Für viele Anwendungen ist es notwendig, spezielle Gerätetreiber zu verwenden, die unmittelbar auf Daten des Betriebssystems zugreifen, und die als Erweiterung des Betriebssystems angesehen werden können. Für konventionelle UNIX-Systeme hat sich vielerorts Wissen über interne Treiberschnittstellen angesammelt und es werden für verschiedene Zwecke UNIX-Gerätetreiber angeboten. Über die Treiberschnittstelle werden indirekt Details einer Implementierung festgelegt, und daher ist diese nicht Bestandteil des Standards. Ohne besondere

Absprachen wird es daher keine austauschbaren Gerätetreiber für POSIX-konforme Betriebssysteme geben.

Das gewählte Konzept zur Realisierung wiederaufrufbarer Systemfunktionen hat Einfluß auf die Gerätetreiber. Treiber für konventionelle UNIX-Systeme sind daher für echtzeitfähige UNIX-Systeme prinzipiell nicht verwendbar. Zum Portieren dieser Treiber werden verschiedene Kompatibilitäts-Modi auf Kosten der Echtzeit-Eigenschaften angeboten. Als Migrationsweg ist dies akzeptabel, nicht jedoch als endgültige Lösung.

Literatur

[BURN] Burns, A. and A. Wellings: Real-Time Systems and their Programming Languages; Addison-Wesley Publishing Company, 1990

[DOUa] Doughty, S.M.; S.F. Kary; S.R. Kusmer and D.V. Larson: UNIX for Real Time; Proceedings of the UniForum 1987, Washington D.C., January 1987, pp. 219-230

[DOUb] Doughty, S.M.: Adding Real Time Capabilities to the UNIX Operating System; PEARL 87 Workshop über Realzeitsysteme, Boppard, 3.-4. Dez. 1987, Tagungsband S. 151-165

[FOG] Fogelin, J.: The VxWorks Real-Time Kernel; Wind River Systems, Alameda

[FURa] Furht, B. et al.: Real-time UNIX Systems: Design and Application Guide; Kluwer Academic Publishers, 1991

[FURb] Furht, B.: The Reality of a Real-Time UNIX Operating System; Tagungsband der Kongreßmesse Echtzeit '91 (Ed: H. Rzehak), Sindelfingen, 11.-13. Juni 1991, S. 281-296, Ludwig Drebinger GmbH, Munich, Germany

[GAL] Gallmeister, B.O. and Ch. Lanier: Early Experience with POSIX 1003.4 and POSIX 1003.4a; Proc. IEEE Real-Time Systems Symposium, San Antonio, Dec. 4-6, 1991, pp. 190-198

[GRA] Gralla, C.: Quantitativer Vergleich von drei Echtzeitbetriebssystemen für die digitale Regelung; PEARL 91 Workshop über Realzeitsysteme, Boppard, 28.-29. Nov. 1991, pp. 141-155, Informatik-Fachberichte, Springer-Verlag

[HAL] Halang, W.A. and A.D. Stoyenko: Constructing Predictable Real Time Systems; Kluwer Academic Publishers, 1991

[HER] Herrtwich, R.G.; G. Hommel: Kooperation und Konkurrenz; Springer-Verlag 1989

[JENSa] Jensen, E.D.; C.D. Locke and H. Tokuda: A Time-Driven Scheduling Model for Real-Time Operating Systems; Proc. IEEE Real-Time Systems Symposium, San Diego, Dec. 3-6, 1985

[JENSb] Jensen, E.D.: Alpha: A Non-Proprietary Realtime Operating System for Mission Management Applications; Tagungsband der Kongreßmesse Echtzeit '92 (Ed: H. Rzehak), Sindelfingen, 2.-4. Juni 1992, S. 205-212, Ludwig Drebinger GmbH, Munich, Germany

[KAM] Kamenoff, N.I. and N.H. Weidermann: Hartstone Benchmark: Requirements and Definitions; IEEE Real-Time Systems Symposium, San Antonio, Dec. 4-6, 1991, pp. 199-208

[KRIEa] Kriechbaum, W.: Adding Real-Time Capabilities to a Standard UNIX Implementation: The AIX Version 3.1.5 Approach; Tagungsband der Kongreßmesse Echtzeit '91 (Ed: H. Rzehak), Sindelfingen, 11.-13. Juni 1991, S. 63-71, Ludwig Drebinger GmbH, Munich, Germany

[KRIEb] Kriechbaum, W.: Real-time Standards and Real-time Reality: a closer look at POSIX 1003.4; Tagungsband der Kongreßmesse Echtzeit '92 (Ed: H. Rzehak), Sindelfingen, 2.-4. Juni 1992, S. 199-204, Ludwig Drebinger GmbH, Munich, Germany

[LEV] Levi, S.T. and A.K. Agrawala: Real-Time System Design; McGraw-Hill Publishing Company, 1990

[LOH] Lohse, H. und U. Liebold: Garantierte Reaktionszeiten-Tendenzen bei Ecchtzeitsystemen, Beispiel LynxOS; UNIX-Magazin, Juni 1992, S. 18-23

[MODC] REAL/STAR 1000 and 2000 Series Benchmark Report; MODCOMP Benchmarking Group, Modular Computer Systems, Ft. Lauderdale, 1991

[MUEL] Müller, H.G.W.: Von Unix zu QNX-Posix-konformes Echtzeit-Betriebssystem; UNIX-Magazin, Juni 1992, S. 10-15

[PEARL] Die Programmiersprache PEARL; DIN 66253, Beuth-Verlag

[PX.1] Portable Operating System Interface for Computer Environments; ISO/IEC 9954-1: 1990 and IEEE Std 1003.1-1990 (POSIX.1)

[PX.4] Realtime Extensions for Portable Operating Systems; IEEE P1003.4/D12 Feb. 1992

[PX.4a] Threads Extensions for Portable Operating Systems; IEEE P1003.4a/D6 Feb. 1992

[PX.4b] Realtime System API Extension; IEEE P1003.4b/D1 Nov. 1991

[PX.13] Standardized Application Environment Profile-POSIX Realtime Application Support (AEP); IEEE P1003.13/D4 Nov. 1991

[RAJ] Rajkumar, R.: Synchronization in Real-Time Systems: A Priority Inheritance Approach; Kluwer Academic Publishers, 1991

[RZEa] Rzehak, H.: Echtzeitdatenverarbeitung - Grundlagen und Methoden für die Praxis; Elektronik, Nr. 5 - Nr. 7, 1991; Franzis-Verlag München

[RZEb] Rzehak, H.: Distributed Systems for Real Time Applications-Using Manufacturing Automation as an Example; In: M. Schiebe, S. Pferrer (Eds.), Real-Time Systems, Engineering and Applications, Kluwer-Verlag, 1992

[RZEc] Rzehak, H.: Distributed Real Time Systems for Manufacturing Automation; IFAC Symposium on Intelligent Components and Instruments for Control Applications (SICICA '92), Malaga, May 20-22, 1992

[RZEd] Rzehak, H.: Real-Time UNIX: What Performance can we expect?; IFAC/IFIP Workshop on Real-Time Programming (WRTP '92), Bruges, June 23-26, 1992

[SHAR] Sha, L.; R. Rajkumar; and J.P. Lehoczky: Priority Inheritance Protocols: An Approach to Real-Time Synchronization; IEEE Transactions on Computers 39(9), pp. 1175-1185, 1990

[STANa] Stankovic, J.A.; K. Ramamritham: What is Predictability for Real-Time Systems?; Real-Time Systems 2(4), pp. 247-254, 1990

[STANb] Stankovic, J.A. and K. Ramamritham: The Spring Kernel: A new Paradigm for Real-Time Systems; IEEE Software, May 1991, pp. 62-72

[STIE] Stieger, K.: Eine PEARL-Ablaufumgebung unter Ausnutzung zweier unterschiedlicher Betriebssysteme; Tagungsband der Kongreßmesse Echtzeit '91, Sindelfingen, 11.-13. Juni 1991, S. 203-212, Ludwig Drebinger GmbH, München

[TRE] Trennhaus, W.: Das Mikrocomtutersystem SX mit seinem Echtzeit-UNIX-Betriebs-system SORIX: Ein System für die Realisierung von verteilten Automatisierungs-Aufgaben; PEARL 89 Workshop über Realzeitsysteme, Boppard, 6.-8. Dez. 1989, pp. 157-171, Informatik-Fachberichte, Springer-Verlag

[ZEL] Zeltwanger, H.: Trend zu Echtzeit-Unix und Crossentwicklung unter Unix; Elektronik 5/1991 S. 186-190; Franzis-Verlag München

UNIX and Realtime

Phillip Yoo
Digital Equipment Corporation
Freischützstraße 91
D-8000 München 81
GERMANY
Phone: (089)9591 3971
FAX: (089)9591 3906

Abstract

UNIX, as first conceived by AT&T Bell Laboratories, was not a realtime operating system. Its design objectives were to optimize timesharing — simply put: "All processes are created equal." Realtime applications demand an operating environment that can deliver a different view: "Realtime processes must be created more equal than others."

This talk will cover:

- Why isn't UNIX Realtime?
- A History of Realtime UNIX approaches
- Current Trends in UNIX Realtime
- POSIX.4 Realtime Extensions — UNIX Realtime Programming
- Future — The Ideal Realtime Computing Environment

1. Why Isn't UNIX Realtime?

Vanilla (un-modified) UNIX is not considered realtime because of:

- **Lack of a pre-emptive priority-based scheduler** -- UNIX systems time slice scheduling to promote fairness. Even high priority processes will be interrupted at quantum expiration and will be re-scheduled. A pre-emptive priority-based scheduler would dictate that the highest priority, computable process would always run and that a single process could run forever. Vanilla UNIX process priorities are dynamically modified by the scheduler (or nice) -- realtime priorities are fixed and should outrank non-realtime or timeshare priorities.

- **Lack of kernel preemption** -- UNIX systems execute system services in kernel mode. Vanilla UNIX kernels are not pre-emptible, they run to completion. The best illustration of the impact of this is a worst case example.

  Let say we have two realtime processes A and B and that A is higher priority than B. Further let's say A is blocked waiting on a realtime event (I/O completion) and that B is computable and executing. B now executes some system service (entering the kernel). At this moment, an interrupt occurs (from the device A is waiting on). The interrupt will be vectored (trapped) and the appropriate interrupt service routine (ISR) will execute (since ISR's have priority over the kernel). But process A will not be resumed until **after** B's kernel service completes. This can result in process latency well over 1 second.

Even UNIX system with realtime priorities have this problem since the kernel execution has priority over any user process regardless of priority. The impact of this can be reduced by creating pre-emption points within the kernel -- junctures where kernel processing can be suspended, releasing the processor to a higher priority process. Kernel pre-emption can reduce worst case latency by 1-2 orders of magnitude.

- **Process cannot be locked in memory** (System V addresses this with PLOCK). Vanilla UNIX (System V excepted) lack the ability to lock pages into memory. Even with PLOCK it is not possible to lock down dynamically allocated memory. Swapping can then degrade realtime performance.

- **Lack of realtime interval timers** (4.2 BSD has interval timers). Vanilla UNIX lack interval timers with sufficient resolution and accuracy for hard realtime applications (ALARM, AT, CRONTAB are not sufficient).

- **Lack of realtime interprocess communication facilities** (System V has semaphores, messages, and shared memory). Low latency (even in worst case) IPC mechanisms are essential for realtime systems.

- **Slow, inefficient file system** -- UNIX file systems spread files across data blocks on a disk and allocates file space only as the file as written. This is damaging to throughput. Contiguous, pre-allocated files are desirable.

These deficiencies are the principal reasons that UNIX is not considered a Realtime Operating system.

2. Current Trends in UNIX Realtime

There have been many efforts to create a Realtime UNIX. This is the holy grail of Realtime operating systems. The ideal Realtime UNIX would:

- Deliver guaranteed, bounded response times, including process latency below one (1) millisecond;
- Offer realtime services with bounded, predictable performance
- Allow realtime and non-realtime processes to co-exist without compromising the realtime applications;
- Be a full "UNIX" — supporting not just a subset of UNIX calls, but a complete UNIX development environment with the familiar tools and utilities;
- Be available on multiple vendors platforms, allowing customers vendor choice and interoperability;
- Be an industry standard that would attract Software Developers to port their applications to this operating environment.

Many vendors have pursued varied approaches to developing a Realtime UNIX. Some have started with a true realtime kernel build a UNIX veneer around it. Others have taken a standard UNIX kernel and added realtime features. These efforts have not been successful since they result in Operating Systems that are just as proprietary and vendor-specific as VMS and MVS.

There are three principal ways to imbue UNIX with realtime capabilities. A fourth alternative is to link a UNIX development system with a dedicated realtime executive. This results in a UNIX-like environment that meet the requirements of some customers.

1) Realtime extensions	Charles River Data Systems - Unos Concurrent/MASSCOMP - RTU
2) Change the kernel	Gould - UTX Hewlett Packard - HP-UX Sun Microsystems - Solaris Digital Equipment Corporation - DEC OSF/1
3) Rewrite the kernel	IBM - AIX Alcyon - Regulus AT&T - Mert and RTR/Dmert
4) Integrate dedicated realtime with UNIX	Wind River Systems - Sun + VxWorks Ready Systems + VRTX Harris - CX/UX + CX/RT LynxOS

Two developments make the achievement of the Realtime UNIX vision now possible. The introduction and adoption of POSIX (IEEE 1003.X) and the coming standardization of POSIX.4 provides a standard application programming interface for realtime operating systems. The broad, multi-vendor acceptance of OSF/1 as an open "standard" UNIX also provides an ideal springboard for a Realtime UNIX effort.

3. DEC OSF/1 — UNIX Realtime

Digital's corporate UNIX strategy is based on OSF/1. Digital has taken the lead in developing Realtime capabilities in its DEC OSF/1 operating system. To avoid a "proprietary" implementation, these services have been implemented based on the POSIX.4 Realtime Extensions standard Draft 10.

3.1 Leadership Realtime Technology — DEC OSF/1

A critical advantage of Digital's DEC OSF/1 implementation is in how it addresses kernel pre-emption. Most current implementations introduce pre-emption points into the kernel. This is an established, though limiting approach. Shorter response times can be obtained by introducing more pre-emption points — however, the overhead of massive numbers of points itself slows performance.

Digital has invested in delivering a completely pre-emptible kernel in its DEC OSF/1 implementation. This ensures that the lowest possible response times.

3.2 DEC OSF/1 Realtime Programming — POSIX.4

DEC OSF/1 Realtime capabilities have been implemented to the then current Draft 10 POSIX.4 ballot. In order to ensure the maximum portability of

Realtime applications, application should exercise Realtime services only through the following standard calling interface:

- Binary Semaphores

sem_mksem()	Make a Binary Semaphore Set
sem_unlink()	Destroy a Binary Semaphore Set
sem_open()	Open a Binary Semaphore Set
sem_wait()	Wait for a Binary Semaphore
sem_ifwait()	Conditional Wait
sem_post()	Post to a Binary Semaphore
sem_ifpost()	Conditional Post to a Binary Semaphore

- Process Memory Locking — unlike System V memory locking, any growth in locked memory regions also are locked.

mlockall()	Lock a process's address space
munlockall()	Unlock a process's address space
mlock()	Lock a specified region of a process's address space
munlock()	Unlock a specified region of a process's address space

- Shared Memory

mmap()	Map Process Addresses to a Memory Object
munmap()	Unmap Previously Mapped Addresses
mprotect()	Change Memory Protections
msync()	Memory Object Synchronization

- Priority Scheduling — three policies SCHED_FIFO, SCHED_RR, SCHED_OTHER

sched_set_sched_param()	Set Scheduling Priority Parameters
sched_get_sched_param()	Get Scheduling Priority
sched_setscheduler()	Set Scheduling Policy
sched_getscheduler()	Get Scheduling Policy
sched_yield()	Yield to Another Process
sched_get_priority_max()	Get Priority Maxima
sched_get_priority_min()	Get Priority Minima
sched_get_rr_interval()	Get Round Robin Interval Time Limit

- Realtime Signal Extension — an extension to the signalling mechanism specified in POSIX.1. Additional calls are:

sigpoll()	Poll for Event Notification
sigsend()	Generate Event Notification to Process

- Clocks and Timers

clock_settime()	Set Value of a Clock
clock_gettime()	Get Value of a Clock
clock_settimedrift()	Set Clock drift rate
clock_gettimedrift()	Get Clock drift rate
clock_getres()	Get Resolution of a Clock
timer_create()	Allocate a Per-process TimerID
timer_delete()	Free a Per-Process Timer ID
timer_settime()	Arm a Per-Process Timer ID
timer_gettime()	Get Value of a Per-Process Timer
timer_getoverrun()	Get Overrun Count of a Per-Process Timer

timer_getres()	Get Resolution of a Per-Process Timer
nanosleep()	High Resolution Sleep
nanosleep_getres()	Get Resolution supporter by *nanosleep()*

- Interprocess Communication

mqopen()	Open a Message Queue
mqclose()	Close a Message Queue
mqsend()	Send a Message to a Queue
mqreceive()	Receive a Message from a Queue
mqsetattr()	Set Message Queue Attributes
mqgetattr()	Get Message Queue Attributes
mqgetpid()	Get Process Identifier of Message Sender
msgalloc()	Allocate a Message Data Buffer
msgfree()	Free a Message Data Buffer

- Synchronized I/O — allows a process to determine the state of synchronous I/O operations, both at the file integrity level and data integrity level.

fsync()	File Synchronization
fdatasync()	Data Synchronization

- Asynchronous I/O

aio_read()	Asynchronous Read
aio_write()	Asynchronous Write
lio_listio()	List Directed I/O
aio_error()	Retrieve error status of an async I/O
aio_return()	Retrieve return status of an async I/O
aio_cancel()	Cancel Asynchronous I/O request
aio_suspend()	Wait for an Asynchronous I/O request

- Realtime Files — allows processes to pre-allocate contiguous files and take advantage of the capabilities of the disk sub-system without hardwiring to a particular piece of hardware.

rfcreate()	Create a File with Realtime attributes
rfgetattr()	Get Realtime Attributes of a File Associated with a Given File Descriptor
rfsetattr()	Set Realtime Attributes of a File Associated with a Given File Descriptor
rfgetcap()	Get Realtime Capabilities of a File
rfgetincr()	Get Increment list for a Realtime Capability of a File
aread()	Asynchronous Read from a File
awrite()	Asynchronous Write to a File

4. Future Trends in Realtime Operating Systems

The future is driven by customer requirements. In order to view where Realtime is going, it is necessary to examine what customers are asking for.

4.1. Customer Demands

Realtime customers are Technical OEM's, integrators, and end-users facing a challenging environment in the 1990s. They need to increase their profitability despite increased European, Japanese, and U.S. competition in the post 1992 market.

These acute business pressures drive Realtime customers' to focus on their core business — on sonar rather than computers. Technical OEMs can no longer afford to be in the computer business in addition to their core activities. Customers therefore place greater demands on their computer vendors while paradoxically striving for increased vendor independence.

- ***Standards*** — the ideal would be the same operating system everywhere. Short of that, customers request a high level of standardization in all interfaces.

- ***Technology*** — RISC performance is one common way for TOEM customers to distinguish their products and solutions. Digital's Alpha, HP's Precision 3, Sun's Viking, and IBM's PowerPC are all means to unlock new capabilities and applications.

- ***Interoperability*** — TOEMs face customers with multi-vendor environments. They demand help from their own vendors to help them address these computing environments.

- ***Multiple sources/vendors*** — Customers are very wary about being locked to a single vendor. They insist on the independence that enhance their business flexibility and profitability (through pricing leverage).

- ***Productivity Tools*** — While demanding vendor independence, customers also require that vendors' differentiate themselves through software productivity.

- ***UNIX*** — UNIX is not a religion; it's a business issue. The supply of UNIX developers from university or industry far outnumbers the supply of any proprietary operating system. This greater supply makes staffing easier and lowers development costs.

These business issues and technical demands clearly point the way to the ideal Realtime Computing environment.

4.2. The Ideal Realtime Computing Environment

The attributes and benefits of the Ideal Realtime Computing environment are:

- ***Scaleable performance*** — from process latencies of seconds down to microseconds. This would allow customers to eliminate specialized solutions — general purpose O/S, realtime embedded executive, PLC executive, and so on. A single scaleable O/S would replace all of these.

- ***Available on scaleable platforms*** — from chips to PLCs to boards to workstations to servers to mainframes. Clearly, this O/S must be available at all levels of integration. Customers would benefit by being able to offer multi-level solutions with a single O/S investment — from device and unit control to supervisory and plant control.

- ***Available from multiple vendors*** — ideally Digital, HP, IBM, Sun. This assures the ideal in interoperability.

- ***Availability of "all" Layered Applications*** — all the leading layered applications must be available on this platform. Computing solutions are driven by software — not merely hardware platforms.

- ***UNIX Development Environment*** — Many customers have already standardized on UNIX software development.

- ***Connectivity to all Standard Busses and Networking*** — Even hardware and software are not sufficient. Realtime systems must interface to the real world. For computing systems, this requires interfacing to all industry standard busses and industrial networks. Serial, parallel, digital, analog, and networked data communications must be supported.

- ***Support for all standards*** — POSIX, OSI, SQL, X.11, NFS, ISDN, and formal and defacto standards must be delivered to ensure interoperability with both "Open" and proprietary systems.

This environment would allow the Realtime customer to implement a solution once and deliver on multiple vendor platforms. The customer could deploy his solution at any level of integration — or he could integrate many levels of computing in a new breed of solution.

The future of Realtime computing is being defined by the race by vendors to be the first to deliver this concept. Digital Equipment Corporation intends to win this race.

Ein POSIX kompatibles Echtzeit-Betriebssystem

Ralf Leinemann
Hewlett-Packard GmbH
Herrenberger Str. 130
7030 Böblingen

1 Einleitung

Während sich im technisch-wissenschaftlichen und auch im kommerziellen Umfeld in den letzten Jahren ein starker Trend in Richtung Standardisierung von Betriebssystemen durchsetzt, ist dieses im Bereich von Echtzeitanwendungen heute noch nicht in dem Maße zu beobachten. Aber auch hier werden neuerdings Tendenzen hin zu einer Vereinheitlichung von Betriebssystem-Oberflächen und System-Calls deutlich. Da aber heute noch keine verabschiedeten offenen Standards wie etwa POSIX.4 und 4a existieren (es gibt sie zur Zeit nur in einer Draft-Version), wird es sicherlich noch einige Zeit dauern, bis sich in dem Dschungel der heute existierenden Echtzeit-Betriebssysteme ein vereinheitlichtes Interface durchsetzt.

Es gibt wahrscheinlich keinen anderen Anwender-Bereich, in dem eine derartige Vielzahl von Betriebssystemen mit derart unterschiedlicher Funktionalität und unterschiedlicher Leistungsfähigkeit existiert wie im Echtzeit-Bereich. Das ist sicherlich einerseits wünschenswert, um für die Fülle von verschiedenen Anwendungen und Anforderungen die jeweils beste Lösung zu finden. Das Fehlen eines eindeutigen Marktführers, die völlig zersplitterten Marktanteile, und die Tatsache, daß noch immer ein Großteil der eingesetzten Echtzeitbetriebssysteme von Anwendern selbst im Haus entwickelt werden, deuten auch darauf hin, daß ein grosser Bedarf an sehr spezialisierten Systemen vorhanden ist. Die fehlende Standardisierung heutiger Echtzeitbetriebssysteme führt andererseits auch zu beklagenswerten Nachteilen und Einschränkungen für den Software-Entwickler und Benutzer.

Aus vielerlei Gründen kann ein Benutzer gezwungen werden, von seinem Betriebssystem auf ein anderes, leistungsstärkeres, zu wechseln. Gründe für diese Entscheidung können sein: Eine Weiterentwicklung bestehender Applikationen ist nicht oder nur unter großem Zeitaufwand (gleich Kostenaufwand) möglich, da das zur Zeit verwendete Betriebssystem z.B. Netzwerkdienste nicht in dem Maße unterstützt, wie das erforderlich wäre (um z.B. verteilte Systeme zu realisieren) oder da das zur Zeit benutzte System Multi-Prozessor-Umgebungen nicht unterstützt oder da das zur Zeit benutzte System keinen Prozessor der gewünschten Leistung unterstützt.

In all diesen Fällen ist ein Benutzer genötigt, seine Software von Grund auf neu zu entwickeln, was mit hohen Kosten verbunden ist. Die Alternative einer Portierung der vorhandenen Applikationen kann schnell ähnlich hohe Kosten verursachen.

Ein standardisiertes Betriebssystem-Interface schränkt den Aufwand einer Portierung deutlich ein. Es macht eine Portierung sicherlich nie völlig überflüssig, da einerseits jedes Betriebssystem mehr als die im Standard festgeschriebenen System-Calls anbietet (und wenn man diese verwendet hat) und andererseits natürlich gerade bei Echtzeitanwendungen das Zeitverhalten von unterschiedlichen Betriebssystemen und/oder unterschiedlicher Hardware berücksichtigt werden muß. Insbesondere ist üblicherweise auf unterschiedliche I/O-Strukturen zu achten. Eine Standardisierung führt aber in jedem Falle zu einer Hersteller-Unabhängigkeit des Benutzers. Es versetzt ihn auch in die Lage, seine Software skalierbar in der Leistung unter verschiedenen Betriebssystemen und auf unterschiedlicher Hardware zu realisieren. Anpassungen an individuelle Anforderungen sind damit sehr leicht möglich.

Im Folgenden sollen zunächst einige grundsätzliche Anmerkungen über unterschiedliche Ansätze zur Standardisierung von Echtzeitbetriebssystemen gemacht werden. Es wird dann an einem Beispiel ein POSIX-kompatibles Echtzeitbetriebssystem vorgestellt und diskutiert. In einem abschließenden Kapitel soll dann noch auf einen Aspekt eingegangen werden, der insbesondere für Entwickler von Echtzeitbetriebssystemen von großer Bedeutung ist, die Verwendung von RISC-Architekturen für Echtzeitanwendungen.

2 Grundsätzliche Überlegungen

Betrachtet man die Menge der heute existierenden Echtzeitbetriebssysteme unter dem Aspekt Standards, so stellt man schnell fest, daß sich die Systeme in mehrere Gruppen einteilen lassen. Allen Herstellern gemeinsam scheint die Erkenntnis zu sein, daß eine standardisierte UNIX-Oberfläche als Human Interface die beste Lösung darstellt. So wird eine UNIX-Plattform zum Beispiel häufig als (alleinige oder alternative) Entwicklungsumgebung genutzt.

Einige Hersteller gehen dann gleich einen Schritt weiter und unternehmen den Versuch, UNIX selbst, bzw. das jeweilige UNIX-Derivat, mit Echtzeiteigenschaften zu versehen. So gibt und gab es Implementierungen mit eingeschränkten Echtzeiteigenschaften ("soft real-time"), die durch Kernel-Preemption realisiert wurden (z.B. HP-UX von Hewlett-Packard oder AIX von IBM). Es gibt aber auch Beispiele für weitergehende Ansätze, UNIX echtzeitfähig zu machen, z.B. mit REAL/IX von Modcomp oder SORIX von Siemens.

Leider ist bei diesen Bemühungen zu bedenken, daß die Entwickler von UNIX nie im Auge hatten, ein Echtzeitbetriebssystem zu entwickeln. Daher muten derartige Bemühungen häufig als künstliche Nachbesserungen an einem ausgereiften Betriebssystem an. Auch muß man in der heutigen Zeit, in der Client-Server-Strukturen und verteilte Systeme eine optimale Ausnutzung von Hardware-Resourcen ermöglichen, den Gehalt dieser Lösungen hinterfragen, bei denen man doch letztlich darum bemüht ist, das Betriebssystem zu einem Alleskönner zu machen, und damit eine CPU mit allen Teilaspekten (wie Echtzeit-Frontend, Daten-Server, Compute-Server, usw) einer umfassenden Lösung belastet. Insbesondere bei der Weiterentwicklung eines solchen Systems muß man an vielen Stellen Kompromisse eingehen. So kann es zum Beispiel bereits eine grundsätzliche Frage werden, ob man den Systemkernel kompakt (und eventuell ROM-fähig) halten möchte, um auch eingebettete Systeme zu unterstützen, oder ob man komplexe Strukturen einbringen soll, die die volle Funktionalität einer Workstation unterstützt. Interessant ist auch die Frage, inwieweit Echtzeiteigenschaften verloren gehen durch den Einsatz von Netzwerk-Software. Mit anderen Worten: Gilt die Preemption zum Beispiel auch für LAN-Treiber?

Aus diesen und anderen Gründen haben die frühen Echtzeitsysteme, die unabhängig von UNIX / POSIX entstanden sind, ihre Anwendungsbereiche. Häufig sind diese Systeme allerdings ursprünglich für ganz spezielle Anwendungen entwickelt worden. Sie basieren daher normalerweise auf proprietären Strukturen und berücksichtigen keine Standards. Erst in jüngster Zeit hört man Ankündigungen wie z.B. von Microware für OS-9, daß in Zukunft auch POSIX-kompatible Schnittstellen angeboten werden sollen. Hier ist allerdings zu bedenken, daß es sich in solchen Fällen üblicherweise um Schnittstellen handelt, die auf bestehende Betriebssystemstrukturen aufgesetzt werden (kein "native" POSIX).

Einen anderen Ansatz wählten die kalifornische Firma Lynx Real-Time Systems mit LynxOS und Hewlett-Packard mit HP-RT. Diese beiden Echtzeitbetriebssysteme, die auf derselben Kernelarchitektur basieren, sind, verglichen mit Betriebssystemen wie OS-9 von Microware, VxWorks von Wind River Systems oder VRTX von Ready Systems, relativ neu auf dem Markt. Sie sind aber von Grund auf mit dem Gedanken, ein POSIX-kompatibles Echtzeitbetriebssystem zu erstellen, entwickelt worden. Die Leistungsfähigkeiten und die Unterschiede dieser Systeme sollen im folgenden Kapitel näher vorgestellt werden.

3 Ein Beispiel

In diesem Kapitel sollen die Eigenschaften eines POSIX kompatiblen Echtzeitbetriebssystems an einem Beispiel etwas detaillierter betrachtet werden. Dabei soll insbesondere auf die Echtzeitaspekte, wie sie in POSIX.4 und POSIX.4a festgelegt werden, eingegangen werden. Da POSIX.1 bereits seit einiger Zeit ein definierter Standard ist, und daher bereits genügend Literatur über ihn existiert, soll hier auf diesen Punkt nicht weiter eingegangen werden. Es soll aber erwähnt werden, daß das in diesem Kapitel diskutierte Betriebssystem auch POSIX.1 kompatibel ist.

Die Betriebssysteme, die dieser Diskussion zugrunde liegen, sind LynxOS von Lynx Real-Time Systems und HP-RT von Hewlett-Packard. Beide Systeme basieren auf derselben Kernel-Architektur. Es sollen daher die Haupteigenschaften zunächst unabhängig von der speziellen Implementation erörtert werden. Am Ende dieses Kapitels wird schließlich ein Vergleich zwischen LynxOS und HP-RT gezogen.

3.1 Übersicht

Es gilt zunächst festzuhalten, daß es zur Zeit (Herbst 1992) noch keinen verabschiedeten Standard POSIX.4 bzw. 4a gibt. Man kann sich zur Zeit also nur an eine Draft-Version anlehnen (hier sind es POSIX.4 Draft 9/10 und POSIX.4a Draft 3/4) und weiteren Überarbeitungen folgen, bzw. den abschließend verabschiedeten Standard implementieren, sobald verfügbar. Um nicht mit zu vielen untereinander inkompatiblen Versionen aufzuwarten, wird für die hier vorgestellten Betriebssysteme aller Voraussicht nach auf den endgültigen POSIX.4 Standard gewartet werden. Es wird also nicht jede einzelne Draft-Version implementiert werden.

Es muß außerdem angemerkt werden, daß neben POSIX natürlich noch andere Standards und de-facto Standards Berücksichtigung finden. So erleichtern BSD 4.2, Berkeley BSD 4.3 und System V Funktionen die Portierung von UNIX-Plattformen. So findet man z.B. Berkeley Sockets, Berkeley Timer, Berkeley Signale, System V Interprocess Communication Shared Memory, Semaphoren und Messages und auch System V Memory Locking vor.

Als graphische Benutzerschnittstelle ist X11 implementiert. X-Window und Motif R5 ist zum Beispiel in der HP-RT X-Client Entwicklungssoftware enthalten.

Die Oberfläche des Betriebssystems ("Shell") ist angelehnt an UNIX.

3.2 POSIX.4/.4a

3.2.1 Binäre Semaphoren

Binäre Semaphoren werden für die Synchronisation und die Kommunikation zwischen Prozessen verwendet. Über sie kann der Zugriff von verschiedenen aktiven Prozessen auf die gleichen Resourcen geregelt werden. Binäre Semaphoren sind im Prinzip nichts anderes als spezielle Dateien, die, einmal geöffnet, mit Hilfe von semwait() und sempost() aktiviert und deaktiviert werden können.

Wenn ein Prozeß versucht, eine bereits aktivierte Semaphore zu aktivieren, wird er gestoppt, bis ein anderer Prozeß die Semaphore wieder freigibt. Die Benutzung von semifwait() vermeidet dieses Problem durch Rückgabe einer Fehlermeldung für den Fall, daß die Semaphore bereits aktiviert worden ist.

Mit Hilfe von semifpost() ist es auch möglich, eine Semaphore nur dann freizugeben, wenn ein Prozeß auf die Freigabe dieser Semaphore wartet.

3.2.2 "Process Memory Locking"

Das Process Memory Locking erlaubt den Einsatz von speicherresidenten Prozessen, d.h. ein Swappen dieser Prozesse wird vom System verhindert. Diese Funktionalität ist insbesondere für sehr zeitkritische Anwendungen von Bedeutung, um Zeitverzögerungen z.B bei Datenzugriffen, bei Zugriffen auf Instruktionen, bei direktem I/O oder auch beim Datenaustausch mit anderen Prozessen zu vermeiden.

Während memlk() einen ganzen virtuellen Adreßbereich, einen Text- oder Stack-Bereich oder einen beliebigen Bereich von Adressen sperrt, macht memunlk() diesen Vorgang wieder rückgängig.

3.2.3 "Shared Memory"

Shared memory erlaubt eine Synchronisation und eine Kommunikation über spezielle Shared Memory Dateien, die in den Adreßbereich eines Prozesses abgebildet werden. Wenn also mehrere Prozesse den gleichen physikalischen Speicherbereich teilen, sind Daten, die von einem Prozeß in diesen Bereich geschrieben werden, sofort auch den anderen zugänglich. Shared Memory ist also das schnellste Verfahren für eine Kommunikation zwischen Prozessen.

Die Festlegungen im POSIX.4 Draft wurden von den Entwicklungsteams noch nicht als sehr stabil angesehen, so daß man in LynxOS noch einige proprietäre Aufrufe findet. In HP-RT wurden die SVID Shared Memory Aufrufe implementiert. Einer der Hauptunterschiede zwischen SVID und POSIX ist die Adressierung eines Shared Memory Segmentes.

3.2.4 "Priority Scheduling"

POSIX.4 fordert die Implementierung von drei Schedulern: FIFO, ROUND-ROBIN und eines dritten eigener Wahl. Damit wird Benutzerapplikationen die Möglichkeit gegeben, die Ausführung von Prozessen prioritätsgesteuert zu kontrollieren.

Mit getpriority() und setpriority() kann die Priorität eines Prozesses erfragt oder gesetzt werden. Mit getscheduler() und setscheduler() kann das Scheduler-Verfahren selbst erfragt, bzw. verändert werden. Ein Prozeß hat mit yield() zusätzlich die Möglichkeit, die CPU freiwillig frei zu geben und sie einem anderen Prozeß zur Verfügung zu stellen.

3.2.5 Uhren und Timer

POSIX.1-Funktionen bieten nicht die Genauigkeit, die Echtzeitapplikationen benötigen. Funktionen wie time(), alarm() oder sleep() arbeiten lediglich mit Argumenten in Einheiten von Sekunden. BSD 4.2 Funktionen wie gettimeofday() oder setitimer() arbeiten im Mikrosekundenbereich. POSIX.4-Funktionen wie getclock(), gettimer() oder nanosleep() arbeiten dagegen mit Vielfachen von Nanosekunden.

HP-RT arbeitet mit einer 10 Millisekunden Systemuhr, d.h. alle 10 Millisekunden wird ein Interrupt erzeugt und die Softwaresystemzeit TIMEOFDAY wird neu gesetzt. Das heißt aber auch, daß HP-RT Software-Timer eine Auflösung von 10 Millisekunden haben. Damit finden bei ihrer Anwendung natürlich Rundungen auf den nächsten Systemzeitinterrupt statt.

Falls eine feinere Auflösung benötigt wird, bietet HP-RT auch die Unterstützung von zwei 16-bit und einem 32-bit Hardware-Timer an. Diese besitzen eine Auflösung von 1 Mikrosekunde und maximale Intervalle von 65,6 Millisekunden (16 bit), bzw. 71,5 Minuten und sind kaskadierbar.

3.2.6 "IPC Message Passing"

POSIX.4 beinhaltet eine Definition für IPC (Interprocess Communications) Message Passing. Darunter versteht man das Austauschen von Datenmengen beliebiger Größe zwischen kooperierenden Prozessen. Die POSIX.4 IPC geht zurück auf die System V IPC. Andere IPC-Schnittstellen haben sich als unzureichend für Echtzeitanforderungen erwiesen. POSIX.4 geht aber über die System V Interface Definition hinaus durch ein verbessertes Management der Nachrichtenpuffer, die Behandlung von asynchronen Ereignissen und die Form der Adressierung einer Nachrichten-Queue.

Durch Nachrichten-Queues wird das Senden und Empfangen von Nachrichten ermöglicht. Sie arbeiten ähnlich wie Pipes in UNIX, erlauben allerdings auch mehrere Sender und Empfänger und ein asynchrones Senden und Empfangen. Prozesse mit entsprechenden Rechten greifen auf Nachrichten-Queues durch spezielle Dateien zu.

Das Senden von Nachrichten erfolgt mit mqsend() und mqputevt(), das Empfangen mit mqreceive() und mqgetevt(). Mit Hilfe von mqcntl() kann man auf Eigenschaften einer Nachrichten-Queue selbst Einfluß nehmen.

3.2.7 Synchronisiertes I/O

Synchronisiertes I/O wird verwendet, um Daten und Dateien möglichst sicher zu übertragen. Diese Funktionalität ist von besonderem Interesse zum Beispiel bei Datenbankapplikationen und Applikationen, bei denen es um eine hohe Integrität von Daten geht ("fault tolerant").

Unterliegen derartige Applikationen auch noch Echtzeitanforderungen, so ist ein üblicher write() Befehl nicht mehr unbedingt ausreichend. Es muss sichergestellt werden, dass Daten nicht nur in einer Schreib-Queue abgelegt werden (ähnlich wie beim Spoolen), sondern auch tatsächlich sofort geschrieben werden. Diese Funktionalität wird realisiert durch das Einführen von zwei Flags, O_FSYNC und O_DSYNC, bei den folgenden Funktionen: open(), fcntl(), afsync() und rtfsync().

3.2.8 Asynchrones I/O

Asynchrones I/O wird parallel zu dem Prozeß ausgeführt, der die I/O-Operation veranlaßt hat. Das heißt, daß ein Prozeß nicht auf die tatsächliche Beendigung einer I/O-Operation warten muß, sondern sofort fortfahren kann. Das erhöht die Effektivität eines Prozesses.

POSIX.4 bietet diese Funktionalität mit den Funktionen aread() und awrite(). Wenn die I/O-Operation abgeschlossen ist, wird der Prozeß durch ein asynchrones Signal davon in Kenntnis gesetzt.

Asynchrone I/O-Operationen werden nach POSIX.4 durch einen sogenannten aiocb (Asynchronen I/O Control Block) kontrolliert. Details entnehme man bitte den IEEE Veröffentlichungen über POSIX 1003.4.

3.2.9 Echtzeitdateien

In einem üblichen UNIX-Dateisystem kann der Inhalt einer Datei über die physikalische Oberfläche einer Disk willkürlich verteilt sein. Das verursacht natürlich einen gewissen Zeitaufwand beim Suchen bestimmter Daten. Für Echtzeitanwendungen ist das oft nicht akzeptierbar. POSIX.4 definiert daher die Möglichkeit, Dateien zusammenhängend auf einer Disk zu speichern. Es besteht auch die Möglichkeit, bestimmte Bereiche der Disk zu reservieren und Dateigrößen vorab festzulegen, um ein zeitaufwendiges dynamisches Verändern der Dateigröße zu vermeiden.

LynxOS und HP-RT haben die in POSIX.4 definierten Attribute für Echtzeitdateien übernommen und die entsprechenden Funktionen wie zum Beispiel getattr() und setattr() implementiert.

3.2.10 "Threads" und Multi-Tasking

Alle Echtzeitsysteme unterstützen Multi-Tasking. Multi-Tasking beschreibt die Fähigkeit eines Systems, dass mehrere Prozesse (quasi) gleichzeitig abgearbeitet werden können. Die verschiedenen Echtzeitbetriebssysteme unterscheiden sich nun in der Speicherverwaltung der Code- und Daten-Bereiche, welche von diesen Prozessen benötigt werden.

Einige Betriebssysteme erlauben allen Prozessen einen direkten Zugriff auf den gesamten Code und alle Daten. Damit wird das Programmieren natürlich sehr erleichtert, da die Information von allen Prozessen gleichzeitig verwendet werden kann. Spezielle Funktionalitäten wie in 3.2.3 ("Shared Memory") beschrieben werden nicht benötigt. Die Zeiten, die für einen Context Switch benötigt werden, können damit ebenfalls reduziert werden.

Andere Betriebssysteme unterstützen Schutzmechanismen ("protected memory"). Der Kernel wird vor Benutzerprozessen gesichert und jeder Prozess hat seine eigenen Code- und Daten-Bereiche. Dadurch wird ein Kernel natürlich stabiler, da System-Fehlermeldungen auftreten werden, wenn ein Versuch unternommen wird, in einen geschützten Speicherbereich des Kernels zu schreiben.

Die hier diskutierten Echtzeitbetriebssysteme sind sogenannte Multi-Threaded Systeme. Sie vereinen die Vorteile beider oben angesprochenen Betriebssysteme. Jeder Prozeß arbeitet in seinem eigenen geschützten Speicherbereichen. Jeder Prozeß kann jedoch aus einer Reihe von Threads bestehen. Unter einem Thread versteht man eine Befehlsfolge ("flow of execution") mit eigenem Programmzeiger und eigenem Stack. Code- und Datenbereiche werden allerdings mit anderen Threads in demselben Prozeß gemeinsam genutzt. Damit kann ein Programmierer die beiden oben erwähnten Modelle nach Bedarf anwenden. Benutzerprozesse werden geschützt voreinander ausgeführt. Man kann andererseits aber auch innerhalb eines Prozesses mit Hilfe von Threads arbeiten, um gemeinsame Resourcen innerhalb eines Prozesses zu nutzen. Threads helfen dem Programmierer nicht nur, übersichtliche Programmstrukturen zu entwickeln, sie bieten sich auch an zur Behandlung von asynchronen Ereignissen und zur Ausnutzung von Multiprozessor-Umgebungen.

Threads sind ebenfalls eine große Hilfe für Ada-Tasking. Das Hauptproblem von Ada in Systemen ohne Threads liegt zum Beispiel in der Tatsache, daß eine Ada-Runtime-Umgebung als ein Prozeß aufgesetzt ist, in dem dann die einzelnen Ada Tasks als Threads behandelt werden. Das hat den Nachteil, daß ein einzelner Ada Task mit einer aufwendigen I/O-Operation alle anderen Ada Tasks blockiert, da der Kernel den gesamten Ada-Prozeß blockiert. Unterstützt das Betriebssystem selbst bereits Threads, so kann man dieses Problem umgehen.

Man unterscheidet allgemein System-Threads und Benutzer-Threads. In den hier besprochenen Beispielen sind beide implementiert. Systeme, die Threads auch im Kernel unterstützen, bieten deutliche Vorteile für Echtzeitapplikationen. Da der Kernel direkt mit Threads arbeitet, kann jeder Thread seine eigene Benutzerpriorität haben und blokkieren, ohne andere Threads in ihrer Aktivität zu beeinflussen.

Im Rahmen der IEEE-Definitionen werden Threads von der POSIX.4a Arbeitsgruppe ausgearbeitet. Ende 1990 wurden Threads aus POSIX.4 ausgegliedert, um die Bearbeitung der grundsätzlichen Echtzeitfunktionalitäten zu beschleunigen.

Es sollte an dieser Stelle betont werden, dass POSIX-Threads nicht mit den MACH-Threads, wie man sie vielleicht aus OSF kennt, identisch sind!

3.3 Netzwerkfähigkeiten

Die Echtzeitfähigkeit eines Echtzeitbetriebssystems steht und fällt häufig mit der Frage, ob auch Netzwerktreiber der Preemption unterliegen, und damit nicht dem deterministischen Verhalten des Gesamtsystems entgegenwirken. Die hier diskutierten Systeme erleiden keinen Einbruch ihrer Echtzeitfähigkeit durch Netzwerk-Kommunikationen.

Die Netzwerkfunktionalitäten basieren auf TCP/IP, Berkeley Sockets und BSD 4.3 Netzwerkdiensten. Es existieren auch Lösungen für MAP (LynxOS) und VME Backplane IP Treiber. Der HP-RT Backplane IP Treiber unterstützt beispielsweise eine Kommunikation mit HP-UX Systemen und auch mit dem Echtzeitbetriebssystem VxWorks von Wind River Systems.

Da das hier besprochene Betriebssystem (HP-RT) Prozessoren mit VME-Schnittstelle unterstützt, kann auf bestehende VME Interface Boards zurückgegriffen werden. So sind zum Beispiel X.25- oder FDDI-Anbindungen möglich, bzw. sogar bereits in der Entwicklung.

3.4 Unterschiede zwischen POSIX kompatiblen Echtzeitsystemen

Wie bereits erwähnt, basieren LynxOS und HP-RT auf derselben Kernel-Architektur. Nichtsdestoweniger weisen beide Systeme doch deutliche Unterschiede auf. Gleiche Ansätze müssen also noch lange nicht gleiche Ergebnisse liefern.

Die Unterschiede beginnen bereits damit, daß HP-RT im Prinzip eine Anpassung von LynxOS an Hewlett-Packards PA-RISC Architektur darstellt. LynxOS ist auf anderen Plattformen wie der SPARC Architektur von Sun, oder auch auf Prozessoren von Intel und Motorola unterstützt.

Ein weiterer gravierender Unterschied liegt in der Philosophie für eine Software-Entwicklungsumgebung. Während LynxOS eine eigene Entwicklungs-Umgebung erfordert, setzt Hewlett-Packard auf gewohnte Entwicklungsumgebungen unter HP-UX, Hewlett-Packards UNIX Implementierung. Dazu gehören verschiedene Compiler und Cross-Debugger, aber auch de-facto Standard CASE-Tools wie SoftBench.

Blickt man etwas weiter ins Detail, so erkennt man weitere Unterschiede. Es sollen hier nur einige wenige genannt werden:

HP-RT bietet einem Benutzer-Prozeß die Möglichkeit, auf einem sogenannten privilegierten Level zu operieren. Ein Benutzer-Prozeß kann zum Beispiel die CPU und Systemresourcen direkt kontrollieren und das Interrupt-System des Kernels ausschalten. Dieses Konzept kann genutzt werden um sicherzustellen, daß kritische Prozesse nicht unterbrochen werden.

Beide Systeme besitzen unterschiedliche Backplane IP Treiber.

HP-RT unterstützt 16-bit und 32-bit Hardware-Timer. Es enthält auch mehrere Funktionen, z.B rtprio() und prealloc(), und Befehle, z.B. sh(), ksh() oder tar(), die aus HP-UX entlehnt sind. Dies ermöglicht einen höheren Grad an Kompatibilität zwischen HP-UX und HP-RT Programmen.

4 RISC und Echtzeit

Wegen ihrer überlegenen Leistungsfähigkeit über CISC (Complex Instruction Set Computer) Architekturen gewinnen RISC (Reduced Instruction Set Computer) Technologien heute mehr und mehr an Bedeutung. Auch für Echtzeitanwendungen werden sehr hohe CPU-Leistungen immer häufiger gefordert, insbesondere in der Luft- und Raumfahrtindustrie oder bei Applikationen in der Telekommunikation. Neben besserer Leistung bietet RISC aber auch den Vorteil eines kostengünstigeren Chip-Designs und einer billigeren Produktion, hervorgerufen durch eine einfachere Hardware-Implementation. Dadurch sind RISC-Plattformen heute die Marktführer im Preis/Performance-Vergleich. Das gilt sowohl für Mehrbenutzersysteme als auch für kommerzielle und industrielle Workstations.

Der Grund für die Überlegenheit von RISC über CISC (auf vergleichbaren Hardwaretechnologie-Implementationen) liegt in der Tatsache, daß ein Programm weniger Maschinenzyklen benötigt, obwohl tatsächlich mehr Befehle ausgeführt werden müssen. Während CISC-Instruktionen üblicherweise mehrere Zyklen benötigen, sind RISC-Instruktionen normalerweise in einem Zyklus abgehandelt. Damit können auf CISC-Maschinen Zyklen verschwendet werden. In einem RISC-System ist das nicht der Fall. Hier wird die Leistungsfähigkeit der Hardware voll ausgeschöpft.

Unabhängig von der beschriebenen Leistungssteigerung der CPU bietet RISC auch den Vorteil einer einfacheren Bedienung. Gerade Echtzeit-Programmierer werden von der RISC-Technologie profitieren, da sie üblicherweise sehr hardwarebezogen programmieren. In der Vergangenheit hat das oft bedeutet, daß in Assemblersprachen programmiert werden mußte und Hochsprachen keine Anwendung fanden. Auf RISC-Plattformen sind jedoch Sprachen wie zum Beispiel C das übliche Handwerkzeug eines Programmierers. Man kann sogar behaupten, daß die eigentliche Aufgabe von RISC darin liegt, einem Compiler zu erlauben, einen optimierten Code von einem Quellcode aus einer Hochsprache zu erzeugen.

Wie man aus diesen Beispielen ersieht, gibt es viele gute Gründe, RISC einer CISC-Architektur vorzuziehen. Es gibt heute aber eine noch andauernde Diskussion, ob RISC die richtige Architektur für Echtzeitanwendungen darstellt. Das mag auf den ersten Blick überraschen, wenn man zum Beispiel weiß, daß Hewlett-Packards PA-RISC Technologie ursprünglich mit dem Gedanken entwickelt wurde, Echtzeitanforderungen zu genügen. Die Argumente gegen RISC-basierende Echtzeitsysteme sind jedoch ernst zu nehmen, und sie bedürfen einer Diskussion. Da einige der oben diskutierten Echtzeitbetriebssysteme auch für RISC-Plattformen zur Verfügung stehen (HP-RT wurde zunächst sogar speziell nur für PA-RISC entwickelt), sollen in diesem Kapitel die Hauptargumente gegen RISC-basierende Echtzeitsysteme näher untersucht werden.

4.1 Context Switch

Das Hauptargument gegen RISC-Echtzeit basiert auf der Tatsache, daß RISC-Architekturen eine große Anzahl an Registern benötigen. Es stellt eine große Herausforderung an ein Entwicklungsteam für ein Echtzeitbetriebssystem dar, den Zustand eines Systems mit einer derartigen Menge an Daten zu sichern in dem Fall, daß ein Interrupt auftritt, der einen Context Switch erfordert. (Eine "Nicht-RISC-Architektur" kann sogar Hardware-unterstützt den Zustand eines Systems absichern, was einem Betriebssystem-Entwickler das Leben sehr erleichtert.) Da die Echtzeitfähigkeit eines Systems mit der Qualität des Interrupt-Handlings steht und fällt, liegt hier in der Tat eine potentielle Gefahr in der Benutzung von RISC für Echtzeitanwendungen.

Aus dem letzten Absatz wird allerdings bereits deutlich, daß dieses Problem die Fähigkeiten des Entwicklungsteams des Betriebssystems anspricht. Für einen Benutzer ist dieser Aspekt transparent, solange das Betriebssystem bestimmte Antwortzeiten garantieren kann.

Eine Architektur, die blindlings den gesamten Zustand einer Maschine absichert, verschwendet tatsächlich Zeit bei den meißten Interrupts. In der Praxis stellt sich jedoch heraus, daß normalerweise nur ein Teil des Gesamtzustandes abgesichert werden muß. In sehr vielen Fällen wird das auch tatsächlich so gemacht. Außerdem gibt es viele Beispiele, in denen das zeitsparende Absichern eines Registers in anderen Registern dem Kopieren von Registerinhalten in den Speicher vorgezogen werden kann. (Die PA-RISC Version 1.1 bietet sogenannte Schattenregister an, die benutzt werden können, um bei einem Context Switch Zeit zu sparen.)

Ein 68020 Prozessor hat nur 8 Hauptregister. Hewlett-Packards PA-RISC Technologie mit 32 Hauptregistern wirkt dagegen bereits voluminös. Man liegt damit aber für RISC-Architekturen an der unteren Grenze. Designs mit weit über 100 Hauptregistern sind keine Seltenheit (SPARC von Sun beispielsweise besitzt 128 Hauptregister).

4.2 Ist RISC die richtige Wahl für effektives I/O?

Ein zweiter Einwand gegen RISC als Echtzeit-Plattform sind die Einschränkungen im I/O-Bereich bei einigen Architekturen. Als Bezugspunkt sei die 680x0 Technologie von Motorola genannt mit 3 externen Interrupt Lines und 256 möglichen Vektoren.

Das R3000 Design von MIPS bietet dagegen 6 Lines, 2 Software Interrupts und einen gemeinsamen Vektor. Die SPARC-Technologie von Sun bietet 4 Lines mit unabhängigen Vektoren für jeden von 16 möglichen externen Interrupts. Die PA-RISC Technologie von Hewlett-Packard verfügt über 32 unabhängige Lines, jeder mit seinem eigenen Vektor, und ist damit sogar in der Lage, sehr anspruchsvollen I/O-Anforderungen zu genügen.

4.3 Caching und physikalische Adressierung

Eine Eigenschaft, die moderner Hardware insgesamt eigen ist, ist der verstärkte Gebrauch von Caching für Daten- und Adressenübersetzungen. Dieses Caching verbessert die durchschnittliche Leistung des Systems und den Gesamtdurchsatz, aber es verringert das deterministische Verhalten von Operationen. Es wird insbesondere schwierig, ein "worst case" Verhalten für eine bestimmte Operation zu bestimmen. Damit verliert, oder zumindest verwässert, man natürlich eine ganz entscheidende Echtzeit-Eigenschaft.

Betrachten wir zwei Aspekte dieses Einwandes genauer.

RISC-Technologien setzen alle Caching ein. Das kann Unterschiede im Zeitverhalten einer Applikation zur Laufzeit verursachen. Das ist allerdings kein echtes Problem, da Caching lediglich eine Verbesserung des Zeitverhaltens hervorrufen kann, verglichen mit einem ausgeschalteten Caching. Daher bieten verschiedene RISC-Designs auch die Möglichkeit, über ein Control-Bit das Caching fuer Testzwecke auszuschalten.

Eine andere häufig wiederkehrende Aussage ist, daß Echtzeitanwendungen eine physikalische Adressierung erfordern, und keine virtuellen Speicher. Es wird darauf hingewiesen, daß die Applikation selbst über den Gebrauch von Speicherplatz entscheiden können muß, und nicht das Betriebssystem oder die Hardware. Wie auch das Caching müßten Memory Management Units (MMUs) und Translations Lookaside Buffers (TLBs) zu einem Verlust von Determinismus führen.

Unter einem TLB versteht man eine Cache-Struktur, die statt Daten Informationen enthält, wie virtuelle Adressen in physikalische Speicheradressen übersetzt werden. In einem TLB sind nur relativ wenige Informationen enthalten, ein großer Teil befindet sich im Hauptspeicher. Befindet sich eine benötigte Information nicht im TLB-Cache, so muß auf den Haupspeicher zurückgegriffen werden, was natürlich mit einem erhöhten Zeitaufwand und damit mit einem Verlust an deterministischem Verhalten verbunden ist.

In diesem Zusammenhang muß erwähnt werden, daß moderne Prozessor-Implementierungen wie R4000 von MIPS oder PA-RISC 7100 von Hewlett-Packard Einrichtungen aufweisen, die die beschriebenen Effekte vermindern. Während TLB-Einträge sich normalerweise auf einzelne Seiten beziehen mit typischen Größen von 2 bis 16kB, gehen diese Konzepte von größeren Blockstrukturen aus, die sich geordnet hintereinander im physikalischen Speicher befinden. Damit kann ein TLB-Eintrag sehr viel größere Strukturen abdecken. Dieses Konzept kann z.B dazu genutzt werden, den gesamten Kernel-Code durch einen einzigen TLB-Eintrag abzudecken. Der Kernel-Code muß dann natürlich in geordneter Folge im Speicher liegen. Diese Voraussetzung ist während des Boot-Vorganges aber leicht zu erfüllen, da Echtzeit-Kernel vollständig speicherresident sind.

Trotz allem gibt es natürlich noch Fälle, in denen virtuelle Speicher und MMUs die System-Software zwingen können, auf Situationen wie "page faults" zu reagieren, was natürlich die Echtzeiteigenschaften abschwächt. Außerdem ist zu bedenken, daß bei einem Context Switch nicht nur die Prozessor-Register, sondern auch die MMU-Register berücksichtigt werden müssen. (Und schließlich sollte darauf hingewiesen werden, daß jeder Prozessor seine eigene MMU besitzt, so daß Entwickler von Echtzeitbetriebssystemen gezwungen sind, ihr Memory Management für jeden Prozessor neu zu schreiben.)

Diese Probleme sind sicherlich nicht von der Hand zu weisen, es ist jedoch zu bedenken, daß eine MMU den Vorteil von Memory Protection einführt, was normalerweise eine zwingende Notwendigkeit in einer Multi-Tasking-Umgebung ist. Das Vorhandensein einer MMU führt also zu leichten Nachteilen bei eingebetteten Echtzeitapplikationen, sie ist allerdings eine willkommene Eigenschaft in einem Multi-Tasking-System.

5 Zusammenfassung

Mit dem Aufkommen von Standards auch im Echtzeitbereich entsteht zur Zeit eine völlig neue Generation von sehr leistungsfähigen Echtzeitbetriebssystemen. Da sie von Grund auf neu entwickelt wurden, können sie neue Software-Konzepte wie z.B. Threads mühelos integrieren. Sie können aber auch sofort so konzipiert werden, daß sie neue Hardware-Technologien optimal für Echtzeitzwecke nutzen.

Durch die Verwendung von Standards bietet sich dem Programmierer sofort eine gewohnte Umgebung. Das resultiert in kürzeren Entwicklungszeiten und damit in geringeren Kosten. Gleiches gilt für die Portierung von Applikationen auf andere konforme Betriebssysteme.

Ich danke an dieser Stelle Herrn Joachim Otto für seine tatkräftige Unterstützung bei der Erstellung dieses Artikels.

6 Literatur

(1) Realtime Extensions for Portable Operating Systems
IEEE POSIX 1003.4 Draftversionen

(2) Thread Extension for Portable Operating Systems
IEEE POSIX 1003.4a Draftversionen

(3) POSIX Programmer's Guide
von Donald Lewine
O'Reilley & Associates, Inc.

(4) The RTOS Difference
von Kevin D. Morgan
BYTE (August 1992)

(5) Real-Time Magazine
Special issue Nov. 1991: Commercial Real-Time Software

(6) A Comparative Anatomy of RISC Processors For Real-Time
von Edward J. Rathje
BUSCON/92 West Conference Proceedings

Real-Time Kernel für Transputer

J. Stoll, T. Popp*

Abstract: Although the transputer is widely used in embedded systems, the lack of a traditional hardware interrupt mechanism presents a problem for real-time applications. All external I/O and interprocess communication are performed synchronously (rendezvous concept) via on-chip links or in-memory channels respectively. With this type of communication and the micro coded FIFO scheduler provided by the transputer it is not possible to guarantee the scheduling of a process within a known time interval. This shortcoming was realised by some software companies and with the beginning of 1991 powerful real-time kernels are available off-the-shelf. They provide pre-emptive scheduling, multiple priorities, and a general-purpose interrupt mechanism. Using the new real-time kernels for transputers allows you to design and implement high performance embedded real-time systems based on single or multiple transputers.

Keywords: transputer, synchronous/asynchronous communication, CSP, FIFO/pre-emptive scheduling, real-time kernel, embedded real-time system, distributed multi-tasking/multi-user operating system.

1. Einleitung

Obwohl Transputer [INMOS 89] ursprünglich für den Aufbau massiv parallel arbeitender Hochleistungsrechner entwickelt wurden, finden sie mehr und mehr Verwendung in "embedded" Applikationen. Hauptsächliche Gründe dafür sind:

- sehr gutes Preis / Leistungs-Verhältnis
- abgestuftes Leistungsangebot (T2xx - 16 Bit, T4xx - 32 Bit, T8xx - 32 Bit mit integrierter FPU; wobei T4xx und T8xx pin-kompatibel sind)
- einfache Programmierung
- 4 GByte linearer Adreßraum (T4xx und T8xx)
- geringe Hardware-Systemkosten durch integrierten Speicherkontroller (17 voreingestellte und ein in weiten Grenzen frei einstellbares Timing für Speicherzugriffe)
- leichte Einbringung von Parallelität durch serielle Punkt-zu-Punkt Verbindungen (5, 10, 20 MByte/sec) mit einem in Hardware realisiertem Protokoll (busloses Konzept).

Trotz dieser vielen Vorteile bereitet die Bearbeitung von "embedded real-time" Applikationen Probleme, da ein traditioneller Hardware-Interrupt Mechanismus nicht zur Verfügung steht. Dieser Mangel wurde von einigen Software-Firmen erkannt und seit ca. Mitte 1991 sind leistungsfähige Real-Time Kernel für Transputer auf dem Markt erhältlich.

* Ingenieurbüro Dr. Stoll & Partner, Menzinger Str. 130, 8000 München 50
Tel.: 089/814 53 37, Fax.: 089/814 54 38

2. Problemstellung

Der theoretische Hintergrund bei der Entwicklung der Programmiersprache OCCAM und dem Transputer als ideale OCCAM Maschine war die Arbeit von C. A. R. Hoare, welche unter den drei Buchstaben CSP - Communicating Sequential Processes [HOARE 83] bekannt ist. Basisidee von CSP sind unabhängige sequentielle Prozesse, welche sich an bestimmten Punkten zum Zwecke der Kommunikation synchronisieren, um dann wieder unabhängig voneinander weiterzuarbeiten (Rendezvous-Konzept). Somit ist jede Kommunikation im Transputer, sei es Intertask-Kommunikation via "In-Memory-Channels" oder Interprozessor-Kommunikation via "Links" *synchron*. D. h., Prozesse können beliebig lange blockiert sein, bis z.B. Eingabedaten verfügbar sind.

Um dieses Kommunikationsmodell und Multi-Tasking zu unterstützen, wurde im Transputer ein Hardware-Scheduler mit zwei Prioritätsebenen und den folgenden Eigenschaften implementiert:

(E1) hochpriore Prozesse

- können niederpriore Prozesse verdrängen
- belegen den Prozessor bis zum Prozeßende oder bis sie auf das Zustandekommen einer Kommunikation warten müssen
- werden im Falle mehrerer rechenwilliger hochpriorer Prozesse nach dem FIFO-Prinzip abgearbeitet.

(E2) niederpriore Prozesse

- werden durch hochpriore Prozesse unmittelbar verdrängt
- belegen den Prozessor bis zum Ende einer oder maximal zweier Zeitscheiben (1 ms) oder aber bis sie auf das Zustandekommen einer Kommunikation warten müssen
- werden im Falle mehrerer niederpriorer Prozesse nach dem Round-Robin Prinzip abgearbeitet.

Für kleinere "real-time" Applikationen, welche nur eine Interrupt-Quelle (sprich nur ein hochpriorer Prozeß) zu bearbeiten haben, sind die Eigenschaften des Hardware-Schedulers völlig ausreichend. Typische Interrupt-Response Zeiten für einen T805/25 MHz (ohne Zugriffe auf externes RAM) liegen zwischen 1 und 3 μs. Sobald nun mehrere Interrupt-Quellen zu bedienen sind, und somit mehrere hoch- und niederpriore Prozesse zum Ablauf kommen müssen, folgt aufgrund der Eigenschaften des Hardware-Schedulers, daß die Interrupt-Response Zeit von der Anzahl der aktuell rechenwilligen Prozesse abhängt. Mit einem derartigen Scheduler und mit einer synchronen Kommunikation, wie vom Transputer bereitgestellt, ist es dann nicht mehr möglich, unmittelbar und zeitlich determiniert auf interne und externe Ereignisse zu reagieren, wie es für die Lösung von "real-time" Applikationen notwendig ist.

3. Betriebssysteme für Transputer

Von den bei der Marktanalyse gefundenen Betriebssystemen für Transputer sind drei als Real-Time Kernel und die restlichen vier als verteilte Multi-User / Multi-Tasking Betriebssysteme einzustufen.

Bei den Real-Time Kernels handelt es sich um TRANS-RTXC, VRTX32/T und C EXECUTIVE welche im Kapitel 3.1 näher besprochen werden. Die Multi-User / Multi-Tasking Betriebssysteme HELIOS, transIDRIS, CHORUS und TAOS werden in Kapitel 3.2 kurz vorgestellt, aber nicht weiter diskutiert.

3.1. Real-Time Kernel

Bevor die Eigenschaften der drei Real-Time Kernel miteinander verglichen werden, wird zunächst die allen dreien zugrundeliegende generelle Struktur der Kernel vorgestellt. Diese unterscheiden sich aufgrund des Fehlens eines traditionellen Hardware-Interrupt Mechanismuses von den Kernel-Strukturen für herkömmliche Mikroprozessoren.

Die Erfüllung der real-time Bedingungen

- rechtzeitiger Start (Einhaltung der Erfassungszeit)
- rechtzeitige Beendigung (Einhaltung der Antwortzeit)
- zeitliche Koordination (Erfüllung der beiden oben genannten Bedingungen für alle Rechenprozesse)

ist durchaus auch mit den Eigenschaften eines Transputer möglich, wenn man dafür bereit ist, weitgehend die Vorteile des CSP-Modells aufzugeben.

Wie bekannt, kennt der FIFO-Scheduler des Transputers zwei Prioritätsebenen, wobei jede Ebene ihre eigene Prozeßwarteschlange (process queue) verwaltet. Ein hochpriorer Prozeß kann dabei einen niederprioren Prozeß an dessen nächster Anweisung verdrängen, wobei ein hochpriorer Prozeß weder durch interne noch durch externe Ereignisse unterbrochen werden kann. Die Design-Idee ist nun, Interrupts durch kurze hochpriore Rechenprozesse zu erfassen (interrupt handling) und das Bearbeiten der Interrupts (interrupt servicing) an einen niederprioren Prozeß zu delegieren. Um einen "pre-emptive" Scheduler Mechanismus zu realisieren, wurden auf der niederprioren Ebene des FIFO Schedulers statische Software-Prioritäten eingeführt. Gleichzeitig wird bei jedem Prozeßwechsel der gesamte Kontext (bestehend aus Workspace Pointer, Instruction Pointer, Stack, Queue Front and Back Pointer, Status Information) für jede Software-Priorität ausgetauscht, anstatt die niederpriore FIFO Prozeßwarteschlange als Ganzes zu manipulieren.

Nun kommen wir zu dem eigentlichen Vergleich der Eigenschaften der Real-Time Kernel. Als Ergebnis kann vorweggenommen werden, daß sich alle drei Kernel technisch nur sehr wenig voneinander unterscheiden, so daß technischer Support, Kosten, verfügbare Filesysteme, weitere Werkzeuge/Hilfsprogramme für eine Kaufentscheidung in den Vordergrund treten.
Für alle folgenden Angaben gilt: Stand Ende 1991. Die Zeitangaben beziehen sich auf einen T800-25 mit "Zero Wait State" RAM und 4 kByte internem RAM.

VRTX32/T

Hersteller: Ready Systems

Lieferumfang (Preis): VRTX32/T Library, RTscope Library, Board Support Packages, Runtime Library, Pre-Configured Demo, RTscope Low Level System Debugger, 6 Monate Support (< 23.000.- DM)

Version: Beta Site

Support: 2 % der Investment-Summe pro Monat

Laufzeit-Lizenzen: Staffelpreise

Bemerkungen:
- Wird von Inmos unterstützt
- Arbeitet mit INMOS ANSI C-Toolset
- Unterstützt dynamisches kreieren von Tasks, Queues und Semaphoren
- T2xx werden nicht unterstützt

Transputer Typen: T425, T805

Kernelgröße: 15 - 16 kByte

Typische Zeiten:

Task Switch	10µs
Interrupt Response Time	k. A.
SC_TCREATE	56µs
SC_TDELETE	71µs
SC_TSUSPEND	38µs
SC_TRESUME	28µs

TRANS-RTXC

Hersteller: Intelligent Systems Int.

Lieferumfang (Preis): RTXC Library, RTXCbug, RTXCmon, Gserver, RTXCgen, 3 Monate Support (< 4.000.- DM)

Version: 2.2

Support: 25 % der Investment-Summe pro Jahr

Laufzeit-Lizenzen: Keine Gebühren

Bemerkungen:
- Source Code erhältlich
- Multi-Prozessor-Version inklusive Router verfügbar
- Wird nicht offiziell von INMOS unterstützt
- Arbeitet mit dem 3L C-Compiler

Transputer Typen:	T2xx, T4xx, T8xx		
Kernelgröße:	ca. 10 kByte		
Typische Zeiten:	Task Switch		6μs
	Interrupt Response Time	min:	36μs
		max:	140μs
	Minimum TRANS-RTXC kernel call		22μs
	Average Allocate and Deallocate		33μs
	Enqueue 1 Byte		39μs
	Dequeue 1 Byte		37μs
	Signal Semaphore		26μs
	Average Lock and Unlock Resource		29μs

C EXECUTIVE

Hersteller: Real Time Systems Ltd.

Lieferumfang (Preis): C Executive Kernel, JMI Portable C-Library, 12 Monate Support (1.800.- DM), CE-DOSFILE (900.- DM), CE-VIEW (900.- DM)

Version: 2.4

Support: 2.250.- DM pro Jahr

Laufzeit-Lizenzen: Staffelpreise

Bemerkungen:

- Wird von INMOS unterstützt
- Arbeitet mit INMOS ANSI C-Toolset
- Source Code erhältlich
- Wahlweise mit und ohne "pre-emptive" Scheduler konfigurierbar
- Wahlweise mit und ohne Filesystem konfigurierbar

Transputer Typen:	T2xx, T4xx, T8xx		
Kernelgröße:	ca. 9 kByte		
Typische Zeiten:	Task Switch		19μs
	Interrupt Response Time	min:	19μs
		max:	30μs
	Timer Overhead		2μs
	Scheduler Time / Inactive Process		3,67μs
	Start and Finish Null Process		326μs
	Write to Null Device		19μs
	Queue Write Time		68μs
	Queue Read Time		58μs

3.2 Multi-User / Multi-Tasking Betriebssysteme

HELIOS

Anbieter: Perihelion Software Ltd.

Merkmale:

- Verteiltes Multi-User / Multi-Tasking Betriebssystem, dessen Benutzerschnittstelle und Systemdienste sich sehr stark an Unix orientieren
- POSIX konform
- Client / Server Modell
- Interprozeß-Kommunikation via Pipes, gemeinsame Speicherbereiche, Nachrichtenaustausch, Signale und Semaphore
- Server für I/O, Platten (Berkley 4.2 Filesystem, MS-DOS Filesystem), Grafik (X Windows, Windows 3.0) und Netzwerk (Ethernet)
- Unterstützt die konkurrierende Ausführung von OCCAM und HELIOS Prozessen

Hosts: PC, Unix Workstations

Targets: Transputer, i860, MC 68020

transIDRIS

Anbieter: Real Time Systems Ltd.

Merkmale:

- transIDRIS ist die Portierung des Multi-User / Multi-Tasking Betriebssystems IDRIS, welches 1978 von Whitesmiths Ltd. entwickelt wurde, auf Multi-Transputer Systeme
- Unix kompatibles Betriebssystem mit real-time Erweiterungen (Scheduler und Speicherverwaltung)
- POSIX konform
- Root / Worker Modell
- Interprozeß-Kommunikation via Pipes, gemeinsame Speicherbereiche, Nachrichtenaustausch, Signale und Semaphore
- Hierarchisches Filesystem
- Cross Development Tools für PC, SUN und VAX
- OCCAM Programme können auf speziellen Worker Transputern zum Ablauf gebracht werden

Hosts: PC

Targets: Transputer, PDP-11, i8080, i80x86, MC 680x0, VAX

GENESYS

Anbieter: Transtech Parallel Systems Ltd.

Merkmale: Betriebssystem für parallele und Multiprozessorsysteme

Hosts: SUN, Silicon Graphics

Targets: Transputer, i860

CHORUS

Anbieter: Konsortium der Firmen INMOS, CHORUS Systems, ARCHIPEL und TELMAT

Merkmale:

- CHORUS ist ein verteiltes Multi-User / Multi-Tasking Betriebssystem mit Unix System V Systemaufrufen und Benutzeroberfläche
- Um den CHORUS-Kernel mit real-time Eigenschaften gruppieren sich Module für die Kommunikation, Speicherverwaltung, Ereignisverarbeitung usw.
- Message Passing (RPC, IPC)
- OSI, TCP/IP und NFS Protokolle
- Fehlertoleranzeigenschaften durch die Möglichkeit dynamischer Rekonfiguration
- Die Portierung von CHORUS auf den H1 (T9000) Transputer ist für Q1 1992 geplant

Hosts: -

Targets: H1 (T9000) Transputer, iAPX 186, iAPX 386, MC 68020, MC 68030, MC 88000

TAOS

Anbieter: TAO Systems Ltd.

Merkmale:

- Objektorientiertes Multi-User / Mutli-Tasking Betriebssystem für 32 Bit Prozessoren
- Unterstützt das Portieren von Software zwischen unterschiedlichen 32 Bit Prozessoren durch die Verwendung von virtuellem Prozessor-Code
- Unterstützung heterogener Rechnernetze durch dynamische Allokierung portabler binärer Objekte mit anschließender Umsetzung in den entsprechenden Prozessor-Code
- Grafische Benutzeroberfläche (GUI)

Hosts: -

Targets: T800 Transputer, TI 320C40 ab Q3 1992

4. C EXECUTIVE

Von den drei Real-Time Kernels erfüllte C EXECUTIVE die vorgegebenen Kundenanforderungen am besten. Die wichtigsten Entscheidungskriterien waren:

- MS-DOS kompatibles Filesystem
- Hardwaretreiber für ein SCSI-TRAM (Transputer Module), welches beim Kunden vorhanden war; damit können neben dem Host-Filesystem auch SCSI-Platten im Transputernetz direkt angesprochen werden
- offizielle Unterstützung durch INMOS
- Preis.

Im Folgenden werden die gemachten Erfahrungen mit C EXECUTIVE beschrieben.

4.1 Programmierung

C EXECUTIVE für Transputer ist derzeit nur für das INMOS ANSI C-Toolset verfügbar. Die "romable" und "shareable" Library, welche mit C EXECUTIVE ausgeliefert wird, entspricht allerdings dem Whitesmiths und Kernigham & Ritchie Standard. D.h., die ANSI-C Funktionsbibliothek des C-Toolsets steht für die Programmierung mit C EXECUTIVE nicht mehr zu Verfügung, wohl aber alle anderen Funktionen des ANSI C-Standards, wie z. B. Funktionsprototypen.

Auf Grund des fehlenden Hardware-Interrupt Mechanismuses erfolgen alle Einsprünge in die Systemfunktionen über Unterprogrammaufrufe. D.h., der Kernel ist mit der Applikation zu binden, dabei kann der Kernel wahlweise für sich allein, mit einem Teil, oder allen Benutzerprozessen gemeinsam gebunden werden. Die Speicheraufteilung (RAM-, ROM-Bereiche) zwischen Benutzerprozessen und dem Kernel ist frei wählbar.

Besonders deutlich wird die Zusammengehörigkeit von OCCAM und Transputern beim Speicherschutzkonzept. OCCAM unterstützt weder globale Variablen noch "Pointer". Aus diesem Grund konnte auf die Implementierung eines Speicherschutzkonzeptes im Transputer verzichtet werden. Das bedeutet, bei der Programmierung mit C werden Datenbereichsverletzungen, z.B. durch Überlauf eines Arrays oder durch eine falsche Adreßrechnung, nicht erkannt.

4.2 Prozesse

Neben dem C-Toolset Konfigurationsvorgang (Beschreibung der physikalischen Struktur des Transputernetzes, der logischen Struktur der Software und der Abbildung der logischen auf die physikalische Struktur) kommt mit C EXECUTIVE ein weiterer Konfigurationsvorgang hinzu. Durch einen Eintrag in eine Prozeßliste und die Angabe der Stack-Größe wird eine Funktion zum Prozeß. Die Reihenfolge in der Prozeßliste bestimmt die Priorität der Prozesse (max. 32768). Es kann also keine Prozesse mit gleicher Priorität geben. In der Prozeßliste (siehe Programmausschnitt) sind noch folgende weitere Parameter zu setzen:

- Devices für die Kanäle STDIN, STDOUT und STDERR
- Starten eines Prozesses unmittelbar mit Programmbeginn oder mit zeitlicher Verzögerung
- Starten eines Prozesses durch andere Prozesse.

```
...
extern int ausfuehren();
extern int ausgabe();
extern int triggern();

/*  USER PROCESS TABLE
 */

LOCAL UPROC _uproc[] =
{
   {triggern,   "p1",300,lnk0,lnk0,lnk0,T_OFF,T_C,0,0,0},
   {ausfuehren,"p2",300,lnk0,lnk0,lnk0,T_ON, T_C,0,0,0},
   {ausgabe,    "p3",500,lnk0,lnk0,lnk0,T_ON, T_C,0,0,0},
   {NULL},
};
...
```

4.3 Kommunikation

C EXECUTIVE bietet analog zu UNIX die gleiche Flexibilität für jede Form der Ein- und Ausgabe, wie Lesen und Schreiben auf:

- Terminals (line mode, end-of-text mode, raw mode)
- Puffer (Interprozeß-, Interprozessorkommunikation)
- Festplatten und Floppy Disks (direkt oder über ein Filesystem).

Alle Ein- /Ausgaben werden über dieselben Systemaufrufe (open, read, write, close) abgewickelt. Weiterhin wurden "standard input", "standard output", "standard error output" und ein "null device" realisiert.

Im Gegensatz zum Rendezvous-Konzepts kommunizieren zwei Prozesse nun *indirekt* über Puffer (Pipes). Prozesse, welche von einem leeren Puffer lesen bzw. auf einen vollen Puffer schreiben wollen, werden in einen Wartezustand versetzt. Unmittelbar wenn Daten oder freier Speicherplatz verfügbar sind, werden sie wieder aktiviert. Die Schreiboperationen sind als unteilbare Aktionen implementiert und stellen somit einen Mechanismus zur Verfügung, um mehrere Datenströme zu multiplexen. Prozesse können sowohl von unterschiedlichen Puffern als auch von ein und demselben Puffer lesen bzw. darauf schreiben. In einem System können bis zu 32768 Puffer mit beliebiger Größe konfiguriert werden.

4.4 Synchronisation und Betriebsmittelverwaltung

C EXECUTIVE stellt für die Synchronisation und die Betriebsmittelverwaltung folgende Funktionen zur Verfügung:

lvreg	leave a critical region
entreg	enter a critical region
lock	assign ressource to a calling process
wlock	wait and assign ressource to a calling process
unlock	release ressource from calling process.

4.5 Interrupts

Entsprechend Kapitel 3 wird auch bei C EXECUTIVE zwischen "interrupt handling" und "interrupt servicing" unterschieden. Als Interrupt-Quellen können der Event Channel als auch jeder der vier Transputer Links definiert werden. Monitore, welche als hochpriore Prozesse implementiert sind, überwachen die Interrupt-Quellen und starten die zugehörigen, applikationsspezifischen Interrupt Service Routinen. Die Interrupt Service Routinen, wie auch der Kernel, der Scheduler und die Benutzerprozesse laufen auf der niederprioren Ebene des Hardware-Schedulers des Transputers ab. Funktionen für die Aktivierung und Deaktivierung einzelner, wie auch aller Interrupt-Quellen stehen zur Verfügung.

Die Installation einer Interrupt Service Routine ist aus folgendem Programmausschnitt ersichtlich:

```
...
#define QUELLE 0x80000020
extern int isr_id();
...
/* Interrupt-Quelle und Interrupt Service Routine definieren */
inum = def_intr(isr_id, 300, (Channel *)QUELLE);

/* Monitor starten */
menable(inum);
...
```

4.6 Filesystem

C EXECUTIVE kann wahlweise mit einem Filesystem (CE-DOSFILE) konfiguriert werden. Wie die Namensgebung schon vermuten läßt, ist CE-DOSFILE vollständig kompatibel zu den DOS Festplatten- und Diskettenformaten. Mit Hilfe dem beigestellten "Filesystem Maintenance Utility" können ein oder mehrere sogenannte "Filesubsysteme" auf einer DOS-Festplatte installiert werden. Dabei werden sowohl hierarchische Dateistrukturen als auch "contiguous files" unterstützt. Weiterhin können mit dem "Filesystem Maintenance Utility" Dateien zwischen dem DOS Filesystem und CE-DOSFILE importiert und exportiert werden. Mit CE-DOSFILE werden verschiedene Treiber wie z.B. für die Festplatte und Floppy Disk des Hostsystems, für eine RAMDISK und für ein SCSI-TRAM ausgeliefert.

4.7 Debugging

Mit CE-VIEW ist für C EXECUTIVE optional ein System Debugger mit folgenden Funktionen erhältlich:

- Anzeige dynamischer Systemtabellen
- Anzeige applikationsspezifischer Tabellen
- Änderung von Systemparametern
- Aktivierung und Passivierung von Prozessen
- Speicherbereiche Anzeigen und Modifizieren
- Anzeige weiterer Statusinformationen (Heap, Stack, Queues, Terminals).

Funktionen, wie Breakpoints setzen, Variablen inspizieren, Rückverfolgung von Prozeduraufrufen usw., wie sie vom symbolischen Debugger des C-Toolsets her bekannt sind, stellt CE-VIEW nicht zur Verfügung. Aus dieser Tatsache ergibt sich ein etwas gewöhnungsbedürftiges Vorgehen beim Debuggen von Applikationen. Für die Fehlersuche im zeitinvarianten Teil der Problemstellung empfiehlt sich die Verwendung des symbolischen Debuggers, während für den zeitvarianten Anteil der System Debugger CE-VIEW zum Einsatz kommt.

5. Zusammenfassung

Eine abschließende Aussage über Real-Time Kernel für Transputer kann auf Grund der Kaufentscheidung nur für C EXECUTIVE gemacht werden. Obwohl in Bezug auf die Entwicklungsumgebung von C EXECUTIVE für Transputer noch Wünsche offen sind, welche sich mit der Auslieferung (angekündigt für Q1 93) einer "romable", "sharable" ANSI C-Library für C EXECUTIVE teilweise erfüllen werden, fällt das Gesamturteil über C EXECUTIVE positiv aus. Besonders hervorzuheben ist die Stabilität von C EXECUTIVE. Innerhalb der Evaluationsphase wurde kein "Bug" gefunden, und nach einigen kleineren Anlaufproblemen, welche auf die zum Teil ungenügende Dokumentation zurückzuführen waren, konnten alle wesentlichen Teile (Interrupt Service Routinen, Treiber, usw.) zum Ablauf gebracht und erfolgreich eingesetzt werden. Der negative Eindruck bezüglich der Dokumentation bezieht sich vor allem auf die Darstellung allgemeiner Systemzusammenhänge, wobei die Beschreibung der Systemaufrufe ausreichend und vollständig ist.

Der Aufbau kleinerer Transputernetze war problemlos möglich. Dabei war es nicht notwendig, daß auf jedem Knoten des Netzes C EXECUTIVE installiert wurde. Die Kommunikation mit Knoten, welche vollständig in OCCAM programmiert wurden oder die Kommunikation mit WFS (Windows File Server) ist transparent. WFS ermöglicht die Ausgabe von Ergebnissen aus der "Transputer Welt" auf dem PC-Monitor unter MS-WINDOWS.

Die Aussage von RTS, daß durch den Einsatz von C EXECUTIVE auf Transputern der Aufbau leistungsfähiger, fehlertoleranter und skalierbarer Rechner für "embedded real-time" Applikationen auf einfache und elegante Art und Weise möglich wird, kann durch die gemachten Erfahrungen klar bestätigt werden.

Literatur

[HOARE 83] Hoare, C.A.R.: Communicating Sequential Processes; Communication of the ACM; January 1983, Volume 26, Number 1

[INMOS 89] INMOS: The Transputer Databook; Second Edition 1989

Standardisierte Benchmarks im Echtzeit-Bereich

Ralf Kern

Georg-Simon-Ohm-Fachhochschule Nürnberg

Fachbereich Allgemeinwissenschaften und Informatik

Keßlerplatz 12

8500 Nürnberg 21

Tel. 0911 / 5880 - 286

1 Standardisierte *Benchmarks*: Anforderungen, Sinn, Nutzen und Grenzen

Mit dem Aufkommen billiger Computersysteme hat sich auch eine Reihe standardisierter *Benchmark*-Programme (z. B. *Dhrystone, Whetstone, Xstone, Linpack*) etabliert, da die übliche Empfehlung, für Durchsatzmessungen repräsentative Anwendungen auf das zu messende Zielsystem zu portieren, in vielen Fällen zu aufwendig und unrealistisch ist. Dafür muß nämlich eine solche repräsentative Anwendung im Quellcode existieren. Dies ist unter anderem dann nicht der Fall, wenn das Zielsystem oder die Anwendungs*software* noch gar nicht existieren oder letztere nicht im Quellcode vorliegt, wie es für käufliche Standard*software* typisch ist.

Darüber hinaus verbietet sich vor allem im Bereich billiger Computersysteme aus Kostengründen ein hoher Portierungsaufwand für solche repräsentative Anwendungen, zumal im Mikrocomputerbereich die Auswahl an zu prüfenden Alternativen besonders groß ist. Schließlich müssen Portierungs- und Untersuchungskosten in einer angemessenen Relation zu den Systemkosten stehen.

Daher wurden für allerlei Anwendungsbereiche standardisierte *Benchmark*-Programme entwickelt, die repräsentative Anwendungen ersetzen sollen. Ihnen liegt die gemeinsame Hoffnung zugrunde, daß aus ihnen eine Prognose für das Leistungsverhalten im realen Einsatzfall abgeleitet werden kann.

Außerdem ermöglichen sie marktorientierte Leistungsvergleiche gleichartiger Computersysteme. Zu manchen dieser Standard-*Benchmarks (Dhrystone, Linpack)* existieren sogar umfangreiche Ergebnislisten; in Testberichten in Fachzeitschriften werden laufend weitere Werte veröffentlicht, so daß eine umfangreiche Datenbasis den Vergleich auch mit Systemen ermöglicht, auf die man keinen unmittelbaren Zugriff hat. Damit sind Standard-*Benchmarks* zur schnellen Vorauswahl bei der Beschaffung eines Rechnersystems geeignet, ersetzen aber natürlich nicht aufwendigere Untersuchungen zur Vorbereitung einer endgültigen Entscheidung.

Ein standardisiertes *Benchmark*-Programm sollte folgenden allgemeinen Anforderungen genügen:

- • **Repräsentativität:** Es sollte gute Prognose-Möglichkeiten bieten und nicht zufällig ausgewählte Einzelfunktionen betonen. Wenig repräsentativ sind häufig verwendete Programme wie das Sieb des Eratosthenes, die Ackermann-Funktion oder die Fibonacci-Folge.

- • **Portierbarkeit:** Es sollte mit geringem Aufwand portierbar, damit also in einer verbreiteten Hochsprache geschrieben (daraus resultiert natürlich ein erheblicher Einfluß des Übersetzers) oder ausführlich mit Hilfe von Struktogrammen oder Flußdiagrammen dokumentiert sein. Im Idealfall sollte man es beim Besuch eines Messestands portieren und einsetzen können.

- • **Allgemeinheit:** Es sollte keine *Software-* oder *Hardware*-Spezialitäten ausnutzen, insbesondere keine Eigenheiten eines Sprachdialekts oder einer Spracherweiterung *(Turbo-Pascal, ANSI C, Full PEARL)* verwenden, da dies der Portierbarkeit zuwiderläuft.

- • **Reproduzierbarkeit:** Die Berechnungsergebnisse und -abläufe dürfen nicht von ungeplanten Bedienereingaben, dem verwendeten Rechner, der verwendeten Programmiersprache oder anderen nicht festgelegten Umständen abhängen. Auch die zu verwendenden Algorithmen müssen fest vorgegeben sein. Dies gilt insbesondere in Fällen, in denen Gleitkomma-Arithmetik vorkommt, da hier z. B. unterschiedliche Operandenlängen auch unterschiedliche Berechnungsabläufe und damit -zeiten zur Folge haben können.

- • **Automatisierbarkeit:** Der Ablauf der Messung, insbesondere die Bestimmung der Schleifen-Wiederholungszahlen ist zu automatisieren. Hilfen bei der Übersetzung und beim Ablauf (*makefile*, Kommandoprozeduren) sind - soweit systemunabhängig formulierbar - wünschenswert.

- • **Genügsamkeit:** Es darf keine spezielle (Meß-)*Hardware* oder privilegierte Änderungen am Betriebssystem (z. B. Einbinden spezieller Treiber) erfordern.

- • **Quellcode-Standardisierung:** Falls es in Hochsprache geschrieben ist, muß, damit man bestmögliche Vergleichbarkeit erhält, eine standardisierte Quellversion existieren, die nicht eigenmächtig geändert werden darf.

- • **Offenlegung:** Natürlich muß der standardisierte Quellcode offengelegt sein, da man sonst nichts ernsthaft vergleichen oder interpretieren kann. Vor allem im Bereich IBM-kompatibler PCs ist diese Voraussetzung nicht immer erfüllt (Beispiele: *Norton System Index, Landmark*), da hier die *Benchmark*-Programme wegen der Objectcode-Kompatibilität gar nicht portiert werden müssen.

- • **Skalierbarkeit:** Es sollte skalierbar im Code- und Datenumfang sein, um *Cache*-Grenzen sprengen zu können.

- • **Entwicklungs- und Erweiterungsfähigkeit:** Es muß sich mit dem technischen Fortschritt auch wandeln können (vgl. Weiterentwicklung der *Dhrystone*-Versionen [Wei88]). Dies bedeutet natürlich einen gewissen Widerspruch zur Quellcode-Standardisierung!

- **Optimierungsverhinderung:** Moderne Übersetzer sind in der Lage, die für Meß- und Vergleichszwecke benötigten Blindvariablen, deren Werte später im Programm nicht mehr verwendet werden, und Leerschleifen wegzuoptimieren. Dies muß durch geeignete Optimierungssperren wie globale Laufvariablen für die Meß- und Leerschleifen, Einbinden von Leerprozeduren, Aufteilung des Quellcodes in mehrere Dateien sowie arithmetische Zusammenfassung und Ausgabe von Blindvariablen verhindert werden. Auch anderen Optimierungsmaßnahmen wie z. B. Prozedurexpansion muß entgegengewirkt werden, wenn sie das Meßergebnis beeinträchtigen.

Man kann grundsätzlich zwei Typen von *Benchmark*-Programmen unterscheiden:

- **Aggregierte *Benchmarks*:** Sie haben als Ergebnis gewöhnlich einen einzigen Meßwert und beruhen auf empirisch-statistischen Häufigkeitsuntersuchungen der zu messenden Funktionen, die im *Benchmark*-Programm in der ermittelten Häufigkeitsverteilung auftreten (Vorbild *Dhrystone* [Wei84], *Whetstone* [Cur76]).

- **Analytische *Benchmarks*:** Sie beruhen auf einer Reihe von Einzelmessungen repräsentativer Funktionen, haben einen Vektor von Meßwerten als Ergebnis und können für ein einfaches Regressions-Prognosemodell verwendet werden. (*Benchmark*-Folgen, z. B. DIN 19242 [DIN87]).

Aggregierte *Benchmarks* entspringen dem Wunsch, die Leistungsfähigkeit eines Rechnersystems mit einer einzigen Maßzahl beschreiben und daraus unmittelbar eine Auswahlentscheidung ableiten zu können, während analytische *Benchmarks* mehr und detailliertere Informationen liefern.

Natürlich haben Standard-*Benchmarks* ihre Grenzen. Normalerweise sind gar nicht alle der aufgeführten Anforderungen erfüllt, und gerade die Repräsentativität läßt sich immer nur eingeschränkt erreichen. Besonders die Eigenschaften Allgemeinheit und Portierbarkeit machen Kompromisse nötig, die auf Kosten der Repräsentativität gehen.

Eine natürliche Schwäche vor allem analytischer Standard-*Benchmarks* besteht darin, daß sie nur bestimmte Ausschnitte aus dem Leistungsspektrum eines Rechnersystems messen. Daher verleiten sie mitunter Hersteller, ihre Optimierungsanstrengungen auf diese (werbewirksamen) Ausschnitte zu konzentrieren und darüber andere Aspekte des Leistungsspektrums zu vernachlässigen, so daß die *Benchmark*-Ergebnisse in solchen Fällen ausgesprochen irreführend sein können. Nur mit hinreichender Entwicklungs- und Erweiterungsfähigkeit kann diesem Problem begegnet werden - zu Lasten der Standardisierung!

2 Standard-*Benchmarks* im Echtzeit-Bereich

Die allgemeinen Ausführungen des ersten Abschnitts über Standard-*Benchmarks* lassen sich weitgehend auch auf den Echtzeit-Bereich übertragen, und es verwundert daher nicht, daß hierfür eine ganze Reihe verschiedener Vorschläge unterbreitet wurde [u. a. DIN87, Kar90, Hei91, Fur89, Cla86]. Hier sollen nur die *Benchmark*-Folgen nach DIN 19242 und nach dem *Rhealstone*-Vorschlag näher untersucht werden. Solange keine empirisch-statistischen Häufigkeitsuntersuchungen für echtzeittypische Funktionen vorliegen (und es ist zu bezweifeln, ob sie in diesem Bereich überhaupt zu stabilen repräsentativen Häufigkeitsverteilungen führen), müssen Echtzeit-*Benchmarks* immer analytisch im obigen Sinne sein.

Vorweg sei jedoch betont, daß die Forderung nach Genügsamkeit, also der Verzicht auf zusätzliche Meß-*Hardware*, zur Folge hat, daß gewöhnlich nur Durchschnittswerte, nicht aber die im Echtzeit-Bereich interessanten ungünstigsten Werte *(worst case)* ermittelt werden können. Dies liegt daran, daß die meisten Rechnersysteme nur eine relativ grobe zeitlichen Auflösung gestatten und daher die wesentlich kürzeren zu messenden Funktionen in einer Meßschleife sehr oft wiederholt werden müssen. Die Division der Gesamtzeit durch die Wiederholungszahl führt dann eben nur zu einem Durchschnittswert. Dies beeinflußt die Repräsentativität solcher Standard-*Benchmarks* grundsätzlich.

2.1 DIN 19242

Die Norm DIN 19242 vom Januar 1987 mit dem Namen "Leistungstest von Prozeßrechensystemen - Zeitmessungen" [DIN87, Uhl89] beschränkt sich nicht auf Echtzeit-Aspekte, sondern gibt eine Anleitung zur standardisierten Messung von insgesamt vierzehn allgemeinen Leistungsmerkmalen einer Prozeßrechenanlage (z. B. Berechnung der Sinus-Funktion, Matrix-Inversion, Rechnerkommunikation). Einige davon sind auch für Echtzeit-Anwendungen von Belang, und grundsätzliches Interesse verdient die Meßmethode mit Hilfe eines Hintergrund-Prozesses. Im einzelnen handelt es sich um folgende Testfunktionen:

1. Ganzzahlige Division
2. Multiplikation reeller Zahlen
3. Bedingte Sprünge
4. Sinusberechnung
5. Matrix-Inversion
6. Suchen eines Bitmusters
7. *Interrupt*-Behandlung mit Programm-Start
8. E/A-Operation auf Peripheriespeicher (*Random*zugriff)
9. Digitale Ein-/Ausgabe
10. Dialog am *Terminal*
11. Synchronisation mit Botschaftsverkehr zwischen zwei *Tasks*
12. Satzweise Lesen und Schreiben in Dateien (*Random*zugriff)
13. Datenübertragung mit störungsfreier Übertragungsstrecke
14. Erzeugung von ablauffähigem Code und Programmstart

Die Meßmethode verwendet ein Hintergrundverfahren, das beim Betriebssystem Mehrprozeßfähigkeit mit Prioritätensteuerung voraussetzt, was ja für Prozeßrechensysteme typisch ist, aber etwa für MS-DOS nicht zutrifft. Der Grundgedanke besteht darin, daß man zunächst einen "Hintergrundprozeß", der nur Prozessorzeit z. B. in einer Leerschleife verbraucht, alleine ablaufen läßt und seine Laufzeit t_0 mißt.

Dann werden der Hintergrundprozeß und kurz danach mit besserer Priorität der eigentliche Meßprozeß mit der zu messenden Testfunktion gestartet; beide laufen quasiparallel ab, wobei der Meßprozeß den Hintergrundprozeß verdrängt und somit dessen Gesamtlaufzeit t_1 verlängert, die wiederum gemessen wird. Die Differenz $t_1 - t_0$ ergibt die vom Meßprozeß verbrauchte reine Prozessorzeit (Rechenzeit oder "Belegungszeit des

Zentralprozessors" im Sinne von DIN 19242). Der Meßprozeß wird einmal mit Ausführung der zu messenden Testfunktion und einmal ohne sie ("im Leerlauf") ausgeführt.

Zeiten, in denen der Meßprozeß wartet, etwa auf Peripheriezugriffe oder auf Bedienereingaben, werden mit dem Hintergrundverfahren in der gemessenen Zeit nicht erfaßt. Wenn nämlich der Meßprozeß durch eine Wartestelle blockiert ist, bekommt der Hintergrundprozeß wieder den Prozessor, und so verlängert die Wartezeit dessen Laufzeit t_1 nicht. Im Gegensatz dazu schließt die Zeitmessung im Meßprozeß selbst etwaige Wartezeiten ein ("Verweilzeit" gemäß DIN 19242). Darüber hinaus kann mit der Hintergrundmethode bequem die Gesamtrechenzeit einer ganzen Prozeßgruppe gemessen werden.

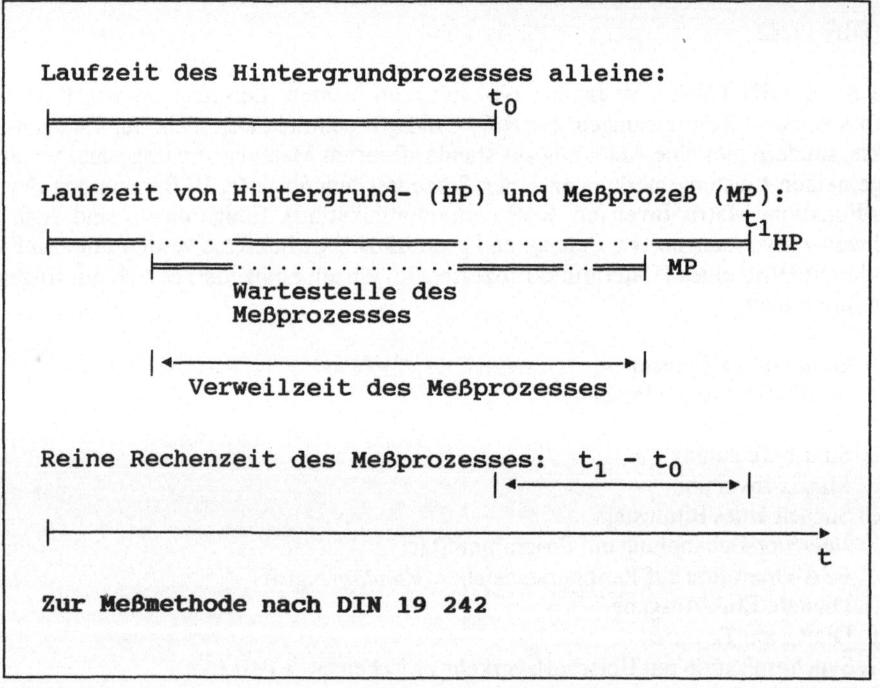

Zur Meßmethode nach DIN 19 242

2.2 *Rhealstone*

Der *Rhealstone-Benchmark* wurde im Februar 1989 von Kar und Porter [Kar89] zunächst als Vorschlag zur Diskussion gestellt und etwas modifiziert in einem zweiten Artikel [Kar90] im April 1990 publiziert, zusammen mit einer Referenzimplementierung in der Sprache C und für das Echtzeit-Betriebssystem *iRMX* von *Intel*.

Wie der Name schon suggeriert, soll mit dem *Rhealstone-Benchmark* ein ähnlich grundlegendes und standardisiertes Maß für Echtzeit-Operationen definiert werden, wie es für Ganzzahl- bzw. Gleitkomma-Operationen im *Dhrystone*- bzw. *Whetstone-Benchmark* geschehen ist. Schon von diesem Anspruch her verdient er kritisches Interesse. Er umfaßt folgende sechs Einzelmessungen:

1. *Task switching time*: Zeit, die benötigt wird, um zwischen zwei lauffähigen Prozessen gleicher Priorität umzuschalten.

2. *Preemption time*: Zeit, die ein bereit gewordener Prozeß benötigt, um einen anderen Prozeß schlechterer Priorität zu verdrängen.

3. *Interrupt latency time*: Zeit, die zwischen einer Unterbrechungsanforderung an den Prozessor und der Ausführung des ersten Befehls der Unterbrechungsbearbeitung verstreicht.

4. *Semaphore shuffling time*: Zeit, die zwischen der Freigabe eines Semaphors und der Aktivierung eines darauf wartenden Prozesses besserer Priorität vergeht.

5. *Deadlock breaking time*: Zeit, die zwischen einem "*Deadlock*" (in Wirklichkeit ist eine Prioritätsinversion gemeint) und dessen Erkennung und Auflösung durch das Betriebssystem verstreicht.

6. *Datagram throughput time*: Zeit, die dafür benötigt wird, daß ein Prozeß einem anderen mittels eines Dienstes der Interprozeßkommunikation (die Verwendung eines gemeinsamen Speichers ist nicht erlaubt!) eine Botschaft transferieren kann.

Aus den gemessenen Zeiten t_i wird ein gewichteter Mittelwert gebildet, und dessen Kehrwert ergibt die *Rhealstone*-Zahl *r*. Die Gewichte n_i sind anwendungsspezifisch zu bestimmen. Wenn dies nicht möglich ist, setzt man sie einfach auf 1:

$$r := \frac{\sum_{n=1}^{6} n_i}{\sum_{n=1}^{6} n_i * t_i} \quad \text{, bzw.} \quad r := \frac{6}{\sum_{n=1}^{6} t_i} \; .$$

3 Kritik an DIN 19242

Zu fast allen der oben aufgezählten vierzehn Testfunktionen sind der jeweiligen Teilnorm Beispielprogramme in den Sprachen *PEARL, FORTRAN* und *Pascal* angehängt. An diesen Beispielprogrammen (in der *FORTRAN*-Fassung) hatte sich heftige Kritik [Uhl89, Bro89] entzündet:

- Die Programme enthalten syntaktische Fehler, sind also ohne Änderungen gar nicht übersetzbar.

- Anweisungen in der Leerschleife finden sich nicht in der Meßschleife wieder.

- Bei der Messung des bedingten Sprungs werden je nach erfüllter oder nicht erfüllter Bedingung unterschiedlich lange Anweisungsfolgen durchlaufen.

- Die Multiplikation reeller Zahlen wird mit Matrix-Elementen durchgeführt, so daß die (nicht interessierende) Zeit für die Indexberechnungen mit in die Messung eingeht.

- • • Nicht korrekte Lese-Anweisungen für Test-Parameter.
- • • Testdatenerzeugung mittels einer nicht näher spezifizierten Zufallsfunktion "*RAN*".
- • • Falsche Ablauflogik und keine Vorgaben für die Satzlängen bei der Dateibearbeitung.
- • • Variablenlängen uneinheitlich deklariert.
- • • Unzureichender Umfang der Testfunktionen.

In einem Redaktionsgespräch der Zeitschrift *atp* [Hof90] verteidigte der Initiator von DIN 19242 die Norm mit dem Hinweis, daß die angefügten Beispielprogramme eben nur Beispiele, aber nicht Bestandteil der Norm seien und daher bei Bedarf individuell variiert werden könnten. Damit wird natürlich gegen die obige Standardisierungsanforderung verstoßen; allerdings ist dann auch die Implementierung in anderen Sprachen denkbar.

Dieser Gedanke wurde im Rahmen einer Diplomarbeit an der Georg-Simon-Ohm-Fachhochschule Nürnberg [Gep92] aufgegriffen, und es wurde eine Implementierung in der verbreiteten Sprache C versucht. Dabei stellten sich vor allem im Normtext weitere Schwächen der Norm DIN 19242 heraus, die bei Verwendung der Beispielimplementierungen nicht aufgefallen sind:

- • • Generell sind die Rahmenbedingungen (Dimensionsparameter, Eingabedaten, aber auch Berechnungsverfahren) für die Testfunktionen nicht genau genug festgelegt, woraus sich ein Mangel an Standardisierbarkeit ergibt. Die meisten dieser Größen werden in den Beispielprogrammen ohne nähere Begründung mit Werten besetzt. Gemäß der Norm selbst sind sie aber frei wählbar, was auch die Reproduzierbarkeit stark beeinträchtigt.

- • • Soweit es sich bei den nicht festgelegten Parametern um Dimensionsparameter (Anzahl der Operanden, Matrixgröße, Botschaftslänge usw.) handelt, kann deren Variation der Skalierbarkeit dienen. Aber auch dann wäre die Vorgabe von Abstufungen und gegebenenfalls Minimal- und Maximalwerten hilfreich. Die folgenden Dimensionsparameter sind frei wählbar:

  Test 1 (Ganzzahl-Division) und Test 2 (Gleitkomma-Multiplikation): Anzahl der Operanden.
  Test 4 (Sinus-Berechnung): Anzahl der Argumente. (Die Argumente selbst sind in Abhängigkeit von der Anzahl vorgegeben.)
  Test 5 (Matrix-Inversion): Matrixgröße.
  Test 6 (Bitmustersuche): Größe des zu durchsuchenden Hauptspeicherabschnitts.
  Test 7 (*Interrupt*-Behandlung mit Programm-Start): Anzahl der zu startenden *Tasks*.
  Test 8 (E/A-Operation auf Peripheriespeicher): Länge des ein- und auszugebenden Datensatzes.
  Test 9 (Digitale Ein-/Ausgabe): Anzahl der auszugebenden und einzulesenden Bits.
  Test 10 (Dialog am *Terminal*): Länge der auszugebenden Zeichenkette.
  Test 11 (Synchronisation mit Botschaftsverkehr zwischen zwei *Tasks*): Länge der auszutauschenden Botschaften.
  Test 12 (Satzweise Lesen und Schreiben in Dateien): Anzahl und Länge der Datensätze.
  Test 13 (Datenübertragung): Länge der zu sendenden Botschaften.

Darüber hinaus sind die folgenden Größen, die keine Dimensionsparameter sind, aber die Reproduzierbarkeit beeinflussen, nicht festgelegt:

Test 1 und 2: Werte der Operanden.
Test 5: Die Matrix-Elemente. Um die Reproduzierbarkeit dieses Tests gewährleisten zu können, wäre bei ihrer Erzeugung anstelle der Verwendung einer Bibliotheksfunktion die explizite Vorgabe einer Funktion für den Zufallsgenerator sinnvoll, etwa auf Basis der bekannten Modulo-Generatoren.
Test 6: Das Belegungsmuster der Hauptspeicherbelegung.
Test 9: Die auszugebenden Werte.

• • Abgesehen von der erwähnten unerwünschten Datenabhängigkeit durch Rückgriff auf compilerspezifische *random*-Funktionen ist bei Test 5 das Berechnungsverfahren nicht festgelegt. Deswegen werden hierbei die Ergebnisse nicht nur daten-, sondern auch sehr verfahrensabhängig. Damit kann die geschickte Auswahl eines Invertierungsalgorithmus eine größere Rolle als die Geschwindigkeit des Rechners spielen.

Da zumindest bei iterativen Verfahren die Genauigkeit der invertierten Matrix und die Rechenzeit miteinander im Zusammenhang stehen, ist erstere ebenfalls zu bestimmen. Sie wird jedoch auch abhängig vom Verfahren, von der Mantissenlänge und der Gleitkomma-*Hardware* sein.

• • Wenn bei Test 8 (Peripheriespeicher-Operationen) mit echtem Direktzugriff gearbeitet wird, muß der Peripheriespeicher leer sein, damit keine vorhandenen Daten verloren gehen. Wenn der Direktzugriff nur durch Positionier-Operationen innerhalb einer Datei simuliert wird, hängt das Ergebnis stark von der Fragmentierung des Peripheriespeichers ab.

• • Test 9 benötigt Zusatz-*Hardware* für die digitale Ein-/Ausgabe. Daher sind *hardware*-spezifische Besonderheiten zu beachten und gegebenenfalls auch in die Beispielprogramme einzuarbeiten (z. B. Warteschleifen). Die *PEARL*-Version ist davon am wenigsten betroffen.

• • Da die Programme im Anhang nur als unverbindliche Beispiele und nicht als Bestandteil der Norm zu sehen sind, sind sie manipulierbar. Andererseits wird in der Norm häufig auf diese Beispiele verwiesen, ein Widerspruch! Bisweilen ist die Norm ohne die Beispiele auch gar nicht verständlich (z. B. bei Test 7).

• • Beim Test 14 (Programmerstellung) wird verlangt, daß die Übersetzungs- und Laufzeit der vorher erzeugten Testprogramme gemessen wird. Da diese Testprogramme eben nicht standardisiert sind, werden die gemessenen Zeiten implementierungsabhängig.

• • Auch die Beispielprogramme in Pascal weisen eine Reihe kleinerer syntaktischer Fehler und sonstiger Unstimmigkeiten auf: In Test 10 fehlt die Leerschleife. Bei Test 8 wurde der Schritt 2a der Norm (nur Schreiben des Datensatzes) nicht implementiert.

4 Kritik an *Rhealstone*

Schon in der Beschreibung des *Rhealstone*-Vorschlag werden Unstimmigkeiten deutlich, und so wurde in einem Leserbrief [Kas90] erste Kritik geäußert. Weitere Erfahrungen ergaben sich bei der Portierung der Referenzimplementierung auf die Echtzeit-Unix-Variante *Sorix* von Siemens im Rahmen einer Diplomarbeit [Gep92]. Zunächst einmal werden die allgemeinen Kritikpunkte aufgeführt:

- Es fällt auf, daß sich die Referenzimplementierung nicht nur in den unvermeidlichen Implementierungsdetails, sondern auch teilweise in der Konzeption stark auf das Betriebssystem *iRMX* von *Intel* stützt. Man hat sich wenig Mühe gegeben, um sie portabel zu halten. So wird z. B. häufig der *iRMX*-spezifische Systemaufruf *rqsleep (0)* benutzt, der zwischen Prozessen gleicher Priorität einen Prozeßwechsel auslöst. Vergleichbare Aufrufe gibt es nicht immer in anderen Echtzeit-Betriebssystemen. Stattdessen hätte man die Prozeßwechsel auch durch Prioritätsunterschiede herbeiführen können (z. B. bei der Semaphorumschaltung). Ähnliches gilt etwa für die Parameterversorgung der Systemaufrufe oder die Art und Weise der Prozeßerzeugung. Solche Spezifika hätte man auch durch eine geeignete *Software*schicht verdecken können.

- Wie der DIN-Test weist auch die *Rhealstone*-Implementierung formale und syntaktische Fehler auf: fehlendes Semikolon, fehlende Feldgröße, fehlende Aufrufparameter, falsche Unterbrechungsnummer (einmal 0x38 = 56, später 59), inkonsistente Wiederholungszahlen. Einige *Benchmark*-Programme messen gar nicht das, was sie zu messen vorgeben. Häufig wird nicht nur die Zeit für die interessierende Operation selbst, sondern auch die Zeit für begleitende Operationen gemessen (näheres s. unten).

- Die Implementierungsqualität läßt zu wünschen übrig. Statt *for*-Schleifen werden unendliche *while*-Schleifen mit implizitem Abbruch verwendet. Die Rückgabewerte der Systemaufrufe werden nur gelegentlich ausgewertet und auf Fehler abgeprüft. Im Fehlerfalle wird der Meßprozeß nicht abgebrochen. Erzeugte Betriebsmittel wie Regionen oder Semaphore werden nicht wieder beseitigt. Es wurde keine Mühe auf Optimierungsverhinderung aufgewendet, obwohl Leerschleifen vorkommen.

- Die Testprotokollierung ist uneinheitlich gestaltet; daneben ist die Bedienung des *"Deadlock"-Benchmarks* zu den übrigen inkonsistent (zweimaliger Start nötig).

- Die Kennzahlenbildung ist unsinnig: Wählt man alle Gewichte tatsächlich als 1, so unterscheiden sich z. B. Unterbrechungsverzögerungszeit und Semaphorwechsel-Zeit um einen Faktor der Größenordnung 100 oder mehr. Eine Verbesserung um 50 % bei der ersten der beiden Zeiten hat daher einen viel geringeren Einfluß auf die *Rhealstone*-Zahl als bei der zweiten.

- Die Meßprogramme starten nur bis zu vier Prozesse, eine unrealistisch niedrige Systemlast. Zur Messung der Prozeßwechselzeit sollte etwa eine größere Zahl von nicht bereiten Prozessen oder von lauffähigen Prozessen mit sehr schlechter Priorität vorhanden sein.

Nun einige Bemerkungen zu den einzelnen *Benchmark*-Programmen von *Rhealstone*:

- Beim *"Deadlock"-Benchmark* stimmt so ziemlich gar nichts:

1. Hier ist keine Verklemmung *(Deadlock)* im üblichen Sinne gemeint derart, daß mindestens zwei Prozesse sich gegenseitig unendlich lange blockieren, indem sie dem anderen zugeteilte Betriebsmittel kreuzweise beanspruchen. Stattdessen handelt es sich um eine Prioritätsinversion, bei der ein Prozeß guter Priorität auf einen mit schlechter Priorität warten muß, weil der zweite ein vom ersten beanspruchtes Betriebsmittel besitzt. Wenn dann noch ein dritter Prozeß mittlerer Priorität lauffähig wird, kann er beide anderen Prozesse (auch den mit der besseren Priorität) blockieren.

2. Bei der Auflösung von Prioritätsinversionen (gewöhnlich durch Vererbung der Priorität des wartenden Prozesses an den Prozeß im kritischen Bereich bewirkt) handelt es sich eher um eine qualitative und nicht um eine quantitative Eigenschaft. Es ist daher nicht sinnvoll, sie durch eine Zeitmessung zu erfassen.

3. Viele Echtzeit-Betriebssysteme tun nichts zur Auflösung von Prioritätsinversionen. Sie bekommen nach obiger Formel wegen der (theoretischen) Auflösungszeit von ∞ die *Rhealstone*-Zahl 0. Eine weitere Differenzierung nach den anderen Leistungsmerkmalen ist dann nicht mehr möglich. Selbst das als Referenzsystem herangezogene Betriebssystem *iRMX* löst Prioritätsinversionen nur bei sogenannten Regionen (einer Semaphor-Varianten), aber nicht bei normalen Semaphoren auf!

4. Schließlich ist das zugehörige Meßprogramm auch noch logisch falsch implementiert. Die Konstruktion sieht so aus, daß der Prozeß mittlerer Priorität im Fall ohne Inversionserkennung jeweils am Anfang einer Zeitscheibe eine Viertelzeitscheibe lang rechnet und so lange den (immer laufbereiten) Prozeß schlechterer Priorität verdrängt, der das Gesamtgeschehen als letzter beendet und damit die Meßzeit bestimmt. Findet hingegen Inversionserkennung statt, so wird der Prozeß mittlerer Priorität von dem mit der schlechteren Priorität häufig verdrängt und muß seine letzten Schleifen zum Schluß alleine abarbeiten. Da er jeweils Dreiviertel einer Zeitscheibe lang schläft, wird die Gesamtdauer des Vorgangs und damit die Meßzeit um diese Wartezeiten am Schluß verlängert. Diese hat aber nichts mit der Zeit zu tun, die tatsächlich für die Inversionserkennung und -auflösung zusätzlich gebraucht wird.

• • Die Unterbrechungsverzögerungszeit wird nicht mit Hilfe eines externen Ereignisses, sondern mittels eines Unterbrechungsbefehls *(Software Interrupt)* gemessen. Damit werden möglicherweise auftretende Unterbrechungssperren und *Hardware*latenzzeiten ignoriert. Abhilfe kann hier nur Zusatz-*Hardware* schaffen. Nicht gemessen wird die Unterbrechungsbearbeitungszeit. Zum Einbinden des Unterbrechungsbearbeitungsprogramms in den Betriebssystem-Kern benötigt man bei vielen Betriebssystemen besondere Privilegien oder Hilfsmittel. Zumindest im Bereich von Unterbrechungen durch Zeitgeber und Tastatureingabe könnte hier auch die Hintergrundmethode nach DIN 19242 nützlich angewandt werden.

• • Bei der Messung der Unterbrechungsverzögerungszeit fehlt die Vergleichsmessung ohne Unterbrechungsbearbeitung.

• • Es ist fraglich, ob die in einem der *Benchmark*-Programme gemessene Prozeßwechselzeit unter Prozessen gleicher Priorität überhaupt interessiert, da bei zeitkritischen Vorgängen ja immer Verdrängung stattfindet.

- • Bei der Messung der Verdrängungszeit findet pro Schleifendurchlauf je eine Verdrängung, aber auch je ein Prozeßwechsel zum Prozeß mit schlechterer Priorität statt. Beide Prozeßwechselzeiten werden zusammen bestimmt.

- • Die Transferlänge bei Botschaften ist recht kurz (nur 10 Bytes). Sie sollte auf verschiedene Längenstufen erweitert werden. Außerdem enthalten die Transferzeiten die Zeiten für Prozeßwechsel, die man besser herausrechnen sollte.

5 Ausblick

Die gesammelten Erfahrungen können zu einer neuen Folge von *Benchmark*-Programmen verarbeitet werden. Vor allem die Kombination der Meß-Methodik von DIN 19242 (Hintergrundverfahren) mit den Einzeltests und den allgemeinen Intentionen von *Rhealstone* eröffnet einen Weg zu vernünftigen standardisierten *Benchmarks* im Echtzeit-Bereich. Zur Erleichterung der Portierung können betriebssystem- und *hardware*-spezifische Details am besten durch die Verwendung einer geeigneten höheren Programmiersprache wie *PEARL* oder *Ada* verborgen werden.

Als erstes kann man durch Semaphor-Operationen mit und ohne Prozeßwechsel die Zeiten für diese Operationen und für Prozeßwechsel bestimmen. Dann bietet es sich an, die Zeit für die Bildschirmausgabe zu bestimmen. Die Hintergrundmethode gestattet daraufhin, mit Bildschirmausgabe und Tastatur-Eingabe die Bearbeitungszeit für Tastatur-Unterbrechungen zu messen. Danach können noch weitere Operationen wie Interprozeßkommunikation, Plattenzugriffe oder Start eines Prozesses zu vorgegebenen Zeitpunkten (Zeitgeber-Unterbrechung) untersucht werden.

Es bleibt aber immer das Problem, daß ohne Zusatz-*Hardware* zur Messung von einzelnen Operationen nur durchschnittliche, aber nicht die interessanteren ungünstigsten Werte bestimmt werden können. Bei der Vielfalt an Meß-*Hardware* (hochauflösende externe Uhr, Oszilloskop, Logikanalysator usw.) ergäbe die Einbeziehung eines bestimmten Meßgeräts nicht nur einen Widerspruch gegen die Forderung nach Genügsamkeit, sondern auch nach Allgemeinheit der *Benchmarks*. Andererseits gerät durch die Verwendung von Durchschnittszahlen die Repräsentativität in Gefahr.

6 Literatur

[Bro89] Brodarac, D.:
Was leistet ein low-cost-Personal-Computer im Vergleich zu einer µVAX II?
Automatisierungstechnische Praxis **31** (1989) 5, S. 230 - 133.

[Cla86] Clapp, R. M.; Duchesneau, L.; Volz, R. A.; Mudge, T. N.; Schultze, T.:
Toward real-time performance benchmarks for Ada.
Communications of the ACM **29** (1986) 8, S. 760 - 778.

[Cur76] Curnow, H. J.; Wichman, B. A.: *A synthetic benchmark.*
Computer Journal **19** (1976) 1, S. 43 - 49.

[DIN87] DIN 19 242: *Leistungstest von Prozeßrechensystemen, Zeitmessungen* (Teil 1 bis 13). (1987) Jan.

[Don87] Dongarra, J.; Martin, J. L.; Worlton, J.:
Computer benchmarking: paths and pitfalls.
IEEE Spectrum (1987) Juli, S. 38 - 43.

[Fle86] Fleming, P. J.; Wallace, J. J.:
How not to lie with statistics: The correct way to summarize benchmark results.
Communications of the ACM **29** (1986) 3, S. 218 - 221

[Fre88] Frevert, L.: *Zeitmessungen an PEARL-Systemen.*
Automatisierungstechnische Praxis **30** (1988) 7, S. 338 - 342.

[Fur89] Furht, B.; Perdomo, O.; Shironoshita, P.:
Modcomp's tri-dimensional analyzer.
Real Times **1** (1989) 2, S. 6 - 7.

[Gep92] Geppert, M.: *Leistungstests unter der Echtzeit-Unix-Variante Sorix.*
Diplomarbeit an der Georg-Simon-Ohm-Fachhochschule Nürnberg (1992).

[Hei91] Heide, J. A.; Halang, W. A.:
Performance metrics for real-time systems.
Halang, W. A. (Hrg.): PEARL 91 - Workshop über Realzeitsysteme, Informatik-Fachberichte **295**, Springer-Verlag (1991), S. 121 - 127.

[Hen90] Hennessy, J. L.; Patterson, D. A.:
Computer architekture -a quantitative approach.
Morgan Kaufmann Publishers Inc. (1990), vor allem Kapitel 2.

[Hof90] Hofmann, W.; Schall, S.; Uhle, M.:
atp-Gespräch: Leistungstest für Prozeßrechner nach DIN 19242.
Automatisierungstechnische Praxis **32** (1990) 6, S. 315 - 319

[Kar89] Kar, R. P.; Porter, K.:
Rhealstone - a real-time benchmarking proposal.
Dr. Dobb's Journal (1989) Feb., S. 14 - 24.

[Kar90] Kar, R. P.: *Implementing the Rhealstone real-time benchmark.*
Dr. Dobb's Journal (1990) Apr., S. 46 - 55, 100 - 104.

[Kas90] Kasten, G.; Howard, D.; Walsh, B.: *Rhealstone recommendations.*
Dr. Dobb's Journal (1990) Sept., S. 8, 12.

[Smi88] Smith, J. E.:
Characterizing computer performance with a single number.
Communications of the ACM **31** (1988) 10, S. 1202 - 1206.

[Uhl89] Uhle, M.: *Leistungstest für Prozeßrechner nach DIN 19242.*
Automatisierungstechnische Praxis **31** (1989) 5, S. 224 - 229.

[Wei84] Weicker, R. P.: *Dhrystone: A synthetic systems programming benchmark.*
Communications of the ACM **27** (1984) 10, S. 1013 - 1030

[Wei88] Weicker, P. R.:
Dhrystone Benchmark: Rationale for version 2 and measurement rules.
SIGPLAN Notices **23** (1988) 8, S. 49 - 62.

Meß-Methoden zur Verifizierung von Realzeit-Indices am Beispiel des Real-Zeit-Systems REAL/IX

P. Enghauser, G. Seidel
Entwicklung Systemsoftware REAL/IX
ATM Computer GmbH
Bücklestr.1-5
7750 Konstanz

1 Einleitung

UNIX hat sich unbestritten als Standard am Markt etabliert. Durch seine hohe Akzeptanz, leichte Portierbarkeit, große Anzahl von Applikationen und Werkzeugen sowie sein orthogonales Systemkonzept ist UNIX auch als Implementierungsbasis für Realzeitsysteme sehr interessant geworden. Ein solches Realzeitsystem ist REAL/IX, das die schwerwiegenden Nachteile von "purem" UNIX bezüglich Deterministik und Antwortverhalten auf externe Ereignisse beseitigt hat. [UNIX 6/92]

Volle Präemptivität und geringe Interruptlatenz bei voller Unterbrechbarkeit des Kernels sind u.a. wesentliche Voraussetzungen für ein realzeitkonformes Systemverhalten. Um diese Ziele mit einem originären UNIX Kernel zu erreichen, sind erhebliche Anstrengungen und Eingriffe in den Kernel nötig. Obwohl solche Lösungen den Vorteil haben, hundertprozentige UNIX Kompatibilität zu bieten, ist bezüglich ihrer Realzeitfähigkeit Skepsis angebracht. Deshalb wurde für REAL/IX ein einfaches, aber sehr effektives Meßwerkzeug entwickelt, mit Hilfe dessen typische Realzeitkennzahlen - wie Interruptlatenz, Dispatch-Latenz, Context-switch Zeiten, etc. - ermittelt werden, um damit Aussagen über die Güte des Systems bezüglich seines Realzeitverhaltens machen zu können.

Die Ermittlung solcher Realzeit-Indices könnte auch (mit nicht unerheblichem Hardware- und Software-Aufwand) über externe Meßgeräte geführt werden: Dabei muß z.B. ein Anwenderprogramm auf ein zyklisches Eingabesignal eines Meßgebers ein definiertes Ausgabesignal erzeugen. Die Zeit zwischen Signal und Reaktion kann auf einem Oszillographen dargestellt werden. Durch geschickte Messungen können Aussagen über Antwortzeit, Grenzfrequenzfolge, Stillstandfrequenz und Auflösungsfähigkeit gewonnen werden. [VMEbus 4/92]

Eine Aussage über Ursachen nichtdeterministischen Verhaltens bzw. Hinweise zur Behebung von Schwachstellen erlauben diese Methoden nicht.

Im folgenden wird das für REAL/IX entwickelte Meßwerkzeug vorgestellt, das auf einer in das Betriebssystem integrierten (fast reinen) Software-Methode basiert. Neben der quantitativen Erfassung von Interruptbearbeitungsdauer und Interruptverzögerung (Latenz) dient das sog. Latency-Tool zur Qualitätsicherung des Gesamtsystems und zur Unterstützung der Entwicklung neuer Treiber bzw. Systemdienste. Zunächst wird die Funktionsweise des Latency-Tools und daran anschließend dessen Einsatz dargestellt.

2 Das Latency-Tool

Das Latency-Tool besteht aus mehreren, sehr einfachen Komponenten. Einzige Hardware-Voraussetzung ist ein freier, zyklischer Zähler, wie man ihn häufig auf CPU-Boards findet. Der Zähler muß nach dem Starten bei jedem Null-Durchgang einen Interrupt auslösen und sollte zu jeder Zeit auslesbar sein.

Messungen werden durchgeführt, indem zunächst im Hintergrund das Latency-Tool gestartet wird. Danach wird die eigentliche lasterzeugende Anwendung gestartet. Meßdaten werden im Betriebssystemkern erzeugt und dort in einem Ringpuffer abgelegt. Das Latency-Tool versucht während der Messung den Puffer zu leeren und auf die Platte zu retten. Nach der Messung erfolgt die Darstellung und Auswertung der aufgezeichneten Daten auf der Platte.

2.1 Gewinnung der Daten

Die Messung im Betriebssystemkern besteht aus zwei Teilen: Der Protokollierung aller Interrupt-Handler Ein- bzw. Austritte und der Protokollierung der Interrupte des Zählers. Im Interrupt-Environment des Betriebssystems wird also neben dem Retten aller Register vor und nach dem Aufruf des Treiber-Interrupthandlers eine Protokollierfunktion aufgerufen. Zusätzlich ruft der Interrupthandler des Latency Treibers diese Funktion auf. Die Protokollierfunktion hat neben einer Typkennung einen Parameter, der den Interrupthandler angibt. Sie liest den aktuellen Zählerstand aus und stellt durch Rückverfolgen des Stacks die Programmstelle fest, an der die Unterbrechung stattfand. Diese Werte werden in einen systeminternen Ringpuffer eingetragen.

Beispiel Daten im Ringpuffer:

Zählerstand	Typ	Parameter	Unterbrechungsstelle
1040	ENTRY	serialintr	at doio+100
1080	ENTRY	clockintr	at serialintr+60
1180	EXIT	clockintr	at serialintr+60
1200	EXIT	serialintr	at doio+100
15	LATENCY	latencyintr	at idle+20

Das Beispiel zeigt die Aufzeichnung eines verschachtelten Interrupts, gefolgt von einem Zähler Null-Durchgang. Zum Zählerstand 1040 trat ein Interrupt des "serial"-Treibers auf, der nach Abarbeitung von 60 Codebytes durch einen Interrupt des "clock"-Treibers aufgrund seiner höheren Priorität unterbrochen wurde. Nach dem Zähler Null-Durchgang wurde zum Zählerstand 15 dieses Ereignis protokolliert.

2.2 Sichern der Daten

Über ein kleines Steuerprogramm auf Anwenderebene wird die systeminterne Aufzeichnung der Daten gestartet bzw. gestoppt. Beim Starten der Aufzeichnung wird gleichzeitig ein Hintergrundprozeß aktiviert, der den Ringpuffer ausliest und in eine Datei speichert. Der systeminterne Ringpuffer muß so dimensioniert werden, daß auch zu Interrupt-Spitzenzeiten keine Daten durch Überschreiben verloren gehen.

Durch die Protokollierung der Daten im Ringpuffer und die Sicherung der Daten in einer Datei erhöht sich die Systemgrundlast um ca. drei Prozent. Bis auf Extremfälle kann daher von einer vernachlässigbaren Beeinflussung des Systemverhaltens durch das Latency-Tool ausgegangen werden.

Zusätzlich sind Messung und Analyse getrennt. Eine einzelne Messung kann später nach verschiedenen Kriterien bzw. mit verschiedenen Interpretationstools untersucht werden, ohne sich bei der Messdatenerfassung bereits festlegen zu müssen.

2.3 Darstellung und Analyse

Zur Darstellung der Daten stehen mehrere kleine Programme, zum größten Teil Shell- bzw. awk-Skripte zur Verfügung. Die beiden wichtigsten Skripte stellen die Daten in Tabellen-Form (siehe obiges Beispiel) bzw. in Balkenform (Semigraphik) dar.

Beispiel Ausgabe in Balkenform

```
10001040 serialintr|-40-          -20-
         clockintr |     ---100---
10064000 LATENCY   |=15=              at idle+20
```

Die Darstellungsprogramme wandeln zum einen die Zählerstände in Zeiten um. Bei einer Zählereingangsfrequenz von 1 MHz ergibt sich eine Auflösung von einer Mikrosekunde. Ein 16 Bit Zähler kommt somit auf einen Darstellungszeitraum von ca. 65 Millisekunden. Da die Zähler-Nulldurchgänge aufgezeichnet werden, ist es möglich die Zählerstände aufzuaddieren. In den Tools werden dazu 32 Bit Werte verwendet womit ein Darstellungszeitraum von ca. 4200 Sekunden bzw. 70 Minuten bei einer Auflösung von 1 Mikrosekunde erreicht wird.

Die aufbereiteten Daten können mit einfachen Unix-Utilities, wie Filtern oder Sortierprogrammen analysiert werden.

Besondere Bedeutung bei der Analyse kommt dem Latency-Interrupt beim Zähler-Nulldurchgang zu. Es ist bekannt, wann der Zähler einen externen Interrupt ausgelöst hat, nämlich zum Zählerstand Null. Sobald das System auf den Interrupt reagiert, wird der Zählerstand ausgelesen, wodurch die Reaktionszeit des Systems gemessen werden kann. Jeder Nulldurchgang stellt eine vom System unabhängige Stichprobe dar, wie schnell das System auf ein externes Ereignis reagiert. Durch Variation des Zählerstartwertes kann die Anzahl der Nulldurchgänge verändert werden. Der Zählerstartwert sollte eine möglichst große Primzahl sein, um voneinander unabhängige Stichproben zu erhalten. Nach genügend langen Testläufen werden so alle Stellen im Kernel gefunden, bei denen Unterbrechungen für längere Zeit gesperrt sind. Da zudem die Programmstelle der Unterbrechung protokolliert wird, hat man bei zu langen Unterbrechnungssperren einen Hinweis auf die Ursache, da der verzögerte Zähler-Interrupt unmittelbar nach Interruptfreigabe bearbeitet wird.

2.4 Systemeinbettung

Im REAL/IX-Kernel existiert ein einfacher Pseudo-Treiber, der die Schnittstelle zum Latency-Tools bildet, und die Protokollierfunktion beinhaltet. Funktionen des Treibers sind Starten/Stoppen der Aufzeichnung und Löschen/Auslesen des Ringpuffers. Im Kernel (z.B. im Interrupt-Environment) sind über einen Compiler-Switch Aufrufe der Protokollierfunktion enthalten. Bei Generierung eines sog. Latency-Kernels werden diese Aufrufe automatisch aktiviert.

3 Einsatz des Latency-Tools

Das Latency-Tool leistet in verschiedenen Bereichen nützliche Dienste. Besonders durch seine Einfachheit besitzt es eine hohe Flexibilität. Das Tool ist nicht als fertiges Produkt, sondern als leicht anzupassendes Meßgerät zu sehen. So lassen sich durch eigene Programmierung von Auswerteprogrammen bzw. Auswerteskripten auf der Basis bereits vorhandener Teile einfach und schnell komplexere Analyseprogramme erstellen, die z.B. die aufgezeichneten Daten nach bestimmten Mustern durchsuchen. Im folgenden werden die wichtigsten Einsatzbereiche kurz angesprochen.

3.1 Qualitätssicherung

Für jeden unter REAL/IX eingesetzten Treiber wird die maximale Dauer des Interrupthändlers als Teil der Releaseabnahme ermittelt. Zusätzlich existiert für jedes eingesetzte CPU-Board eine Schranke für die maximal zulässige Dauer einer Unterbrechungssperre. Damit kann sichergestellt werden, daß kein Treiber oder Systemdienst die garantierte Reaktionszeit des gesamten Systems direkt oder indirekt verletzt. Die gewonnen Zahlen können zudem vom Marketing bzw. Vertrieb als objektive Kenngrössen verwendet werden.

3.2 Fehlersuche

Besonders bei neu entwickelten Treibern bzw. Systemdiensten kommt eine Erweiterung des Latency-Tools zum Tragen. Neben den automatisch vom System erzeugten Protokollierungen, kann der zu analysierende Code mit Aufrufen der Protokollierungsfunktion versehen werden. Die mit eigenen Kennungen versehenen Protokollierungen werden dann ebenso vom Latency-Tool mit einer Auflösung von einer Mikrosekunde mit äußerst geringem Overhead aufgezeichnet. Neben der Kennung darf als weiteres Argument z.B. die gerade laufende Funktion bzw. besondere Daten übergeben werden. Somit kann schnell ein Überblick über Abläufe eines Treibers gewonnen werden.

3.3 Analyse des Systemverhaltens und Tuning

Durch die Einfügung von Protokollierungsaufrufen können bestimmte Kenngrössen, wie z.B. die Context-Switch-Zeit gemessen werden. Hier ist besonders wichtig, daß das Latency-Tool in der Lage ist, große Datenmengen zu verarbeiten und zusammenzufassen.
Häufig tritt der Fall ein, daß bestimmte Kenngrössen nicht durch einen einzigen Wert angemessen beschrieben werden können. Vielmehr liegt eine Verteilung der Meßwerte vor, die angemessen darstellbar sein muß. Wird aus einer aufgezeichneten Messung z.B. ein bestimmtes Ereignispaar herausgefiltert, die Zeiten zwischen den Paaren ermittelt und danach sortiert, so werden schnell existierende Klassen sichtbar. Aus einer einige hundert Paare umfassenden Messung kann dann sogar unmittelbar die relative Verteilung der Klassen geschätzt werden. Ein solches Ereignispaar kann z.B. ein Schreibauftrag und dessen Fertigmeldung durch das System sein. Durch Einbringen von zwei Meßpunkten kann eine Reihe von Aussagen gewonnen werden: Wie lange dauern Schreibaufträge typisch, wie ist deren Verteilung, wie ändert sich das Verhalten, wenn mehrere Aufträge gleichzeitig ausstehen, und vieles mehr.

Gerade Treiber, die eine Vielzahl verschiedener Geräte unterstützen, verdecken durch fehlertolerante Programmierung bzw. ausgeklügelte Recovery-Verfahren Schwachstellen der Geräte. Durch eine Vermessung solcher Treiber können häufig sehr einfach Aussagen über die Qualität der angeschlossenen Geräte gewonnen werden. Aussagen sind z.B. wie oft Timeouts oder Checksummenfehler auftreten, oder wieviele Nachrichten ausgetauscht werden müssen, um eine bestimmte Datenmenge zu übertragen. Diese Daten werden einfach dadurch gewonnen, daß in die entsprechenden Treiber-Routinen Protokollierungsaufrufe eingebaut werden.
Bei richtigem Einsatz kann das Latency-Tool komplexes und zeitkritisches Systemverhalten transparent darstellen und fördert somit das für das Tuning nötige Verständnis der Systemsoftware.

Literaturverzeichnis

[VMEbus 4/92] Gralla C., Lilge T., [April 1992],
Digitale Regelungen erfordern eine gute Äquidistanz zyklisch eingeplanter Prozesse, VMEbus

[UNIX 6/92] Lohse H., Liebold U., [Juni 1992],
Garantierte Reaktionszeiten, UNIX MAGAZIN

Zwei Echtzeit-Programmierumgebungen im Vergleich

Th. Beck[1] C. Pereira[2]
Institut für Regelungstechnik und Prozeßautomatisierung
Universität Stuttgart
Pfaffenwaldring, 47
7000 Stuttgart 80

1. Einführung

Der Anstieg der Verarbeitungsleistung der Rechnerhardware aufgrund der technischen Fortschritte der letzten Jahre macht es möglich, Echtzeit-Softwaresysteme mit hohen Anforderungen an das zeitliche Verhalten auf der Basis einer höheren Programmiersprache kostengünstig zu entwickeln.

Bei der Anwendung einer höheren Programmiersprache lassen sich zwei Alternativen unterscheiden. Zunächst besteht die Möglichkeit, eine konventionelle Programmiersprache wie z.B. C in Kombination mit einem speziellen Echtzeit-Betriebssystem zu verwenden. Die Funktionen des Betriebssystems können im allgemeinen über Funktionsaufrufe aus der Programmiersprache in ein Anwendungsprogramm einbezogen werden.

Die zweite Alternative besteht in der Verwendung einer Echtzeit-Programmiersprache, die neben grundlegenden Sprachkonstrukten zur Formulierung algorithmischer Zusammenhänge über spezielle Sprachkonstrukte zur Echtzeit-Programmierung verfügt. Echtzeit-Programmiersprachen sind im allgemeinen von einem speziellen Betriebssystem unabhängig, benötigen jedoch einen für eine bestimmte Zielumgebung angepaßten Übersetzer.

In der Vergangenheit wurden zahlreiche Echtzeit-Programmiersprachen und Echtzeit-Betriebssysteme vor dem Hintergrund unterschiedlicher Anwendungsgebiete definiert, mit der Folge, daß dabei Eigenschaften der Echtzeit-Programmierung unterschiedlich gewichtet wurden. Dieser Umstand macht es für den Anwender häufig schwierig, eine passende Entwicklungsumgebung für sein Anwendungsgebiet zusammenzustellen.

---

[1] Jetzt bei Robert Bosch GmbH - Stuttgart
[2] Bundesuniversität von Rio Grande do Sul - UFRGS - Brasilien, zur Zeit IRP-Universität Stuttgart

Im Rahmen des Beitrags werden gemäß den geschilderten Alternativen die Echtzeit-Programmiersprache PEARL und die Programmiersprache C in Kombination mit dem Echtzeit-Betriebssystem QNX als Basis für die Echtzeit-Softwareentwicklung dargestellt.

Darüberhinaus werden beide Echtzeit-Programmierumgebungen und die dahinter stehenden Konzepten verglichen. Neben Eigenschaften, die das Laufzeitverhalten des Echtzeit-Softwaresystems bestimmen, werden auch Eigenschaften, die während der Entwicklungs- und Testphase im Vordergrund stehen, in den Vergleich mit einbezogen. Dabei wird untersucht, welchen Programmieraufwand es erfordert, typische Problemstellungen der Automatisierungstechnik in den untersuchten Umgebungen zu lösen. Für Eigenschaften, die das Laufzeitverhalten bestimmen, werden die Ergebnisse quantitativer Laufzeituntersuchungen präsentiert.

2. Anforderungen bei der Programmierung von Echtzeitsystemen

Die Korrektheit von Echtzeitsystemen hängt nicht nur von der funktionalen Verknüpfung der Eingangsdaten zur Ermittlung der Ausgangsdaten (Richtigkeit des Ergebnisses) ab, sondern auch von dem Zeitpunkt zu dem die Ergebnisse geliefert werden (Rechtzeitigkeit des Ergebnisses) [1]. Bei der Anwendung von Prozeßrechnern zur Automatisierung von technischen Prozessen müssen sich deswegen die auf Prozeßrechnern laufenden Programme nach den zeitlichen Vorgängen in den technischen Prozessen richten.

Es ist hier wichtig hervorzuheben, daß der Begriff 'Echtzeitfähigkeit' nicht mit dem Begriff 'Schnelligkeit' verwechselt werden sollte. Obwohl der Einsatz leistungsfähiger Prozeßrechnersysteme die Erfüllung der zeitlichen Anforderungen erleichtern kann, wird nicht allein dadurch die Rechtzeitigkeit der von Programmen ermittelten Ausgangssignale gewährleistet. Insbesondere bei der Programmierung von Systemen mit harten Echtzeit-Bedingungen ('hard real time systems') spielt die Vorhersehbarkeit ('predictability') des Einhaltens zeitlicher Anforderungen eine sehr wesentliche Rolle [2] [3].

Die Vorgänge in der Umgebung eines Echtzeitsystems laufen parallel ab, und daraus entsteht, neben der schon erwähnten erforderlichen Rechtzeitigkeit, eine zusätzliche Forderung nach Gleichzeitigkeit. Die Einführung von Rechenprozessen durch Dijkstra 1968 [4] hat ein problemangemesseneres Beschreibungsmittel zur Verfügung gestellt. Hierdurch wurde eine natürlichere Abbildung von vorhandener

Nebenläufigkeit in der realen Welt durch Programmiersprachen (bzw. Betriebssysteme) ermöglicht. Daraus entstand der Begriff 'concurrent programming'.

Die Rechenprozesse ('Tasks') sind autonome, parallel ablauffähige Ausführungseinheiten und können entweder einzeln auf verschiedenen Prozessoren ablaufen oder durch eine Verwaltungseinheit einem einzelnen Prozessor zugeteilt werden.

Durch die Anforderungen an die Durchführung der Rechenprozesse zu vorgegebenen Zeitpunkten, in gewissen Zeitabständen oder beim Auftreten bestimmter Ereignisse soll gewährleistet werden, daß die Rechenprozesse 'synchron', d.h. zeitlich parallel zu den Vorgängen im technischen Prozeß abgewickelt werden [1]. Auch die zeitliche Koordinierung der Abläufe mehrerer Rechenprozesse innerhalb eines Rechners erfordert aufgrund der normalerweise begrenzten Anzahl der Ressourcen und Verarbeitungseinheiten, daß die Rechenprozesse miteinander kommunizieren und untereinander synchronisiert werden.

3. Vergleichskriterien

Der Vergleich soll sowohl qualitative als auch quantitative Aspekte einer Entwicklungsumgebung umfassen.

Wie im Abschnitt zwei beschrieben wurde, erfordert die Entwicklung eines Echtzeitsystems mehr als eine effiziente und schnelle Laufzeitumgebung zur Erfüllung der zeitlichen Bedingungen. Die zunehmende Komplexität von derzeitigen Echtzeitprogrammen sowie die ständigen Probleme mit Wartung und Änderung vorhandener Programme machen klar, daß eine Programmierung dieser Systeme in einer Assembler-Programmiersprache nicht sinnvoll ist. Da die Programmentwicklung und -pflege oft das Mehrfache der erstandenen Hardware kostet, ist es besonders wichtig, die Programmierumgebungen auch bezüglich Eigenschaften zu vergleichen, die während der Entwicklungs- und Testphase im Vordergrund stehen.

Die Darstellungsmöglichkeit einer Echtzeit-Programmiersprache für Konzepte wie nebenläufige Rechenprozesse und deren Synchronisierung, die Kommunikation dieser Rechenprozesse untereinander, die zeitliche Einplanung der Rechenprozesse und ihr Zugang zum technischen Prozeß führt dazu, daß typische Problemstellungen der Automatisierungs- und Regelungstechnik mit einem minimierten Programmieraufwand gelöst werden können.

Auch Eigenschaften wie Überschaubarkeit, Strukturierungsmöglichkeiten, Erlernbarkeit, Wartungsfreundlichkeit, Werkzeugunterstützung tragen zu der Qualität der entstanden Programme bei.

Als typische Problemstellungen werden dabei betrachtet:

- ❐ Nebenläufigkeit
- ❐ Kommunikation
- ❐ Synchronisation
- ❐ Reaktion auf Ereignisse
- ❐ Zeitliche Einplanung von Aktionen
- ❐ Zugang zum technischen Prozeß

Der quantitative Vergleich erfolgt in Anlehnung an die DIN-Norm 19242, in der Beispiele und Meßvorschriften für die Durchführung eines Leistungsvergleichs auf Rechnern mit Echtzeitbetriebssystemen in der Form von 'synthetischen Benchmarks' gegeben werden. Auch die in [7] eingeführte Methode - Zählung der Wiederholungen innerhalb einer vorgewählten Meßzeit - wird hier eingesetzt.

Bei den Laufzeitmessungen werden folgende Aspekte berücksichtigt:

- ❐ Reaktionszeiten auf externe Unterbrechungssignale;
- ❐ Verarbeitungszeiten der Rechenprozeßverwaltung (z.B. Taskwechselzeiten und Zeitäquidistanz bei einer zyklischen Einplanung einer Task);
- ❐ Verarbeitungszeiten im Rahmen der Speicherverwaltung (z.B. Einrichten eines globalen Speicherbereiches);
- ❐ Verarbeitungszeiten im Rahmen der Interprozeßkommunikation (z.B. Einrichten eines Kommunikationskanals, Versenden einer Botschaft).

Wie Frevert in [7] erwähnt, ermöglichen diese Meßergebnisse, Programmierern Hinweise auf Optimierungsmöglichkeiten zu geben, Compilerbauer auf bisher unerkannte Schwachstellen hinzuweisen und einen Vergleich zwischen unterschiedlichen Systemen aufzustellen. Ein interessanter Aufsatz über einen quantitativen Vergleich zwischen Echtzeitbetriebssystemen ist in [8] zu finden.

Der qualitative und quantitative Vergleich wird anhand kleiner Programmierbeispiele dargestellt, die den typischen Problemstellungen der

Automatisierungstechnik (wie z.B. Regelungs- und Überwachungstätigkeiten) entsprechen. Darüber hinaus wurde ein Programm zur Automatisierung eines Modellprozesses einer Paketverteilanlage exemplarisch mit beiden Programmierumgebungen implementiert und anhand der oben dargestellten Vergleichskriterien untersucht.

Die ablauffähigen Programme werden sowohl bezüglich ihrer Verarbeitungszeiten als auch hinsichtlich ihrer Eigenschaften bezüglich der aufgestellten Aspekte beurteilt. Während die Messung von Verarbeitungszeiten einfach mit Hilfe einer Uhr durchgeführt werden kann und dadurch die unterschiedlichen Umgebungen objektiv miteinander verglichen werden können, bereitet die Beurteilung von Eigenschaften wie beispielsweise der Übersichtlichkeit eines Automatisierungsprogramms im allgemeinen größere Schwierigkeiten. Qualität ist als Verbindung unterschiedlicher und teilweise sich einander widersprechender Aspekte nicht einfach zu quantifizieren. Allerdings bieten sogenannte Komplexitätsmaße, wie z.B. die Anzahl der Programmzeilen oder die Verschachtelungstiefe eines Programms, Anhaltspunkte zur Bestimmung einzelner Qualitätsaspekte wie Verständlichkeit, Wartbarkeit oder Testbarkeit. Im Rahmen des vorliegenden Beitrags werden neben einer rein qualitativen Gegenüberstellung von Programmbeispielen Komplexitätsmaße zur Beurteilung herangezogen.

4. Kurze Vorstellung der Programmierumgebungen

4.1 C/QNX

QNX ist ein Multiuser- und Multitaskingbetriebssystem, das in seiner Version 4.0 dem amerikanischen IEEE-POSIX-Standard entspricht [9]. Es ist auf dem IBM-PC verfügbar. Zu diesem Betriebssystem werden neben C noch eine Reihe weiterer Programmiersprachen (z.B. Pascal, C++) angeboten.

Wie die meisten Multitaskingbetriebssysteme, die derzeit auf dem Markt angeboten werden, kann auch QNX für Echtzeitaufgaben verwendet werden. Es unterstützt ein prioritätsabhängiges und preemptives Scheduling und besitzt zahlreiche andere Eigenschaften eines Echtzeitbetriebssystems. Wegen der großen Flexibilität von QNX kann es von Entwicklern leicht auf die gegebenen Anforderungen zugeschnitten werden. Durch einen recht kleinen Systemkern (etwa 8K), der von gleichberechtigten Systemprozessen unterstützt wird, kann QNX sowohl für eine Anwendung mit wenigen Modulen wie auch für ein Netzwerk mit mehreren hundert Benutzern konfiguriert werden.

Der Kern ist lediglich für folgende zwei Aufgaben verantwortlich:

❒ Weiterleiten von Nachrichten von und zu Prozessen im gesamten System (auch im Netzwerk);

❒ Schedulingaufgaben - jede Zustandsänderung eines Prozesses bedeutet einen Aufruf des Kerns.

Eine typische QNX-Konfiguration besteht aus folgenden vier Systemprozessen:

Process Manager (Proc)
Filesystem Manager (Fsys)
Device Manager (Dev)
Network Manager (Net)

Die Systemprozesse unterscheiden sich praktisch nicht von Anwenderprozessen, da sie keine versteckten Schnittstellen benutzen, die für Anwenderprozesse unzugänglich sind. Dadurch ist es möglich, eigene Systemprozesse zu schreiben, um bestimmten Anforderungen gerecht zu werden.

Schedulingsverfahren

Wie bereits erwähnt ist QNX ein preemptives Betriebssystem. Der Mechanismus der Prozessorzuteilung beruht bei QNX auf der Vergabe von Prioritäten an alle laufenden Prozesse. Diese Prioritäten sowie das gewählte Schedulingverfahren sind dafür verantwortlich, welchem Prozeß der Prozessor zugeteilt wird. Die Priorität eines Prozesses kann während der Laufzeit verändert werden

Um den Anforderungen unterschiedlicher Anwendungen gerecht zu werden, stellt QNX drei verschiedene Schedulingverfahren bereit:

❒ Bei dem *FIFO-Verfahren* läuft ein Prozeß solange, bis er terminiert oder durch einen anderen Prozeß mit einer höheren Priorität verdrängt wird.

❒ Bei dem *Round-Robin-Verfahren* läuft ein Prozeß solange, bis er terminiert, durch einen anderen Prozeß mit einer höheren Priorität verdrängt wird oder bis er die ihm zugeteilte Zeitscheibe verbraucht hat.

❒ Bei dem sogenannten *adaptiven Verfahren* verhält sich der Prozeß in folgender Weise:
-wenn der Prozeß seine Zeitscheibe verbraucht hat, wird seine Priorität um eins erniedrigt;
-falls seine Priorität verringert wurde und er eine Sekunde lang pausiert hat ,

wird seine Priorität um eins erhöht (die ursprüngliche Priorität wird nicht überschritten);
- wenn der Prozeß blockiert wird, erhält er sofort seine ursprüngliche Priorität.

Für jeden Prozeß kann eines der drei vorgestellten Verfahren gewählt werde. Dies ist auch während der Laufzeit des Prozesses möglich.

Interprozeßkommunikation

Grundsätzlich stellt QNX drei verschiedene Methoden für die Interprozeßkommunikation bereit. Zum einen gehört dazu die synchrone Kommunikation mittels sogenannter 'messages' und zum anderen die asynchrone Kommunikation mittels 'proxies' und Signalen. Beide Kommunikationsarten können gemischt auftreten. Das heißt, daß ein Prozeß unabhängig von seinem Kommunikationspartner weiterläuft, während der andere Prozeß auf den Empfang von Daten synchronisiert wird.

4.2 PEARL

Der Großteil der für die Echtzeitprogrammierung verwendeten Programmiersprachen sind von ihrem Sprachumfang her nicht echtzeitfähig. Vielmehr werden ihnen durch verschiedene echtzeitfähige Betriebssysteme mittels Systemaufrufen Echtzeiteigenschaften verliehen. Mit PEARL steht dem Anwender eine portable Echtzeit-Programmiersprache zur Verfügung, die über eine Vielzahl von speziellen Sprachkonstrukten zur Echtzeit-Programmierung verfügt.

Obwohl PEARL als eine Prozeß-Programmiersprache entwickelt wurde, kann sie auch sehr gut für die Lösung normaler Datenverarbeitungsprobleme eingesetzt werden. Abgesehen von seinen Echtzeiteigenschaften besitzt PEARL ähnliche Sprachkonstrukte wie andere gängige Programmiersprachen (PASCAL oder C).

Die Stärke von PEARL liegt in seinen Befehlen für die Echtzeit-Programmierung. Es existieren Befehle für das Einplanen, Ausplanen, Terminieren und Aufschieben von Prozessen, die in PEARL Tasks genannt werden. Die Einplanung kann zyklisch, zeitrelativ und zeitabsolut oder auch gemischt erfolgen. Daten können direkt und problemlos von Schnittstellen eingelesen und auf diese ausgegeben werden. Weiterhin können Signale und Interrupts definiert und ausgelöst werden.

Ein weiterer Vorteil liegt darin, daß ein PEARL-Programm in zwei grundlegend verschiedene Teile aufgeteilt wird. In einem Systemteil werden den Hardwareeinheiten und Schnittstellen des technischen Prozesses Symbolnamen vergeben, während im Problemteil die eigentliche Automatisierungssoftware enthalten ist. Dadurch können Automatisierungsprogramme sehr leicht auf eine andere Hardware übertragen werden, weil das Automatisierungsprogramm weitgehend gleich bleibt und nur der Systemteil verändert werden muß.

Um einen direkten und einfachen quantitativen Vergleich der Laufzeitmessungen zu erlauben, sollte dieser auf einer einheitlichen Hardware-Architektur erfolgen. Da die am Institut verfügbare Version von QNX auf einem IBM-PC kompatiblen Rechner lauffähig ist, kamen PEARL-Programmierungsumgebungen für den IBM-PC in Frage. Dabei wurden die PEARL-Programmiersysteme der Fa. WERUM [5] - im folgenden als WERUM-PEARL bezeichnet - und der Fa. GPP [6] - im folgenden als PEARL-PORTOS bezeichnet - in die Untersuchungen einbezogen.

WERUM-PEARL verwendet neben einem Betriebssystemkern, der als Programmbibliothek mitgeliefert und zur eigentlichen Anwendung hinzugebunden wird, auch einige MS-DOS-Funktionen zur Dateiverwaltung. Da diese Funktionen nach einer Unterbrechung nicht wieder aufgerufen werden können, ist der Einsatz dieser Programmierumgebung hinsichtlich Echtzeit-Anwendungen, bei denen Dateizugriffe erforderlich sind, beeinträchtigt.

Die Programmierumgebung PORTOS-PEARL ersetzt das MS-DOS durch eine eigene Laufzeitumgebung. Die Installation von PORTOS sowie die Dateiverwaltung und Editierfunktionen erfolgen alle unter MS-DOS. Andererseits wird die Echtzeitfähigkeit dadurch erreicht, daß bereits beim Binden eines PEARL-Programms das Betriebssystem mit eingebunden wird. Das wiederum bedeutet, daß bei Start eines PEARL-Programms MS-DOS aus dem Speicher verdrängt wird, indem alle Interruptvektoren von der PORTOS-Systeminitialisierung verändert werden.

5. Qualitativer Vergleich

In Tabelle 1 sind Sprachkonstrukte bzw. Funktionen der jeweiligen Programmierumgebungen dargestellt, um die in Abschnitt 3 aufgestellten typischen Problemstellungen zu behandeln.

Tabelle 1: Gegenüberstellung der Programmierumgebungen

Vergleichskriterium	**PEARL**	**C/QNX**
Task-Steueranweisungen		
Starten	ACTIVATE Taskname	spawn(Taskname,Parameter); exec(Taskname, Parameter)
Einplanen	zeitabsolut, zeitrelativ; z.B. AT 12:00 ALL 30 MIN ACTIVATE	zyklische, zeitabsolute und zeitrelative Einplanungen sind nur mit Hilfe von Timern möglich
Mehrmalige Einplanung	ALL 10 SEC UNTIL 10:00 ACTIVATE	ist auf Umwegen über Timer möglich
Ausplanen	PREVENT	z.B. Entfernen eines Timers
Beenden	TERMINATE	kill();
Anhalten	SUSPEND	wait(); waitpid();
Fortsetzen	CONTINUE	kill(), vorausgesetzt der fortzusetzende Prozeß hat einen Signalhandler
Verzögern	AFTER 5 SEC RESUME	delay(Millisekunden); sleep(Sekunden); pause(void) (Prozeß wartet, bis ein Signal eintrifft)
Synchronisation	SEMA-Variable	Durch synchronen Botschaftsaustausch

Tabelle 1. (Fortsetzung)

Vergleichskriterium	PEARL	C/QNX
Ein-/Ausgabe	READ STAMMSATZ FROM STAMMDATEI BY POS 1; WRITE EIN TO MOTOR	Typische "C"-Befehle; Bei Kommunikation mit dem techn. Prozeß wird ein spezieller Treiber verwendet
Beschreibung der HW-Konfiguration	SYSTEMTEIL;	sehr eingeschränkt möglich (headers)
IRPT-Behandlung	Definition des IRPT im SYSTEMTEIL; Im Problemteil: WHEN IRPT ...	Einem HW-IRPT kann mit qnx_hint_attach() ein Interrupthandler zugewiesen werden
Interprozeß-kommunikation	Nur mit Hilfe von globalen Variablen möglich	Synchrone Kommunikation durch Botschaftsaustausch (Messages), asynchrone mit Signalen und Proxies

Die tabellarische Gegenüberstellung macht deutlich, daß PEARL für viele Problemstellungen bereits spezielle Sprachkonstrukte zur Verfügung stellt. Im Falle von C/QNX müssen diese Problemstellungen auf Funktionen abgebildet werden. Dabei ist ersichtlich, daß diese Abbildung häufig sehr einfach erfolgen kann, wie z.B. Verzögerung, in anderen Fällen wie z.B. bei mehrmaliger Einplanungen jedoch mit einem erheblichen Programmieraufwand verbunden ist.

Auffällig ist, daß QNX über sehr mächtige Funktionen zur Interprozeßkommunikation verfügt, während bei PEARL zur Behandlung dieser Problematik der Umweg über globale Datenstrukturen gegangen werden muß. Die Synchronisierung beim Zugriff auf globale Datenstrukturen wird beim Einsatz von PEARL mit Hilfe von Semaphor- oder Boltvariablen organisiert .

In einem zweiten Schritt wurden, wie bereits in Abschnitt 3 erläutert, verschiedene Komplexitätsmaße des Automatisierungsprogramms für den Modellprozeß 'Paketverteilanlage' bestimmt (Tab. 2). Diese Komplexitätsmaße sind ausführlicher an anderer Stelle erläutert [10].

Tabelle 2. Komplexitätsmaße des Automatisierungsprogramms für den Modellprozeß 'Paketverteilanlage'

Produktmaß	**Erläuterung der Maße**	**C/QNX**	**PEARL**
Gesamtvolumen	Anzahl der ausführbaren Codezeilen	5151 LOC (lines of code)	3079 LOC
Modulgröße	#(Tasks+Prozeduren)/#Module	6,83	11,33
zyklomatische Komplexität	#Einzelentscheidungen (IF, FOR, WHILE, CASE)	507	159
Verschachtelungsgrad	Tiefe der tiefsten Verschachtelung	4	6
Parallelitätsgrad 1	Anzahl der Taskaktivierungen	47	45
Parallelitätsgrad 2	Anzahl der Tasks	24	11
globaler Datenfluß	Anzahl der globalen Daten	20	62

Zunächst fällt auf, daß die Anzahl der Tasks der QNX-Implementierung mehr als doppelt so groß wie der entsprechenden PEARL-Implementierung ist. Dies läßt sich dadurch erklären, daß bedingt durch die mächtigen Konstrukte zur Interprozeßkommunikation das Problem der Automatisierung der Paketverteilanlage sehr einfach durch kommunizierende Rechenprozesse gelöst werden kann. Dabei wird der Steuerung einer jeden Verteilstation ein Rechenprozeß zugeordnet. Die An- bzw. Abmeldung von Paketen erfolgt durch den Austausch von Botschaften. Negativ wirkt sich dabei aus, daß die Anzahl der zur Verarbeitung einer Botschaft notwendigen CASE-Konstrukte sehr groß ist. Dies schlägt sich sowohl im Maß für die zyklomatische Komplexität, das die Anzahl von Einzelentscheidungen in einem Programm zählt, als auch in der Anzahl der ausführbaren Codezeilen nieder.

Aufgrund der fehlenden Sprachkonstrukte zur Interprozeßkommunikation wurde in PEARL ein anderer Ansatz zur Implementierung gewählt. Dabei wurde zur Steuerung aller Verteilstationen nur ein Rechenprozeß vorgesehen. Der Zustand der Paketverteilanlage wird dabei in globalen Datenfeldern gespeichert. Dies erklärt die unterschiedlichen Ergebnisse für das Maß des globalen Datenflusses.

Die Anzahl der Prozeßaktivierungen ist in beiden Implementierungen nahezu identisch, da beide Implementierungen die gleiche Funktionalität erbringen, also pro Einlauf- bzw. Auslaufmeldung eines Pakets in einer Verteilstation eine Steueraktion ausführen. Ebenso verhält es sich bei der maximalen Verschachtelungstiefe. Sowohl bei C als auch bei PEARL handelt es sich um imperative Sprachen, die im Prinzip in ihrem algorithmischen Sprachkern die gleichen Konstrukte besitzen.

6. Quantitativer Vergleich

Äquidistanztest von C/QNX und PEARL

Die folgende Tabelle zeigt die Ergebnisse eines Äquidistanztests, bei dem in C/QNX 2.15 und WERUM PEARL jeweils die Zeitäquidistanz einer zyklisch eingeplanten Task, die beim Start ein Ausgangssignal setzt, 100 ms (T_A) später wieder zurücksetzt und weitere 250 ms (T_B) später von Neuem beginnt.

Die beiden Zeiten T_A und T_B wurden mit einem Logic Analyser gemessen. Die Auflösung betrug dabei 500 µs. Bei dem Rechner handelt es sich um einen 386 PC mit 33 MHz. Außer der beschriebenen Task bzw. Prozesses wurde der Rechner mit keinen weiteren Aufgaben belastet. Zusätzlich sind noch Untersuchungen bezüglich der Systembelastbarkeit notwendig, um zu untersuchen, inwieweit die Äquidistanz von der Anzahl der laufenden Rechenprozesse abhängig ist. Diese und weitere Messungen werden im Rahmen des Workshops vorgestellt.

Tabelle 3. Äquidistanztest

Programmierumgebung	C/QNX	WERUM-PEARL
Abweichung von T_A in ms [in %]	von -2 [-2]	-1 [-1]
	bis +2 [+2]	-2,5 [-2,5]
mittlere Abweichung von T_A in ms [in %]	-0,259 [-0,259]	-1,759 [-1,759]
Abweichung von T_B in ms [in %]	von +5 [+2]	von -0,5 [-0,2]
	bis -2 [-0,8]	bis -3 [-1,2]
mittlere Abweichung von T_B in ms [in %]	+0,655 [+0,262]	-1,565 [-0,626]

7. Zusammenfassung und Ausblick

Es hat sich gezeigt, daß PEARL zweifellos problemangemessenere Sprachmittel für die Lösung typischer Problemstellung der Automatisierungstechnik als die Kombination C/QNX bereitstellt. Dies läßt sich sowohl intuitiv durch die Überschaubarkeit eines PEARL-Programms als auch durch die Bewertung der Komplexitätsmaße erkennen.

C/QNX bietet wiederum mehr Möglichkeiten hinsichtlich der Kommunikation zwischen Rechenprozessen durch Botschaftsaustausch.

Weder PEARL noch C/QNX bieten Unterstützung zur Analyse des ablauffähigen Programms bezüglich der Erfüllung (bzw. Verletzung) der vorgegebenen zeitlichen Anforderungen (wie z.B. ein 'schedulability analyser').

Die bisher erworbenen Ergebnisse des quantitativen Vergleichs beider Programmierumgebungen weisen darauf hin, daß das Betriebsystem QNX keine schlechte Alternative und sein Einsatz im Bereich der Automatisierungstechnik gerechtfertigt ist.

Weitere Messungen und Erfahrungen mit den Programmierumgebungen werden zur Zeit des Niederschrift dieses Beitrags durchgeführt und ein ausführlicherer Vergleich wird anläßlich des Workshops vorgestellt.

8. Danksagung

Unser Dank gilt an dieser Stelle den Herrn Kirill Kowalew und Akhauri Prakash Kumar für ihre Unterstützung bei der Erfassung der für den Vergleich notwendigen Daten.

Die Forschungstätigkeiten von C. Pereira als wissenschaftlicher Mitarbeiter am IRP an der Universität Stuttgart werden durch ein Stipendium der brasilianischen Forschungsgemeinschaft CNPq finanziell unterstützt, der an dieser Stelle ebenfalls gedankt wird.

9. Literaturverzeichnis

[1] Lauber,R.: Prozeßautomatisierung - Band 1.
Berlin, Heidelberg, New York: Springer-Verlag 1989

[2] Stankovic,J. und Ramamrithan,K.: Editorial: What is predicability for Real-Time Systems? Real-Time Systems, 2(4):247-254, November 1990

[3] Halang, W. und Stoyenko,A.: Constructing Predictable Real-Time Systems. Kluwer international series in engineering and computer science. 1991

[4] Dijkstra, E.: Cooperating sequential processes.
In: Programming Languages (Genuys F., ed.) London: Academic Press 1968

[5] WERUM-PEARL: PEARL Programming System for Personal Computer under IBM-DOS 3.xx and Compatibles - User Manual

[6] PEARL-PORTOS: Kurzbeschreibung PEARL/PORTOS auf IBM-AT. GPPmbH. 1988

[7] Frevert, L.: Zeitmessung an PEARL-Systemen

[8] Lilge,T. und Gralla, C. : Drei Echtzeitbetriebsysteme für die digitale Regelung im Vergleich . Echtzeit 92 - Kongreß-Vorträge. 2. bis 4. Juni 1992. Sindelfingen bei Stuttgart. S.253-262. 1992

[9] QNX: QNX 4.0 Operating Systems User's Guide, 1991
C: WATCOM C Library Reference for QNX. Volume I and II, 1991.

[10] Ebert, C.: Integrating Automated Software Design Measures: Results from a CASE-Study. Proc. of 10th Annual Software Reliability Symposium, Denver June 25-26, 1992. IEEE Comp. Soc. Press pp. 93-100, 1992.

Werkzeuge des Compilerbaus zur Implementierung von OSI-Protokollen in PEARL

Dr. Christian Andres
Regionales Rechenzentrum der Universität Erlangen-Nürnberg
Martensstraße 1
D-W 8520 Erlangen

1. Einleitung

Zur Kommunikation zwischen Rechnern werden in zunehmenden Maße die von der ISO (International Standardisation Organisation) definierten OSI-Kommunikationsprotokolle (Open Systems Interconnection) verwendet. Sie bieten dem Anwender Dienste, wie z. B. FTAM zum Dateitransfer, X.400 zum Nachrichtenaustausch oder X.500 zum Nachschlagen in einem globalen Verzeichnis. Diese Protokolle werden in der OSI-Terminologie als Anwendungsprotokolle der Ebene 7 im OSI-Schichtenmodell bezeichnet. Sie erbringen ihre Dienste gegenüber dem Anwender unter Benutzung der darunterliegenden Schichten 1 - 6 (siehe Bild 1).

7:	Application Layer
6:	Presentation Layer
5:	Session Layer
4:	Transport Layer
3:	Network Layer
2:	Data Link Layer
1:	Physical Layer

Bild 1: OSI - Schichtenmodell

In einem Projekt am Regionalen Rechenzentrum Erlangen (RRZE) wurde eine Accounting-Box realisiert, die die Benutzung von OSI-Anwendungsdiensten überwacht und protokolliert. Dazu mußte der vollständige OSI-Protokollturm mit den verschiedenen Anwendungsprotokollen implementiert werden. Um diese Arbeit möglichst effizient und fehlerfrei zu gestalten, wurden Werkzeuge eingesetzt, die die Umsetzung der in den Normdokumenten formulierten Protokollabläufe in Programmcode unterstützen sollten.

Die Analogie in der Arbeitweise von Kommunikationsprotokollen und Compilern legte den Einsatz von Werkzeugen für den Compilerbau auch zum "Protokollbau" nahe:

- Compiler lesen als Eingabe das zu übersetzende Programm, führen syntaktische und semantische Analysen durch und erzeugen als Ausgabe Code in der gewünschten Zielsprache
- Kommunikationsprotokolle erhalten als Eingabe Protokolldateneinheiten (ProtocolDataUnits = PDU's) bzw. Serviceaufträge, analysieren diese auf syntaktische und semantische Korrektheit und erzeugen als Ausgabe wieder PDU's bzw. Serviceaufträge.

Im Compilerbau sind compilergenerierende Werkzeuge, Compiler-Compiler oder Compilergeneratoren genannt, mittlerweile Standardhilfsmittel zur automatischen Erzeugung von Compilern. Diese Werkzeuge verlangen als Eingabe eine formale Darstellung der zu übersetzenden Sprache und der Transformation in die Zielsprache. Verwendet werden dazu Grammatiken, die diese Informationen formal beschreiben.
Um auf gleiche Weise Protokolle implementieren zu können, müssen wir den Protokollablauf und den Aufbau von PDU's mit Hilfe von Grammatiken beschreiben. Das bedeutet, daß die textuellen Inhalte der ISO-Normdokumente formal spezifiziert werden. Diese formale Spezifikation bildet die Eingabe für einen Generator, der automatisch den entsprechenden Protokollmodul erzeugt.

Im folgenden soll nun den Einsatz eines solchen Werkzeugs zur Implementierung von OSI-Protokollen im oben erwähnten Projekt beschrieben werden. Im ersten Abschnitt folgt zunächst eine kurze Darstellung der Anforderungen an die Accounting-Box. Im zweiten Abschnitt werden wichtige Begriffe aus dem Bereich der formale Sprachen eingeführt und die Arbeitsweise eines Compilergenerators beschrieben. Im dritten Abschnitt zeigen wir an einem Beispiel wie Ausschnitte der FTAM-Norm in einer Grammatik formuliert werden können. Erfahrungen aus der Implementierung und Betrachtungen zur Durchsatzleistung der Accounting-Box beschließen den Artikel.

2. Aufgabenstellung der Accounting-Box

Zur Rechnerkommunikation im Weitverkehrsbereich werden in der Regel öffentliche Netze, wie z.B. das Datex-P-Netz der Deutschen Bundespost Telekom, als Transportmedien in Anspruch genommen. Für diese Leistung erhebt der öffentliche Netzbetreiber Gebühren. Die Gebühr für eine Verbindung zwischen zwei Endsystemen ist abhängig von Parametern wie Zeitpunkt, Dauer und Ziel einer Verbindung sowie von der Menge der übertragenen Daten.

Ziel des Projekts[1)] am RRZE war es, eine sogenannte Accounting-Box zu implementieren, welche die entstehenden Gebühren entsprechend dem Gebührenmodell der Telekom berechnet und den verursachenden Benutzer ermittelt. Dazu wird die Accounting-Box als Filter tätig zwischen einem privatem Netz, in dem beliebig viele Rechner als lokale Endsysteme eingebunden sind, und einem öffentlichem Netz, das Verbindungen zu entfernten Partnern vermittelt (siehe Bild 2). Dieser Filter

---

1) DFN-Projekt TK588-B033, gefördert durch BMFT

analysiert den durchfließenden Datenstrom und versucht die darin enthaltene Protokollstruktur zu erkennen. Die Box hat nur die Aufgabe PDU's zu erkennen, sie muß keine Protokoll-PDU's erzeugen. Es sind in der Box also nur Teile eines vollständigen Protokollautomaten zu realisieren.

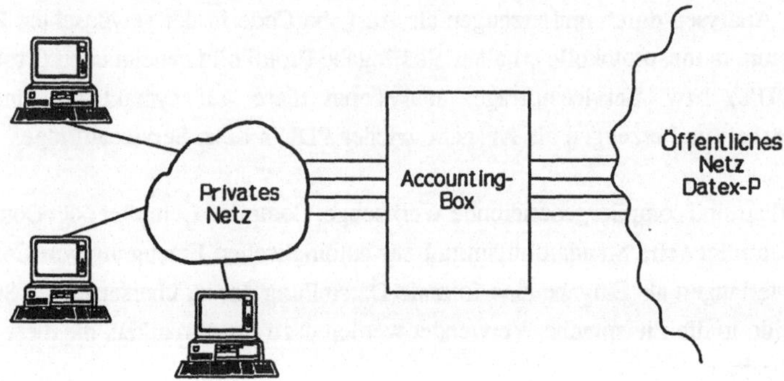

Bild 2: Filterfunktion der Accounting-Box

Die Accounting-Box entnimmt die zur Gebührenermittlung notwendige Information auf zwei verschiedenen Protokollebenen:

- Schnittstelle zum öffentlichen Netzbetreiber ist die Ebene 3 mit der X.25 Paket-Ebene. Auf dieser Ebene werden das übertragene Datenvolumen gemessen und die oben angeführten gebührenrelevanten Daten ermittelt.
- In PDU's der Anwendungsebene 7 sind die Daten des Auftraggebers einer Verbindung enthalten. Da nach dem Schichtenmodell PDU's höherer Ebenen immer mit Hilfe von PDU's darunterliegender Ebenen transportiert werden, muß der gesamte Protokollturm analysiert werden, um die entsprechenden Informationsfelder in PDU's der Ebene 7 finden zu können.

Daraus ergibt sich die in Bild 3 dargestellte Einbettung der Accounting-Box in die Systemumgebung:

- Der Zugang zum privaten bzw. öffentlichen Trägernetz erfolgt durch das X.25-Protokoll; dieses ist in Hardware realisiert (Ebenen 1 bis 3) und deshalb für die Implementierung nicht weiter von Belang.

- Je ein Protokoll-Modul ist zuständig für die Analyse von PDU's der Ebenen 4 bis 7.

- Jedes Modul bearbeitet beliebig viele parallele Verbindungen zwischen je zwei Endsystemen. Die maximale Anzahl paralleler Verbindungen ist nur durch die Charakteristik des X.25-Netzanschlusses gegeben.

- Jede Verbindung kann einen beliebigen OSI-Anwendungsdienst der Ebene 7 transportieren. Die Gruppierung von Analyseprozessen zu einem Protokollturm ist somit flexibel und wird durch Auswertung von Adreßinformation beim Verbindungsaufbau dynamisch festgelegt.

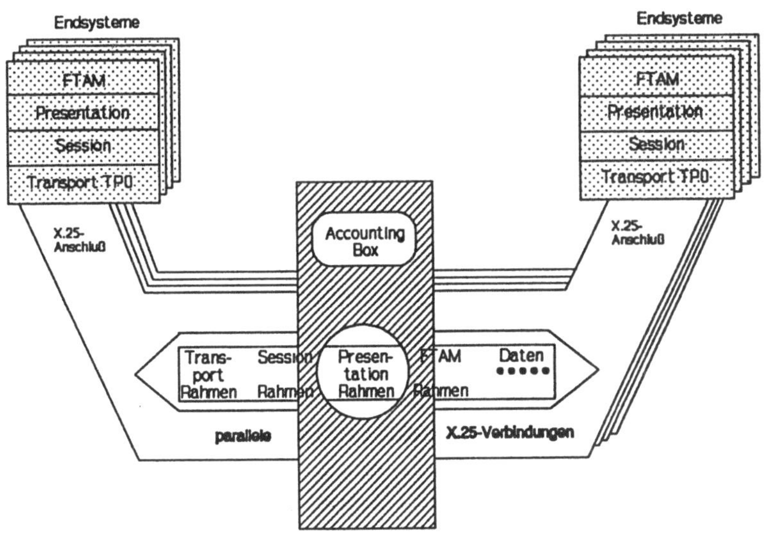

Bild 3: Einbettung der Accounting-Box

Die Accounting-Box muß die Analyse unter Echtzeitbedingungen durchführen. Es werden folgende Leistungsanforderungen gestellt:

- Der maximale Datendurchsatz von 64 kbit/sec bzw. in Zukunft 2 Mbit/sec am Netzanschluß muß erhalten bleiben.

- Parallele Verbindungen müssen gerecht bearbeitet werden, d.h. die Analyse einer Verbindung darf nicht zum "Aushungern" anderer paralleler Verbindungen führen.

Realisiert wurde die Accounting-Box mit einem Motorola 68000 Mikrorechner unter dem vom RRZE entwickelten PEARL-Betriebssystem PBS. Die Wahl von PEARL als Implementierungssprache ist durch mehrere Gesichtspunkte motiviert. Neben den Echtzeitaspekten war für uns besonders wichtig, daß die durch das OSI-Modell vorgegebene Abstraktion des Schichtenaufbaus mit parallelen Verbindungen direkt in die Softwarearchitektur übernommen werden konnte. Jede Protokollschicht und jede Verbindung wird auf eine PEARL-Task abgebildet. Die Kommunikation zwischen den Schichten erfolgt über einen gemeinsamen Datenbereich.

Zur Analyse mußten somit nur noch die in den verschiedenen OSI-Normen definierten Protokollautomaten und Datenstrukturen in PEARL-Code umgesetzt werden. Die Verwaltung und Synchronisation paralleler Abläufe zur Analyse paralleler Verbindungen wird durch das PEARL-Betriebssystem erledigt. Der von einem Werkzeug zu generierende Code kann sich dadurch auf den algorithmischen Ablauf der Protokollanlyse beschränken und muß keine Synchronisationsmaßnahmen zur Bearbeitung verschiedener Protokollebenen oder paralleler Verbindungen enthalten.

3. Einsatz des Compilergenerators COCO

Analog zur Vorgehensweise bei der Entwicklung von Compilern für Programmiersprachen fassen wir im folgenden die durch Protokollvorschriften definierte Folge von PDU's als Sprache auf. Teile einer PDU, wie z.B PDU-Kennungen oder Inhaltsfelder, sind die elementaren Wörter dieser Sprache. Sie können zu zusammengesetzten Ausdrücken aneinander gereiht werden, so daß einzelne PDU's oder ganze Folgen von PDU's entstehen. Diese Tatsache wollen wir formal beschreiben. Dazu benötigen wir den Begriff der Grammatik [Aho].

Eine Grammatik ist durch folgende Komponenten gegeben:

- T - die Menge der Wörter einer Sprache wird als Menge von Terminalsymbolen bezeichnet,
- N - symbolische Hilfswörter der Grammatik bezeichnen wir als nichterminale Symbole,
- P - eine Menge von Regeln der Form x → a bezeichnen wir als Produktionen, die das nichtterminale Symbol "x" durch ein beliebiges Symbol "a" ersetzen,
- S - heißt Startsymbol der Grammatik und ist ein ausgezeichnetes Symbol aus der Menge der Nichtterminalsymbole.

Ein kleines Beispiel soll erläutern, wie wir mit diesen Begriffen hantieren können:

Es seien 0,1 terminale Symbole und x, y, s nichtterminale Symbole:

p_1: s → xsy
p_2: s → xy
p_3: x → 1
p_4: y → 0

Damit wird eine Sprache definiert, die genau folgende Bitmuster als gültige Kombinationen zuläßt: 10, 1100, 111000 ... .

Eine häufig angewandte Schreibweise für Grammatiken ist die erweiterte Backus-Naur-Form (EBNF) nach [Wirth]:

"|" trennt alternative Symbolfolgen,
"[" und "]" klammern Symbolfolgen, die optional auftreten können,
"{" und "}" klammern Symbolfolgen, die sich beliebig oft wiederholen können.

Dadurch vereinfacht sich die Darstellung der Produktionen p_1 und p_2 in EBNF-Schreibweise zu einer Produktion s → xsy | xy.

Mit diesen Mitteln können wir Sprachen - d.h. in unserem Fall Protokolle - definieren, die mit Hilfe eines Compilers analysiert und transformiert werden. Um den Bearbeitungsvorgang effizient durchführen zu können, muß die definierende Grammatik noch eine besondere Eigenschaft aufweisen:

> *"Eine Grammatik heißt LL(1), wenn man in der Analyse von links nach rechts in jeder Situation, in der man zwischen mehreren Alternativen wählen muß, durch Vorgriff um ein Symbol entscheiden kann, welche Alternative die richtige ist".*

Diese Definition ist für unsere Zwecke von großer Bedeutung. Können wir den Aufbau und die Abfolge von PDU's mit Hilfe einer solchen LL(1)-Grammatik beschreiben, wird dadurch zum einen die Struktur unseres Analysators einfacher, zum anderen unterstützen wir die Echtzeitfähigkeit der Analyse, da wir nur höchstens ein Symbol vorausschauen müssen, um eine Entscheidung bei Alternativen im Analysevorgang treffen zu können. Es ist also z. B. nicht notwendig, längere Abschnitte einer PDU oder gar PDU-Folgen zu speichern, um den Protokollablauf entschlüsseln zu können.

Damit haben wir die notwendigen Hilfsmittel vorgestellt, um den Aufbau von PDU's und die Abfolge von PDUs zu beschreiben. Im nächsten Abschnitt wird das an einem Beispiel deutlich werden. Doch zunächst ist noch zu klären, wie ein Analysemodul ausgehend von einer Grammatik erstellt wird.

Für unser Projekt haben wir den Compilergenerator COCO [Rech], zusammen mit der Beschreibungssprache COCOL (Compiler-Compiler-Language), verwendet. Dieser Generator ist auf IBM-kompatiblen PCs unter MS/DOS ablauffähig. Es gibt eine Reihe weiterer Compilergeneratoren am Markt. Zu den bekanntesten dürften wohl LEX und YACC [John] zählen, die in UNIX-Umgebung ablaufen.

Ein Problem ergibt sich dadurch, daß die Generatoren zwar Compiler für beliebige Sprachen erzeugen können, aber diese Compiler in der Regel in C, Modula oder anderen Sprachen erzeugt werden, nur nicht in PEARL.

Der von uns verwendete Generator COCO erzeugt einen Compiler in der Programmiersprache Modula. Wir mußten also den erzeugten Analysator von Modula nach PEARL portieren. Diese Aufgabe erwies sich jedoch als sehr einfach. COCO speichert die Information, die durch die EBNF-Grammatik gegeben ist, in der internen Form des G-Codes (Grammatik-Code) ab. Dieser G-Code enthält alles Wissen über den Analysevorgang. Der G-Code wird intern durch eine Folge von ASCII-Ziffern codiert. Diese Darstellung ist unabhängig von der gewählten Implementierungssprache. Der eigentliche Analysator hat die Form eines Interpreters, der gesteuert durch den G-Code die Bearbeitung vornimmt.

Der Interpreter hat folgende Grundstruktur [Rech]:

```
Initialisiere Codezeiger, hole Terminal-Symbol
REPEAT
      CASE Knotentyp OF
      t:     IF Terminal-Symbol = erwartetes Symbol
             THEN erhöhe Codezeiger, hole Terminal-Symbol
             ELSE *Fehler*
      ta:    IF Terminal-Symbol = erwartetes Symbol
             THEN erhöhe Codezeiger, hole Terminal-Symbol
             ELSE Codezeiger := Alternativadresse
      nt:    IF Terminal-Symbol ∈ FIRST-Menge
             THEN betrete Produktion
             ELSE *Fehler*
      nta:   IF Terminal-Symbol ∈ FIRST-Menge
             THEN betrete Produktion
             ELSE Codezeiger := Alternativadresse
      any:   erhöhe Codezeiger, hole Terminal-Symbol
      anya:  IF Terminal-Symbol ∈ Any-Menge
             THEN erhöhe Codezeiger, hole Terminal-Symbol
             ELSE Codezeiger := Alternativadresse
      eps:   IF Terminal-Symbol ∈ Eps-Menge
             THEN erhöhe Codezeiger
             ELSE *Fehler*
      epsa:  IF Terminal-Symbol ∈ Eps-Menge
             THEN erhöhe Codezeiger
             ELSE Codezeiger := Alternativadresse
      jmp:   Codezeiger := Adresse
      ret:   Rücksprung aus aktueller Produktion
      sem:   Aufruf der angegebenen Semantik-Routine
      ENDCASE
ENDREPEAT
```

Man sieht, daß im wesentlichen nur eine CASE-Kaskade vorliegt, die je nach zu interpretierendem Knotentyp des G-Codes bestimmte Aktionen enthält. Als Knotentypen sind z.B. enthalten :

t   Bearbeitung eines Terminalsymbols
ta   Bearbeitung eines Terminalsymbols mit Alternative
nt   Bearbeitung eines Nichtterminalsymbols usw.

Die Routine "hole Terminalsymbol" enthält die Erkennung von Protokoll-Kennungsfeldern, die spezifisch für jedes zu bearbeitende Protokoll ist. Sie muß für jeden Protokollmodul spezifisch erstellt werden. Ansonsten ist der Interpreter problemunabhängig, d.h. er hat für alle Protokolle, die erkannt werden sollen, die gleiche Form. Damit mußten wir die Portierung des Interpreters nur einmal für alle bearbeiteten Protokolle vornehmen.
In unserem Projekt wurde der Interpreter von Hand in PEARL codiert mit ca. 1.300 Codezeilen.

Der Entwicklungsvorgang eines Moduls zur Analyse eines Protokolls läuft in unserer Projektumgebung in folgenden Stufen ab:

- zunächst wird die Beschreibung des Protokolls per Hand durch Umsetzen der Protokollvorschriften in den Normdokumenten in eine EBNF-Grammatik erstellt.
- COCO prüft die erstellte Grammatik auf Konsistenz und Vollständigkeit. Sind Produktionen enthalten, die die definierte Sprache nicht LL(1)-analysierbar machen, werden diese gemeldet.
- aus einer korrekten Grammatik wird von COCO der G-Code und der zugehörige Compiler erstellt. Auf unserem Zielsystem, dem Motorola 68000-Rechner, wird die Routine zur Erkennung der Terminalsymbole codiert und der G-Code in den Interpreter eingebunden.

Damit ergibt sich bei Benutzung von COCO folgender Ablauf:

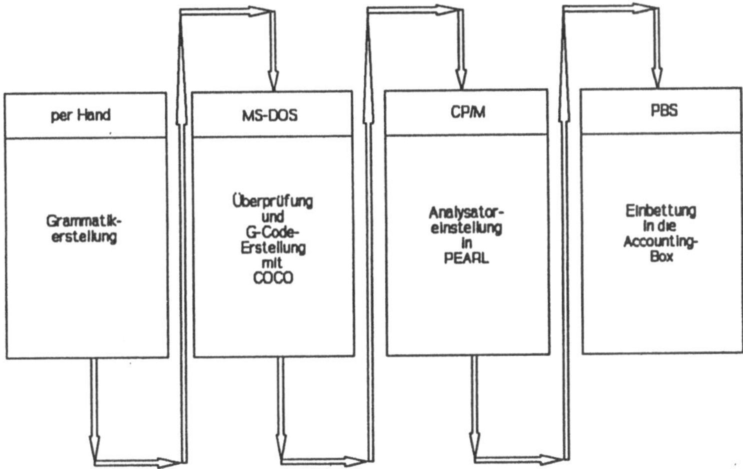

Bild 4 : Arbeitsschritte zur Erstellung eines Analysemoduls

Im folgenden Abschnitt soll nun die Erstellung der EBNF-Grammatik anhand der ISO-Normdokumente beispielhaft für das Anwendungsprotokoll FTAM dargestellt werden.

4. Beschreibung des FTAM Protokolls mittels EBNF-Grammatik

In den ISO-Normdokumenten zur Definition der OSI-Protokolle der Ebenen 4 bis 7 werden verschiedene Beschreibungsmethoden verwendet. Diese reichen von Diagrammen, die den PDU-Aufbau darstellen, über Automatentafeln, die die Abfolge von PDUs zeigen, bis zum Einsatz von Grammatiken in X.409 bzw. ASN.1-Notation [ISO 8824]. Es hat sich in unserem Projekt gezeigt, daß durch EBNF, erweitert um semantische Aktionen, alle Protokolle beschreibbar sind. Semantische Aktionen werden prozedural formuliert und bei der Bearbeitung von Produktionen zusätzlich ausgeführt. Sie prüfen Bedingungen ab, die nicht direkt in der Grammatik definiert werden können. Ein typisches Beispiel im Programmiersprachenbereich sind semantische Aktionen zur Überprüfung, ob eine Variable vor der Verwendung deklariert wurde.

Am Beispiel des Filetransferprotokolls FTAM [ISO 8571] soll die Vorgehensweise erläutert werden. Die Beschreibung von FTAM ist in den Normdokumenten zum Teil in Grammatikform mit Hilfe der ASN.1 Notation und auch textuell gegeben. Die ASN.1 Definitionen können fast direkt in EBNF übernommen werden [Jahn].

a) FTAM Verbindungsaufbau und -Abbau

Eine FTAM-Verbindung ist durch den Aufbau von sogenannten Regimes gekennzeichnet, die den Protokollablauf in verschiedene Phasen gliedern.

```
p1:   ftam          =  {FTAMRegime}
p2:   FTAMRegime    =  FINITrequest
                       FINITrespond
                       (FTERMrequest | {file select regime})
                       (FTERMrespond | FUABORTrequest | FPABORTrequest)
```

Mit diesen beiden Produktionen wird die Verbindungsaufbauphase beschrieben. Die erste Produktion besagt, daß in einer FTAM-Sitzung beliebig viele FTAM Regimes, d. h. Verbindungen zu FTAM Partnern, nacheinander eröffnet werden können.

Produktion p_2 legt den grundsätzlichen Ablauf zum Eröffnen und Schließen einer FTAM-Verbindung fest:

- durch eine FINITrequest PDU wird ein FTAM Verbindungsaufbau angefordert,
- mit FINITrespond wird die Anforderung quittiert,
- eine PDU FTERMrequest kann sofort wieder wieder zum Verbindungsabbau führen, alternativ kann aber auch ein file select regime eröffnet werden,
- beendet wird ein FTAMregime durch eine der alternativen PDU's FTERMrespond, User-ABORTrequest oder FPresentationABORTrequest.

Da die Symbole auf der rechten Seite der Produktionen nichtterminale Symbole sind, müssen weitere Produktionen existieren, die diese Symbole weiter ableiten. Wir greifen als Beispiel das

PDU Symbol FINITrequest heraus, da wir hier sehr schnell sehen, wie wir bis zu einem terminalen Symbol kommen, also eine konkrete Bitfolge der PDU notieren können.

b) Struktur der FINITrequest PDU:

```
FINITrequest  =  ContentSpec0
                 InitParameter
                 [UserID]
                 [Account]
                 [Password]
                 Checkpoint Window
                 END
```

Diese Produktion legt im Gegensatz zur vorherigen nicht mehr einen dynamischen Ablauf fest, sondern beschreibt - noch auf abstraktem Niveau - die statische Datenstruktur einer PDU. Die Beschreibung der Datenstruktur unterscheidet sich in keiner Weise von der Form, in der wir die Abfolge von PDUs notiert haben. Die PDU enthält als erstes eine Kennung, die den Inhalt spezifiziert, und eine Reihe von weiteren Parametern.
Verfolgen wir in der nächsten Produktion das Nichtterminalsymbol ContentSpec0 weiter, können wir bereits ein konkretes Bitmuster der PDU, also ein terminales Symbol, notieren:

```
ContentSpec0 = '1010000'
```

Die restlichen Nichtterminalsymbole werden in weiteren Produktionen verfeinert, bis man bei Terminalsymbolen angelangt ist.

Ist ein Protokoll auf diese Weise komplett beschrieben, wird die Grammatik zunächst von COCO auf Konsistenz und Einhaltung der LL(1)-Eigenschaft geprüft. Im Falle der FTAM-Analyse traten keine Probleme auf. Bei Erstellung des Analysators zum X.400-Protokoll [Zebi] wurden bei der direkten Umsetzung der Norm in die Grammatik Verletzungen der LL(1)-Eigenschaft gemeldet. Durch Umformung und Einführung einer semantischen Aktion konnten diese Verletzungen beseitigt werden.

Der daraufhin von COCO erzeugte G-Code enthält in komprimierter Form alles Wissen über die Reihenfolge der notwendigen Aktionen zur Syntaxanalyse. Der G-Code wird als Liste von Dezimalzahlen abgelegt und durch den Interpreter abgearbeitet.

5. Erfahrungen

Die dargestellte Vorgehensweise hat den Weg zur Protokollimplementierung erheblich beschleunigt. Als besonderer Vorteil erwies sich dabei, daß die Umsetzung der ISO-Normpapiere in die übersichtliche und leicht lesbare Notation der EBNF-Grammatik erfolgen konnte und nicht direkt in Programmcode erfolgen mußte. Wer sich schon mit ISO-Normdokumenten befaßt hat, wird gesehen haben, daß der Zugang zum Inhalt nicht leicht fällt. Oft werden Passagen erst dann verständlich, wenn man bei Überlegungen zur Implementierung auf Ungereimtheiten stößt und immer wieder neu nachliest. Die Darstellung durch die EBNF ist in solchen Fällen aus mehreren Gründen sehr hilfreich:

- Unvollständige Definitionen und Widersprüche werden durch den Compilergenerator entdeckt.
- Manche Passagen der Normdokumente (solcher, die in ASN.1 formuliert sind) können fast unverändert übernommen werden.
- Änderungen in der Protokollbeschreibung haben keine Änderungen im Programmcode zur Folge.

Abgesehen davon wird natürlich auch der reine Implementierungsschritt erheblich verkürzt und weniger fehleranfällig, da das Wissen um den Protokollaufbau nicht mehr direkt in Progammcode "gegossen" wird.

Im Falle der Accounting-Box wurde die beschriebene Technik nur zur Analyse von PDU's verwendet. Wie sich in einem weiteren Projekt des RRZE zeigte ist es jedoch genauso möglich, den Generator zur Erzeugung von PDU's einzusetzen. In diesem Falle wurde der Protokollautomat für das ISO Transaktionsprotokoll TP erzeugt [DBHo].

Besonders gespannt waren wir natürlich auf die Laufzeiteffizienz unseres so erzeugten Analysators. Es stellte sich heraus, daß bei einem 64 kbit-Anschluß zu keiner Zeit der Durchsatz durch die Accounting-Box behindert wurde. Erst bei einem 2 Mbit-Anschluß erlebten wir zunächst eine Enttäuschung. Unter Einsatz einer Motorola 68030-CPU mit der X.25-Karte MVME334 ließ sich nur ein maximaler Durchsatz von 360 kbit/s erzielen. Durch Monitoraufzeichnungen konnte dann jedoch festgestellt werden, daß die CPU nie mehr als 20% ausgelastet war. Der Engpaß lag (und liegt immer noch) in der X.25-Karte, die durch ungünstiges Bestätigungsverhalten bei der X.25-Windowtechnik keinen höheren Durchsatz zuließ. Der Hersteller arbeitet derzeit daran, dieses Verhalten zu optimieren.

Insgesamt gesehen hat sich damit gezeigt, daß sich auch bei Einsatz von Werkzeugen das erstellte Programmsystem durchaus unter Laufzeitgesichtspunkten bewähren kann.

Literaturverzeichnis

[Aho] A.V. Aho, J.D. Ullman: Principles of Compiler Design, Addison-Wesley, 1979

[DBHo] G. Dobler, U.Bohnert, P. Holleczek: Die ISO-Transaktionsverarbeitung als Grundlage für den Nachrichtenaustausch in Verteiltem PEARL, in: Telekommunikation und multimediale Anwendungen der Informatik, Informatik Fachberichte Band 293, Springer Verlag, 1991

[ISO 8571] ISO IS 8571: Information Processing Systems - Open Systems Interconnection - File Transfer, Access and Management, Part 1-5, 1988

[ISO 8824] ISO IS 8824: Specification of Abstract Syntax Notation One (ASN.1), 1987

[Jahn] D. Jahn: Analyse des ISO-Protokolls FTAM, Studienarbeit, Universität Erlangen-Nürnberg, 1990

[John] S.C. Johnson: YACC - Yet Another Compiler-Compiler, Tech. Report Nr. 32, Bell Laboratories, 1975

[Rech] P. Rechenberg, H. Mössenböck: Ein Compiler-Generator für Mikrocomputer, Hanser Verlag, München, 1988

[Zebi] T. Zebisch: Entwicklung eines LL(1)-Analysators zur Analyse des MHS-Protokolls P1, Studienarbeit, Universität Erlangen-Nürnberg, 1989

Ada9X für Verteilte Systeme
Ein Vergleich mit Mehrrechner-PEARL

Karlotto Mangold
ATM Computer GmbH
Bücklestr. 1 - 5
7750 Konstanz
e-mail: mangold@atmkn.uucp

Zusammenfassung

Es liegt nun ein Vorschlag für die Realisierung verteilter Systeme in Ada9X vor. In diesem Beitrag sollen einerseits die Verteilungs-Konzepte von Ada9X dargestellt werden, und andererseits soll die Funktionalität den Anforderungen gegenübergestellt werden. Darüberhinaus wird Ada9X bezüglich folgender Aspekte mit Mehrrechner-PEARL verglichen:

- Erweiterung einer bestehenden Sprache auf verteilte Systeme
- Speicher-Modelle in verteilten Systemen
- Kommunikations- und Synchronisations-Mechanismen
- Rekonfigurierbarkeit und Realisierung von Rückstufungskonzepten

Summary

Within the Ada9X-project a proposal is now published, how to implement distributed systems in Ada9X. This paper will present the basic concepts of distributed systems in Ada9X and compare them with the concepts of Multi-processor-PEARL. The major aspects being compared are the following ones:

- Extension of an existing language to support distributed systems
- Memory models in distributed systems
- Communication- and synchronisation-mechanisms
- Re-Configuration and implementing of fail-safe-concepts

Einleitung

Als Ende der siebziger Jahre Ada definiert wurde, sollte damit nach den Anforderungen [1] die Programmierung von "embedded systems" abgedeckt werden. Wie auch in PEARL, das nur kurz davor definiert worden war [2] [3], hatten zu jener Zeit verteilte Systeme noch nicht die Bedeutung, die ihnen inzwischen zugewachsen ist. Aus diesem Grund wurde im Rahmen des Ada9X-Projekts, das die turnusmäßige Überarbeitung des Ada-Standards [4] zum Ziel hat, die Forderung nach Unterstützung von verteilten Systemen aufgenommen [5]. Im Rahmen der "Mapping Phase" des Ada9X Projekts wurden und werden zur Zeit immer noch die Anforderungen aus [5] in eine "Mapping Specification" [6] überführt und in ihrer syntaktischen und semantischen Form dargestellt. Diese Mapping Specification enthält in ihrem Anhang I die Erweiterung von Ada für verteilte Systeme. Seit Mitte August liegt ein Entwurf **dieses** Anhangs vor, der zwar als Basis für die nachfolgenden Ausführungen dient, der aber noch nicht verabschiedet ist, und deshalb auch nicht als endgültig angesehen werden kann. Auf Grund der Terminsituation des Ada9X-Projekts und der Notwendigkeit, möglichst bald in Ada(9X) in standardisierter Weise verteilte Systeme zu unterstützen, ist meines Erachtens damit zu rechnen, daß zumindest die Basiskonzepte des derzeit vorliegenden Anhang I zwischen der Niederschrift dieses Beitrags und der Präsentation auf der PEARL-Tagung im Rahmen der zuständigen Arbeitsgruppe, der ISO-IEC/JTC1/SC22/WG9 Ada, akzeptiert werden wird. Trotz dieser zumindest formalen Unsicherheit soll hier die Tendenz von Ada9X für verteilte Systeme dargestellt werden.
Zur Verdeutlichung und besseren Abgrenzung wird im folgenden die standardisierte Sprache Ada gemäß [4] als Ada83 bezeichnet.

Erweiterung einer bestehenden Sprache

Bekanntlich wurde PEARL, das Ende der siebziger Jahre standardisiert wurde [2] [3], nachträglich um die Mehr-Prozessor-Funktionalität erweitert [7]. Um durch die Sprach-Erweiterungen für verteilte Systeme nicht alle existierenden PEARL-Anwendungen für Ein-Prozessor-Systeme in Widerspruch zum Standard zu bringen, wurde zwischen dem PEARL-Modul, der Übersetzungseinheit, und dem PEARL-Programm, das nach wie vor das all-umfassende PEARL-Objekt ist und über dessen Beziehungen zur Außenwelt in der Sprachdefinition nichts ausgesagt ist, die COLLECTION als Menge von Moduln einerseits und als verteilbare Einheit andererseits eingeführt. Kommunikationsbeziehungen innerhalb eines verteilten PEARL-Programms wurden als Beziehungen zwischen COLLECTIONs definiert. Damit war es möglich, die Sprache aufwärtskompatibel zu erweitern. Ein ganz ähnlicher Ansatz wird zur Zeit beim Übergang von Ada83 [4] zu Ada9X begangen. (Ein grober Überblick über das Ada9X-Projekt und seine voraussichtlichen Auswirkungen auf Realzeitsysteme findet sich in [8].) Nachdem Ada83 durch die Standardisierung und die vorgeschriebene Compiler-Validierung einer sehr strengen Kontrolle unterliegt und Spracherweiterungen nicht nur vom Standard verboten sind, sondern durch die Validierung auch aufgedeckt werden, ist die Forderung, daß Ada9X aufwärtskompatibel zu Ada83 sein muß [6] , für die Weiterentwicklung der Sprache von grundlegender Bedeutung. Andererseits wurden mit der Annahme des Requirements Documents [5] eine Reihe neuer Leistungen gefordert, die nur sehr schwer aufwärtskompatibel eingebracht werden können. Eine solche Forderung ist im Kapitel 8 der Ada9X Requirements [5] niedergelegt und fordert die Verteilbarkeit von Ada-Applikationen.

Die Anforderung lautet wörtlich: "Ada9X shall facilitate the distribution of Ada code across a homogenous distributed architecture. ...". Außerdem wird dort die dynamische Rekonfigurierbarkeit gefordert. "Ada9X shall allow for the possibility of dynamic reconfiguration of a distributed application. It shall be possible to replace or modify individual components of a distributed system without recompiling or restarting the entire application." Bisher entstanden bei der Verteilung von Ada-Anwendungen im wesentlichen zwei Probleme:

1. Durch die, in der Sprache festgelegten, strengen Elaborationsvorschriften war es praktisch unmöglich, ein Ada-Programm auf mehrere Prozessoren zu verteilen und standardkonform zum Ablauf zu bringen. Aus diesem Grund wird zur Zeit bei der Verteilung von Ada-Applikationen häufig der Weg beschritten, daß auf jedem Prozessor ein eigenes unabhängiges Ada-Programm installiert wird, das die Vorschriften

erfüllt und das mit anderen Programmen mit Hilfe von Konstrukten kommuniziert, die außerhalb der Sprache definiert sind. Ein Werkzeug, das Verteilung automatisch aus einem Ada-Programm erzeugt und die notwendigen Kommunikationsmechanismen generiert, wurde von der ATM entwickelt und ist in [9] dargestellt.

2. Durch die blockorientierte Struktur der Sprache und die Sichtbarkeitsregeln, sowie die dynamische Task-Kreation müssen alle Daten, die möglicherweise von mehr als einem Prozessor aus gesehen werden können, vom Compiler vorsorglich im globalen Speicher angelegt werden. Damit entsteht unter Umständen ein "erschwerter" Zugriff zu diesen Daten, was meist mit höherer Zugriffszeit bezahlt werden muß. Dieser negative Nebeneffekt ist in vielen Echtzeit-Anwendungen nicht akzeptabel.

Das Ada9X Mapping Document sieht nun im Appendix I [6a], ganz ähnlich wie Mehrrechner-PEARL, folgendes Verteilungs-Modell vor: Eine Applikation besteht aus mindestens einer oder mehreren aktiven Partitionen und keiner, einer oder mehreren passiven Partitionen. Ein Programm im Sinne von Ada83 besteht nur aus einer aktiven Partition. Aktive Partitionen sind von einander unabhängig. Sie können lediglich über "Remote Procedure Call" andere aktive Partitionen "aufrufen" oder von anderen aufgerufen werden. Passive Partitionen enthalten Daten, die mehreren aktiven Partitionen gemeinsam sind. Dieses Modell von Ada-Einheiten wird auf ein Zielsystem abgebildet, das aus einer Menge von Prozessor-Moduln und einer Menge von "globalen Adreßraum-Moduln" besteht. Dann wird jeder aktiven Partition ein logischer Prozessor-Modul zugeordnet. Falls passive Partitionen vorhanden sind, so werden diese auf einen oder mehrere Speichermodul(n) abgebildet. Während die Partitionen (Software-Einheiten) nicht weiter zerlegt werden, können einem Speicher-Modul (Hardware) auch mehrere Partitionen zugeordnet werden. Eine Partition kann aber nicht zwischen mehreren Moduln verteilt werden. Bereits zur Übersetzungszeit werden Ada-Pakete, die die Partitionen bilden, vom Compiler klassifiziert. Es gibt "pure",(vergl. LRM 10.5.1[4]), "remote call interface", "shared passive" oder "normale" Pakete. Nach der Übersetzung werden die Pakete zu Partitionen zusammengefaßt, dabei dürfen passive Partitionen nur pure und shared passive Pakete enthalten. Zur Laufzeit werden die aktiven Partitionen unabhängig voneinander auf den zugeordneten Prozessoren elaboriert. Anschließend ist dann die Kommunikation mit anderen Partitionen möglich. Durch die Implementierung werden die notwendigen Befehlsfolgen für den remote procedure call, die Parameter-Übergabe und die Parameter- und ggf Ergebnis-Rückübertragung automatisch generiert. Der Anwender ist selbst für die Konfigurierung seines Systems und das Kommunikationssubsystem verantwortlich. Der hier dargestellte Ansatz, unterhalb des Programms neue Objekte einzuführen, die Partitionen, ist in Ada9X ganz ähnlich gelöst, wie in PEARL mit der Einführung der COLLECTIONs. Während jedoch in Mehrrechner-PEARL [7] das zugrundeliegende Zielsystem relativ lose gekoppelt ist, setzt Ada9X ein enggekoppeltes System mit gemeinsam adressierbarem Speicher voraus, zumindest dann, wenn mindestens eine passive Partition vorhanden ist.

Speicher-Modelle in verteilten Systemen

Die Speicher-Modelle von Mehrrechner-PEARL und verteilten Systemen in Ada9X unterscheiden sich grundlegend. Bei Mehrrechner-PEARL wird nicht vorausgesetzt, daß ein gemeinsamer Speicher für mehrere Prozessoren existiert, sondern daß die einzelnen COLLECTIONs unabhängig voneinander sind und der Datenaustausch zwischen verschiedenen COLLECTIONs über spezielle Ein-/Ausgabe-Anweisungen, über Ports und zugehörige physikalische Verbindungswege erfolgt. In Ada9X gibt es, wie bereits oben erwähnt, passive Partitionen, die Daten enthalten und in einem, von den aktiven Partitionen adressierbaren Speichermodul abgelegt werden müssen. Damit ist die direkte Kommunikation über diese Daten möglich, die automatisch für alle aktiven Partitionen sichtbar sein können. Über die tatsächlichen Sichtbarkeiten entscheiden die üblichen Sichtbarkeits- und Gültigkeits-Regeln. Das heißt aber auch, daß der Zugriff zu diesen Daten in Ada9X mit den üblichen Zugriffsfunktionen erfolgen kann und damit effektiver ist, als der explizite Datenaustausch im PEARL-Konzept. Andererseits hat die direkte Sichtbarkeit natürlich den Nachteil, daß die Datenzugriffe aus verschiedenen Partitionen explizit synchronisiert werden müssen, was bei PEARL entfällt. Für diese Zugriffs-Synchronisation von mehreren Partitionen ist der Anwender verantwortlich. Durch dieses Speichermodell stellt Ada9X höhere Anforderungen an die Architektur des Zielsystems als PEARL. Es gibt also Architekturen, auf denen Mehrrechner-PEARL implementierbar ist, während eine verteilte Applikation gemäß Ada9X nicht implementierbar ist. Hier ist es meines Erachtens erforderlich, auch verteilte Systeme ohne passive Partitionen zuzulassen und bei Einhalten dieser Voraussetzung auf den gemeinsamen Adreßraum-Modul zu verzichten. Ohne diese Erweiterung wäre es praktisch unmöglich, ein verteiltes System effizient zu implementieren, das echt disloziert ist. In diesem Falle müßte nämlich der gemeinsame Speichermodul dadurch simuliert werden, daß in jedem Prozessor eine Kopie dieser Daten gehalten wird, die bei einer Änderung in jedem Prozessor aktualisiert werden muß.

Kommunikation und Synchronisation

Wie in [10] dargestellt, wurde bei Mehrrechner-PEARL in Ergänzung des nun für jeden Prozessor vorhandenen Systemteils eine Architekturbeschreibung eingeführt. In diesem Abbild der jeweiligen Hard- und Software-Konfiguration werden die Eigenschaften der Prozessoren und die Kommunikationswege zwischen den COLLECTIONs beschrieben. Die ehemals globalen PEARL-Größen werden relativ zur jeweiligen COLLECTION lokal. Mit diesem Ansatz wurde praktisch eine Vernetzung von zuvor voneinander unabhängigen PEARL-Programmen in die Sprachdefinition aufgenommen. Die Kommunikation zwischen den COLLECTIONs erfolgt mit Hilfe der RECEIVE- und TRANSMIT-Anweisungen. Eine Daten-Synchronisation über Prozessor-Grenzen hinweg ist unnötig, da sämtliche Objekte nur COLLECTION-lokal existieren. Eine Ablaufsynchronisation ist nur indirekt durch Übergabe entsprechender Daten möglich und erforderlich. Direkte Taskoperationen zwischen Tasks in verschiedenen COLLECTIONs ist nicht möglich.
Bei Ada ging man bei der Entkopplung der Partitionen nicht so weit. Es gibt, wie oben bereits erwähnt, globale Daten und damit die Notwendigkeit, die Zugriffe von verschiedenen Prozessoren auf diese Daten explizit zu synchronisieren, um die Konsistenz sicherzustellen. Diese Datensynchronisation kann und muß in Ada9X mit den "protected records" (vergl. [8]) vom Anwender durchgeführt werden. Mit diesen "globalen" Daten ist der Informationsaustausch zwischen den Partitionen zwar möglich, jedoch erscheint mir der Zwang zur expliziten Zugriffs-

Synchronisation zu fehleranfällig. Der explizite Datenaustausch in PEARL erscheint hier klarer. Das Rendez-Vous (R_V) von Ada83 ist in Ada9X nicht nur aus Kompatibilitätsgründen erhalten geblieben. Analog zu den Task-Operationen in PEARL ist auch das Rendez-Vous nur zwischen Tasks innerhalb einer Partition möglich. Es besteht jedoch über den Remote-Procedure-Call (RPC) die Möglichkeit, Rendez-Vous-ähnliche Synchronisationsvorgänge zwischen ausführbarem Code in verschiedenen Partitionen zu realisieren. Dabei kann eine Partition sowohl Prozeduren aufrufen, als auch Eingänge in Prozeduren bereitstellen. Der wesentliche für die Anwendung relevante Unterschied zwischen den beiden Mechanismen (RPC, R_V) besteht im unterschiedlichen Fehlerverhalten. Die Implementierung des R_V mit dem definierten Fehlerverhalten über Prozessorgrenzen hinweg, ist nicht effizient möglich. Vermutlich wurde deshalb auf den RPC zurückgegriffen.
Für die Kommunikation zwischen den aktiven Partitionen wird ein "partition communication subsystem" (PCS) definiert, dessen Minimalleistungen in einem Standard-Paket RPC_SUPPORT - analog zu TEXT_IO - spezifiziert werden. In diesem Paket werden Datentypen definiert, die zur Partitions- und Unterprogramm-Identifizierung und zur Beschreibung des Datenstroms zwischen den Partitionen dienen. Auf einem solchen Datenstrom sind Prozeduren zur elementweisen Ein-/Ausgabe und zum Positionieren definiert. Besonders zu erwähnen ist, daß zur variablen Verbindung zwischen Partitionen ein Name-Server-Konzept mit entsprechenden Tabellen eingeführt werden kann. Zur Kommunikation mit Prozeduren in anderen aktiven Partitionen gibt es ein synchrones Senden SEND_RPC mit Warten und Rückgabe von Ergebnissen, sowie ein asynchrones Senden SEND_APC ohne Warten. Auf der Empfängerseite steht ein Datentyp "Empfänger" und eine Prozedur zur Installation eines Empfängers zur Verfügung. Diese Kommunikations-Leistung soll einheitlich in der Sprache definiert werden, während die Realisierung - Ada-gemäß im Paketrumpf - implementierungsabhängig offen bleiben soll. Die Kommunikation in Ada9X folgt hier der bekannten Philosophie, Basisleistungen über eine standardisierte Schnittstelle zugänglich zu machen. Damit wird die Möglichkeit geboten, funktional unterschiedliche, höhere Schichten in Ada zu implementieren. Mit der verfügbaren Basisleistung lassen sich beispielsweise die PEARL-Operationen TRANSMIT und RECEIVE in Ada implementieren. Es ist deshalb möglich,

daß, früher oder später, Kommunikationspakete, mit der Funktionalität der PEARL-Kommunikation in Ada verfügbar sein werden. Neben der Spezifikation des RPC_SUPPORT-Paketes wird in [6a] die Semantik der einzelnen Objekte und ihre Interaktion mit den bekannten Regeln von Ada zur Elaboration und zum Programm-Ablauf beschrieben. Im Gegensatz zur semantischen Beschreibung beispielsweise des Rendez-Vous in [4], wird hier bisher darauf verzichtet, eine Vielzahl von unterschiedlichen Fehlerbedingungen zu definieren. Es wird lediglich eine Ausnahme COMMUNICATION_ERROR vordefiniert, da eine Vereinheitlichung und Identifizierung der unterschiedlichen Fehlersituationen als nicht praktikabel angesehen wird. Es wird jedoch darauf verwiesen, daß mit der vordefinierten Funktion EXCEPTION_INFORMATION zusätzliche Fehlerspezifikationen bereitgestellt werden können, die detaillierte Ausnahmebehandlungen in Abhängigkeit der jeweiligen PCS-Implementierung zulassen.

Rekonfigurierbarkeit und Rückstufungskonzept

In PEARL ist zwar durch die Architekturbeschreibung, die abhängig von gewissen Betriebszuständen, dynamisch geändert werden kann, die Möglichkeit gegeben, im Fehlerfall ein Anwendungssystem zu rekonfigurieren und ggf. ein modifiziertes System für den Notbetrieb zu fahren. Über praktische Erfahrungen mit solchen Systemen ist mir bisher jedoch leider nichts bekannt geworden.

Da in Ada9X die Laufumgebung eines Programmes nicht definiert ist, das heißt, daß eine Ada-Partition auf einem virtuellen Prozessor abläuft, dessen Eigenschaften in der Sprache nicht zur Kenntnis genommen werden, können solche Situationen innerhalb der Sprache zunächst nicht direkt erkannt oder abgefragt werden. Trotzdem können solche Fehler zur Rekonfiguration des Systems und damit möglicherweise zu einem Notbetrieb führen. Ada-gemäß werden solche Fehler über Ausnahmen der Anwendungssoftware gemeldet. Wird eine Partition angesprochen, die nicht zugreifbar ist, so wird die vordefinierte Ausnahme COMMUNICATION_ERROR ausgelöst. Auf diese Ausnahmesituation kann dann durch Änderung der dynamischen Verbindung zwischen Partitionen reagiert werden. Zunächst kann die Referenz auf Prozeduren in anderen

Partitionen nicht nur direkt und damit statisch, sondern auch indirekt über Zugriffsvariable erfolgen. Dabei gibt es zwei Varianten des Einsatzes von Zugriffsvariablen, die direkte, die Zugriffstypen zum Unterprogramm nützt und die Methode über Zugriffstypen auf Klassen von "tagged types" noch mehr Variabilität zur Laufzeit zu erhalten. Die einfachste Rückstufung erfolgt im ersten Fall, daß über die Zugriffsvariable ein entsprechendes Unterprogramm in der eigenen Partition aufgerufen wird.
In [6a] wird beschrieben, wie mit tagged types eine dynamische Verbindung zwischen aktiven Partitionen erreicht werden kann. Besonders erwähnenswert ist dabei die Tatsache, daß an diesem Beispiel gezeigt werden kann, wie über ein in Ada implementiertes Paket von extern aufrufbaren Prozeduren ein Name-Server realisiert werden kann, der mit den Prozeduren FIND, REGISTER und REMOVE die Verwaltung von verfügbaren Servern und die dynamische Zuordnung von nachfragenden Klienten zu verfügbaren Servern durchführen kann und damit die dynamische Rekonfigurierung unterstützt.

Verfügbarkeit der Ada9X-Lösung

Obwohl die bisherigen Erfahrungen nicht immer nur positiv waren, soll hier eine optimistische Schätzung gewagt werden, in welchem Zeitraum die hier vorgestellte Multiprozessor-Funktionalität allgemein verfügbar gemacht werden kann. Nachdem seit wenigen Tagen der Appendix I [6a] des Mapping Documents im Entwurf vorliegt, wird eine erste Diskussion darüber auf dem Real-Time-Workshop Anfang September in England stattfinden. Dies könnte im günstigsten Fall zur Vorlage einer überarbeiteten Fassung führen, die bei der Arbeitssitzung der ISO-IEC/JTC1/SC22/WG9 Ada Mitte November 1992 in Boston diskutiert und vielleicht sogar verabschiedet werden könnte. Bei dieser Sitzung sollte zumindest das endgültige Mapping Document für den Kern von Ada9X (Nachfolger von [6])verabschiedet werden. Ob gleichzeitig auch die Anhänge verabschiedet werden können, erscheint mir heute noch fraglich. Unabhängig davon sollte dann das akzeptierte Mapping Document dazu führen, daß im Laufe des Jahres 1993 die Sprachdefinition in standardisierfähiger Form erarbeitet wird, so daß in 1994 der Standard verabschiedet werden könnte. Parallel zu dieser formalen Prozedur könnte, wenn der Kern von Ada9X stabil geworden ist, ab Mitte 1993 mit den ersten Implementierungen begonnen werden, so daß etwa ein halbes Jahr nach Verabschiedung des Standards die ersten Compiler verfügbar sein könnten. Auf Grund meiner Markteinschätzung ist jedoch zu befürchten, daß in den ersten Implementierungen zunächst nur der Sprachkern verfügbar sein wird. Insgesamt glaube ich, daß die hier skizzierte Funktionalität frühestens in etwa drei Jahren verfügbar sein könnte. Eine andere offene Frage ist allerdings, ob sich in der Zwischenzeit Mehrrechner-PEARL in größerem Umfang als bisher wird durchsetzen können? Viel wahrscheinlicher dürften in dieser Zeit projekt- oder herstellerspezifische Lösungen weitere Verbreitung finden. Obwohl mit der Verfügbarkeit von standardisierten Mehrrechnersystemen noch nicht automatisch die Mischbarkeit heterogener Komponenten gegeben ist, so ist doch offensichtlich, daß solche Standards eine notwendige Voraussetzung für wirklich offene Systeme darstellen.

Literatur:

[1] "Steelman", Requirements For High Order Computer Programming Languages, US Department of Defense, Washington D.C., June 1978

[2] DIN 66 253 Teil 1: Basic-PEARL, Berlin 1978

[3] DIN 66 253 Teil 2: Full-PEARL, Berlin 1980

[4] Reference Manual for the Ada Programming Language, ANSI/MIL-STD-1815A, US Department of Defense, Washington D.C., January 1983

[5] Ada9X Project Report, Ada9X Requirements, December 1990, Washington D.C., 1990

[6] Draft Ada9X Project Report: Ada9X Mapping Document Volume II, Mapping Specification, December 1991, Washington D.C., 1991

[6a] Draft Ada9X Project Report: Ada9X Mapping Document Volume II, Mapping Specification, Appendix I, August 1992, (draft working document)

[7] DIN 66 253 Teil 3: Mehrrechner PEARL, Berlin 1989

[8] Mangold, K.: Ada9X: Sprachelemente für Realzeitanwendungen, in: Halang, W.A. (Hrsg): PEARL91 - Workshop über Realzeitsysteme Berlin, Heidelberg 1991, S. 187 -197

[9] Mangold, K.: AMPATS: A Multi Processor Ada Tool Set, in: van Katwijk, J.(Ed.): Ada Moving Towards 2000, Proceedings of the Ada Europe International Conference, Berlin, Heidelberg 1992, pp 300-311

[10] Mangold, K.: Mehrrechner-PEARL, Ein Wegweiser zu Multiprozessor_Ada?, in: Henn, R. & Stieger, K.(Hrsg.) PEARL89 - Workshop über Realzeitsysteme, Berlin, Heidelberg 1989, S. 90 - 96

Echtzeitapplikationen unter SORIX 386/486

J. Feld

Siemens AG
Automatisierungstechnik AUT 922
Gleiwitzer Str. 555
8500 Nürnberg 50

Echtzeitapplikationen unter UNIX

UNIX hat sich mittlerweile vor allem im Bereich der Softwareerstellung als Standard Betriebssystem etabliert. Dies ist auf folgende Punkte zurückzuführen:

- Ausgereifte Entwicklungswerkzeuge (cc, rcs, sccs, ...)
- Toolset mit allen notwendigen Funktionen
- Vernetzung über Standardprotokolle (TCP/IP, ISO/OSI)
- Zugriff auf Public - Domain Erzeugnisse verbesseren Kostensituation (USF, Universitäten usw.)

Wird dasselbe UNIX System auch als Ablaufsystem benutzt, ergeben sich erhebliche Vorteile für die Entwicklung und den Test. Als Ablaufumgebung für Echtzeitanwendungen reicht ein normales UNIX jedoch nicht aus, weshalb das Echtzeit UNIX SORIX 386/486 der Siemens AG um spezielle Funktionen erweitert worden ist:

- garantierte Reaktionszeiten
  "Realtime in operating systems: the ability of the operating system to provide a required level of service in a bounded response time" ([POSIX_1003.4]).
- Erweiterte und effiziente Interprozeßkommunikation
- Möglichkeiten zur direkten Kontrolle der Hardware aus einem Anwenderprozeß heraus
- Treiber um Interrupts direkt und sicher an einen Prozeß anzubinden

Echtzeitapplikation Schrittmotorsteuerung

Anhand eines Beispiels sollen die für eine effiziente Implementierung notwendigen Mechanismen und strukturellen Voraussetzungen dargestellt werden. Das Beispiel ist typisch für die Automatisierungstechnik, da die direkte und zeitlich korrekte Verarbeitung von Informationen aus der Umwelt eine ihrer Hauptaufgaben ist.

SORIX® ist ein eingetragenes Warenzeichen der Siemens AG

UNIX® ist ein eingetragenes Warenzeichen der UNIX System Laboratory, Inc.

Hardwareaufbau der Applikation

Über ein Handrad werden mit einem Inkrementgeber pro Schritt zwei verschiedene Impulse erzeugt. Durch ihre Phasenlage wird eine Vorwärts / Rückwärts Erkennung ermöglicht. Durch das Rechnersystem werden die Impulse an einen Schrittmotor weitergegeben. Über einen Zahnriemen wird die Drehbewegung des Motors in eine Auf- und Abbewegung eines Markierungspfeils auf einer Führungsschiene umgesetzt. Kurz vor dem oberen und unteren mechanischen Ende der Schiene ist jeweils eine Lichtschranke montiert, die beim Durchfahren mit dem Markierungspfeil ausgelöst wird.

Um die Unterschiede im Verhalten der Steuerung der Applikation mit UNIX oder SORIX 386/486 Mechanismen zu verdeutlichen, sind zwei Schrittmotoren mit Führungsschiene und Lichtschranken nebeneinander aufgebaut.

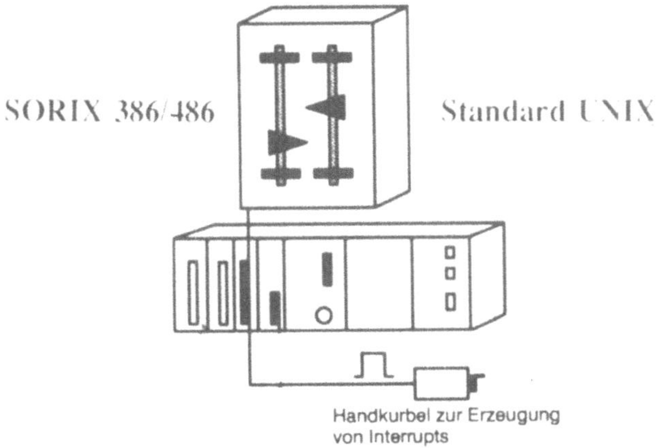

Das Handrad und die Lichtschranken werden über eine Digitale Eingabebaugruppe (Siemens SMP-E217) mit dem Rechnersystem (Siemens M104-CS Version 1 (SMP Rechner) 80386/SX mit 16 MHz und 4 MB Hauptspeicher) verbunden. Die Ansteuerung der Schrittmotoren erfolgt über einen Leistungsverstärker, welcher seine Impulse direkt über eine Digitale Ausgabebaugruppe (SMP-E216) erhält. Die Ein/Ausgabebaugruppen werden durch den I/O Adressraum des 80386 angesprochen, von ihnen erzeugte Interrupts sind auf noch freie Interruptadressen des SMP verdrahtet. Zur Kommunikation mit der Aussenwelt ist eine Ethernetbaugruppe vorhanden.

Von den beiden im Handrad pro Schritt erzeugten Impulse wird in der Digitalen Eingabebaugruppe der Kanal A dazu benutzt, einen Interrupt pro Schritt zu generieren. Kanal B wird immer nur zur Erkennung der Drehrichtung benötigt.

Mit dem Handrad werden pro Umdrehung 100 Impulse erzeugt. Maximal kann man bis zu sechs Umdrehungen pro Sekunde erreichen, was 600 Interrupts pro Sekunde entspricht.

Zur Generierung der Impulse für den Leistungsverstärker des Schrittmotors wird für jeden Schritt des Handrads ein Flankenwechsel an der Digitalen Ausgabebaugruppe erzeugt. Da der Leistungsverstärker nur bei jeder steigenden Flanke den Motor um einen Schritt weiterdreht, erfolgt dadurch eine Halbierung der Schrittanzahl durch den Steuerprozeß.

Für das Durchlaufen der Lichtschranken wird ein Interrupt generiert, der aktuelle Status kann durch die digitale Eingangsbaugruppe abgefragt werden. Nach Durchlaufen der oberen bzw. unteren Lichtschranke ist eine Bewegung nur noch in der jeweils anderen Richtung erlaubt, um Schäden am Zahnriemen oder dem Motor zu vermeiden.

Softwarearchitektur der Applikation

Um das unterschiedliche Verhalten der Steuerung einerseits mit Standard UNIX und andererseits mit SORIX 386/486 zu demonstrieren, wird für je einen Motor ein separater Prozeβ gestartet. Der Standard UNIX Prozeβ benutzt keine SORIX 386/486 Erweiterungen.

Aufgrund der Einfachheit der Aufgabenstellung erschien es nicht sinnvoll, einen einzelnen Prozeβ weiter aufzuteilen. Die Übersichtlichkeit wäre nicht erhöht worden, durch die zusätzlichen Prozeβwechsel wäre die Gesamtperformance jedoch beeinträchtigt worden.

Die Grobstruktur beider Prozesse ist identisch. Nach ersten Initialisierungen (Anlegen von SORIX 386/486 Quicksemaphoren, Aufsetzen von Signalhandlern, Einlagern des gesamten Prozeβabbildes in den Hauptspeicher) laufen sie in eine Endlosschleife und warten auf die Meldung des Interrupts durch das Handrad.

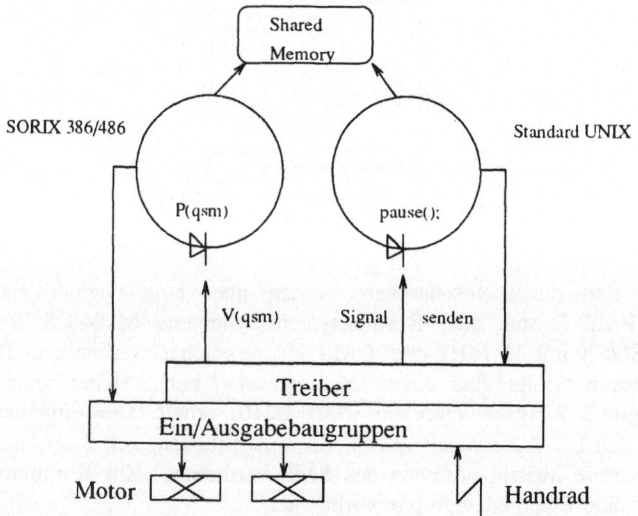

Für die Abbildung der Hardwareinterrupts von den Sensoren (Handrad und Lichtschranken) ist ein spezieller Treiber vorhanden, der sowohl vom SORIX als auch dem Standard UNIX Prozeβ genutzt wird. Die Ausgabe der Steuersignale für die Schrittmotoren kann in SORIX direkt aus dem Prozeβ heraus erfolgen, für Standard UNIX muβ in diesem Fall auch der Treiber benutzt werden. Um die Echtzeiteigenschaften von SORIX 386/486 zu gewährleisten benutzt der Treiber keine Interruptserviceroutine sondern *ASAPs*, eine Variante verdrängbarer, mit Prioritäten versehener, asynchroner Routinen (siehe auch [Hackner/Herberth 91]).

Im speziellen sind die von SORIX 386/486 genutzten Mechanismen folgende:

- Quicksemaphoren zur Umsetzung des Interrupts in ein Ereignis, das von dem Prozeβ erkannt werden kann.
- Direkte Ein/Ausgabe aus dem Prozess heraus in den I/O Adressraum (Betriebssystemaufrufe ioat(2) und iodt(2), direktes Einlesen von Statusinformation mittels Assembleranweisung *inb* und direkte Ausgabe von Motorsteuersignalen mittels *outb*).
- Prozeβpriorität liegt über der Priorität des I/O Subsystems von SORIX 386/486 (siehe auch [Hackner/Herberth_92]).
- Der SORIX 386/486 Prozeβ ist verdrängend, d.h. er bekommt sofort den Prozessor zugeteilt wenn er lauffähig wird und kein höherpriorer Prozeβ lauffähig ist (siehe [Hackner/Herberth_91]).

Die genutzten Eigenschaften von Standard UNIX Sys. V Rel. 4.0 sind folgende:

- UNIX - Signale zur Umsetzung des Interrupts in ein Ereignis, das vom Prozeβ erkannt werden kann.
- Prozeβpriorität liegt unterhalb jeglicher I/O Aktivität des Betriebssystems. Das ist das Standardverhalten in AT&T Sys V Rel 4.0, auch wenn sich der Prozeβ in der Schedulingklasse RealTime befindet.
- Dem Prozeβ wird frühestens an den Standard Verdrängungspunkten der Prozessor zugeteilt.

Mit dieser Struktur wurde der lokale Fall der Schrittmotorsteuerung realisiert. Mit dem zunehmenden Einsatz verteilter Intelligenz wird es aber auch in der Automatisierungstechnik notwendig, die einzelnen Systeme miteinander zu vernetzen. SORIX 386/486 bietet dafür sowohl TCP/IP als auch ISO/OSI an. Durch die Benutzung eines solchen Kommunikationsmediums bleiben alle Echtzeiteigenschaften von SORIX 386/486 weiterhin vollständig erhalten.

In unserem Beispiel soll die aktuelle Position der Markierungspfeile auf einem anderen Rechner über Ethernet visualisiert werden. Aber auch eine unabhängige Steuerung beider Schrittmotoren war gefordert, wobei in diesem Fall dann das Handrad abgeschaltet sein sollte.

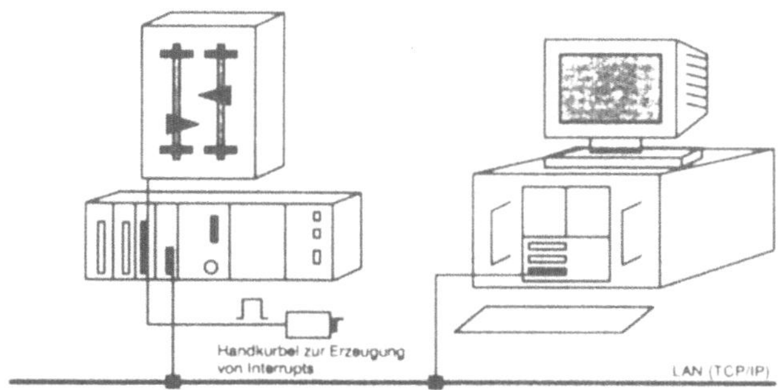

Dies konnte ohne Änderung in der Struktur der Steuerungsprozesse mit Hilfe eines Shared

Memory Bereichs realisiert werden, den sowohl der Standard UNIX als auch der SORIX 386/486 Prozeβ benutzen. Dort wird durch die Prozesse die aktuelle Position hinterlegt, ebenso ist durch die Vorgabe eines neuen Sollwertes auch eine Steuerung möglich.

Das Auslesen der Istwerte erfolgt durch einen Daemonprozeβ, der mit TCP/IP sockets implementiert ist, und der in einstellbaren Zeitintervallen die entsprechenden Werte über das Netzwerk an eine XMove Applikation auf dem anderen Rechner überträgt. Über den gleichen Prozeβ erfolgt die Sollwertvorgabe, ebenfalls in den Shared Memory Bereich.

XMove ist ein auf X/Windows aufsetzendes Grafikpaket, mit dem man in der Lage ist, auch komplexe Visualisierungsprobleme innerhalb kürzester Zeit zu lösen. Zuerst muβ man unter Zuhilfenahme eines grafischen Editors das Layout interaktiv am Bildschirm entwerfen. Das Laufzeitsystem sorgt dann automatisch dafür, daβ die Meβwerte von der Anwendung in die Grafik dynamisch ausgegeben werden und Stellwerte aus der Grafik an die Anwendung weitergeleitet werden.

Erfahrungen

Wenn die Maschine unbelastet ist und nur eine geringe Anzahl von Impulsen pro Sekunde (< 50) zu verarbeiten hat, dann reicht die CPU Leistung aus, um beide Schrittmotoren parallel zu steuern und auch einen akkuraten Stop an den Lichtschranken zu gewährleisten. Mit zusätzlicher CPU - Last z.B. Kommunikation über LAN verliert der über Standard UNIX gesteuerte Motor Impulse und macht daher deutlich weniger Schritte. Ausserdem ist der Stop an der Lichtschranke nicht mehr gewährleistet. Dies ist vor allem auf folgende Ursachen zurückzuführen:

- Standard UNIX Signale sind nicht sicher. In dieser speziellen Applikation bedeutet dies, daβ wenn Signale in zu schneller Folge geschickt werden, diese verloren gehen können. Signale sind deshalb nicht geeignet, Eingabeinformationen die über Interrupts gemeldet werden, an einen Prozeβ sicher weiterzugeben.
- Signale sind ein ineffizienter IPC Mechanismus, da pro eintreffendem Interrupt ein Wechsel in den Signalhandler hinein und wieder zurück erfolgen muβ.
- Aufgrund der Tatsache, daβ Systemaktivitäten (I/O oder Systemprozesse) höherprior als der Standard UNIX Steuerprozeβ sind, kann durch eine Belastung der Maschine eine Verzögerung in der Verarbeitung der Handradimpulse durch den Standard UNIX Prozeβ festgestellt werden. Daran ändert auch die Tatsache nichts, daβ der Prozeβ in der Schedulingklasse RealTime läuft.

Die Möglichkeit, unter SORIX 386/486 direkt aus einem Prozeβ heraus ohne Treiberaufrufe in den I/O Adressraum auszugeben, hat die Struktur des Prozesses vereinfacht und die Performance deutlich erhöht.

Aufgrund der Tatsache, daβ Entwicklungs- und Ablaufumgebung identisch waren, lässt sich auch der relativ kurze Zeitraum erklären, welcher für die Implementierung benötigt wurde. Die Einarbeitung in ein neues Betriebssystem ist entfallen und dadurch, daβ direkt auf dem Zielsystem übersetzt werden konnte, waren die *Turn-Around-Zeiten* erheblich kürzer.

XMove® ist ein eingetragenes Warenzeichen der Siemens AG Österreich

Die Anbindung der Motorsteuerung über LAN war im ursprünglichen Design nicht vorgesehen. Aufgrund der Echtzeitfähigkeit der TCP/IP Treiber und des einfachen Aufbaus des Steuerprozesses war diese neue Funktionalität jedoch mit nur sehr wenig Aufwand zu integrieren. Das Ablauf- und Zeitverhalten der Steuerungsprozesse wurde durch die Vernetzung nicht beeinträchtigt. Aufgrund des Einsatzes des Standardübertragungsmechanismuses *sockets* belief sich die Programmierarbeit auf beiden Rechnern auf jeweils etwa 200 Zeilen Code, die auch mit entsprechend geringem Aufwand zu testen waren.

Um das Zusammenspiel der verschiedenen Prozesse zu testen, stellt SORIX 386/486 mit TDS (Test and Debug System) einen komfortablen Multiprozeßdebugger zur Verfügung, der durch seine graphische Bedienoberfläche leicht bedienbar ist und dem Entwickler effizientes Arbeiten erlaubt.

Zusammenfassung

SORIX 386/486 erlaubt die komfortable und akkurate Programmierung von Steuerungsaufgaben direkt aus UNIX heraus. Aufgrund des Determinismus bezüglich Interruptsperren und Prozeßwechsellatenz bleibt das Verhalten des Systems auch unter zusätzlicher I/O Last vorhersagbar.

Die durch AT&T Sys V Rel. 4.0 eingeführten Echtzeitmechanismen sind noch nicht in der Lage, die Anforderungen, die Applikationen aus der Steuerungs- oder Regeltechnik stellen, zu erfüllen. SORIX 386/486 ist in dieser Hinsicht sowohl im Betriebssystemkern als auch im Treiberbereich erweitert und stellt dem Programmierer verbesserte Mechanismen zur Verfügung. Es verbindet den Komfort der UNIX Umgebung mit Echtzeiteigenschaften, die bisher nur in kleinen und kompakten Ablaufsystemen zu finden waren.

Literatur

[POSIX_1003.4]
POSIX 1003.4 / D12, Februar 1992

[Hackner/Herberth_91]
M. Hackner, H. Herberth: "SORIX/386: Designprinzipien für ein Echtzeit-UNIX", Vortrag gehalten auf der Echtzeit 1991, Tagungsband

[Hackner/Herberth_92]
M. Hackner, H. Herberth: "Das I/O Subsystem: Ein Problem für jedes Echtzeit-Betriebssystem ?", Vortrag gehalten auf der Echtzeit 1992, Tagungsband

PEARL-Implementierung eines konfigurierbaren und parametrierbaren Automatisierungsgeräts

R. Welter, G. Thiele, D. Popovic, E. Wendland,
L. Renner, H. J. Beestermöller, J. Trost

Institut für Automatisierungstechnik, Universität Bremen

Kurzfassung

Im vorliegenden Beitrag werden der PEARL-orientierte Entwurf und die PEARL-Implementierung eines Automatisierungsgeräts beschrieben, bei dem eine funktionsblockorientierte Konfigurierung konsistent für Regelungs- und Steuerungstasks möglich ist. Dies geschieht bei den Steuerungen dadurch, daß diese in Anlehnung an DIN 40719 (Funktionsplan) mit Hilfe von Funktionsblöcken für logische Funktionen und für den Schrittblock konfiguriert werden. Zur Lösung regelungstechnischer Probleme enthält die Funktionsblockbibliothek außerdem eine Vielzahl von konventionellen und modernen Regelungsalgorithmen. Darüberhinaus stehen z.B. Funktionsblöcke zur Parameterschätzung, Filterung und Prozeß-I/O zur Verfügung. Die Kommunikation von konfigurierten Tasks in verteilten Systemen, z.B. zur Prozeß-Beobachtung und Prozeß-Visualisierung in der Leitstation, ist mit Hilfe von Kommunikationsfunktionsblöcken in Anlehnung an Mehrrechner-PEARL möglich.

Anstelle der lokalen Konfigurierung und Parametrierung durch Kommandofolgen ist von der Leitstation aus auch eine graphische Konfigurierung durch menügeführte, direkte Eingabe des Konfigurierungsplans, d.h. des Reglerblockschaltbildes bzw. des Funktionsplans, möglich.

Um der Forderung nach "offener" Software gerecht zu werden, wurde die Software des Automatisierungsgeräts konsequent strukturiert entworfen und implementiert. Insbesondere die von PEARL "mitgelieferte" Realzeit-Verwaltung legt es nahe, die Software eines Automatisierungsgeräts sowohl PEARL-orientiert zu entwerfen, als auch die Implementierung selbst in PEARL vorzunehmen. Dabei können konfigurierte Reglertasks problemlos zyklisch-periodisch eingeplant werden. Bei konfigurierten Steuerungstasks ist statt dieser Form der Einplanung, wie sie bei herkömmlichen Speicherprogrammierbaren Steuerungen (SPS) verwendet wird, nun auch problemlos eine zyklisch-aperiodische Einplanung (Einplanung auf Interrupt) möglich. Dabei wird der Interrupt nur bei einer Änderung der rückgeführten Prozeßsignale ausgelöst, so daß die Rechenkapazität des Automatisierungsgeräts nur beansprucht wird, wenn dies notwendig ist.

Für den Entwurf und die Implementierung des Automatisierungsgeräts wird für den Importgraphen konsequent eine Baumstruktur durchgehalten. Modulglobale Daten werden durch Zugriffsfunktionen im Sinne datenorientierter Moduln vermieden.In einem Anwendungsbeispiel, das einem zusammen mit der Fa. Deutsche Aerospace/ERNO durchgeführten Projekt zur Automatisierung eines A&R Testbeds entstammt, werden die Konfigurierungspläne einer Steuerung mit Verzweigung und einer Ausführungsform mit unabhängig eingeplanten und sich synchronisierenden Steuerungstasks gegenübergestellt.

1. Einleitung und Überblick

Die blockorientierte Konfigurierbarkeit ist heute Stand der Technik bei digitalen Mehrkreisreglern [2], wobei in den Funktionsblockbibliotheken neben den Funktionsblöcken für konventionelle und moderne Regelungen oft auch Logikfunktionsblöcke, etwa für die Implementierung der Heuristik, in die die eigentlichen Regelungsalgorithmen eingebettet sind [1], angeboten werden. Mit Hilfe dieser Logikfunktionsblöcke können in gewissem Umfang auch Verknüpfungssteuerungen konfiguriert werden [2]. Graphische Konfigurierbarkeit ist auf der anderen Seite der Standard bei Speicherprogrammierbaren Steuerungen (SPS) für Verknüpfungs- und Ablaufsteuerungen, Regelungen werden dort dagegen i.a. strukturiert und parametriert [15].

Zur graphischen Eingabe der Ablaufsteuerung steht die an den Graphcet-Standard angelehnte Petrinetz-orientierte Form DIN 40719 [11] zur Verfügung, die i. a. aber erst in eine entsprechende Befehlsfolge übersetzt werden muß.

Kommerziell verfügbaren digitalen Mehrkreis-Reglern und Steuerungen ist gemeinsam, daß sie mindestens bezüglich ihrer Realzeitverwaltung i. a. über keine "offene" Software verfügen. Bei den digitalen Mehrkreisreglern sind i. a. keine Taskwechsel möglich, wie sie für eine rechtzeitige Ausführung der Tasks bei freier Wahl der Abtastperioden, Rechenzeiten und Prioritäten erforderlich sind. Die Steuerungstasks können i. a. nur zyklisch periodisch bearbeitet werden, d. h. sie werden zu Lasten der verfügbaren Rechenzeit auch dann bearbeitet, wenn keine Änderung der aus dem Prozeß rückgeführten binären Signale stattgefunden hat.

Die genannten Einschränkungen können aber überwunden werden, wenn man sowohl konfigurierte Regelungen als auch konfigurierte Steuerungen als Tasks in einem "offenen" Multitaskingsystem mit expliziter Einplanung realisiert, wie es PEARL darstellt [3, 7, 8, 9].

Im vorliegenden Beitrag wurde dieser Weg gegangen, wobei durch Stützung auf die Funktionsbausteine des Funktionsplans älterer Prägung [12] sowohl für Steuerungen als auch für Regelungen eine graphische Konfigurierung ohne zusätzliche Übersetzung möglich ist. Steuerungstasks können auf diese Weise jetzt auch zyklisch aperiodisch eingeplant werden. Dadurch wird es häufig möglich, eine Steuerungstask mit einem komplexen Konfigurierungsplan mit Verzweigungen durch mehrere konkurriende Steuerungstasks mit einfachen Konfigurierungsplänen ohne Verzweigungen zu konfigurieren [4, 6, 9]. Für die notwendige gegenseitige Synchronisation können dabei an Mehrrechner-PEARL [5] angelehnte Kommunikationsblöcke (TRANSMIT / RECEIVE) mit parametriertem Blocking-Send-Protokoll (Rendezvous) eingesetzt werden, die für die Kommunikation mit den Prozeßbeobachtungs- und Prozeßvisualisierungstasks in der Leitstation ohnehin benötigt werden [6]. Auf diese Weise entsteht ein "offenes" Automatisierungsgerät, das die konsistente freie Konfigurierung von Regelungs- und Ablaufsteuerungstasks mit hoher Flexibilität bezüglich ihrer zeitlichen Einplanung und Priorität erlaubt.

2. Konfigurierung von Regelungen

Unter Konfigurierung soll hier die softwaremäßige Abbildung eines Blockschaltbildes auf eine entsprechende Verknüpfung abstrakter Datenstrukturen verstanden werden. Jeder Block im Blockschaltbild wird durch ein Funktionsblock-Objekt, dessen Typ in einer vorgegebenen Objekttypbibliothek zur Verfügung steht, repräsentiert.

Bei einem konfigurierbaren Mehrkreisregler kann der Anwender i. a. mit entsprechenden Kommandos Funktionsblöcke konfigurieren, diese miteinander verbinden und sie parametrieren. Mit Hilfe einer entsprechenden Benutzeroberfläche können Blockschaltbilder auch graphisch aus Funktionsblockobjekten (Funktionsblöcken) konfiguriert werden.

Die Konfigurierung führt intern zur Abspeicherung der eingegebenen Funktionsblockobjekte, deren Abarbeitungsreihenfolge so festgelegt werden muß, daß die Eingänge eines Funktionsblocks vor seiner jeweiligen Abarbeitung bereits berechnet sein müssen ("zulässige Rechenfolge" [13]). Eine Reglerkonfiguration kann nun als konfigurierte Folge von Funktionsblockprozeduraufrufen aufgefaßt werden, die den Ausführungsteil einer Task bildet. Die zyklisch periodische Einplanung konfigurierter Tasks beliebiger relativer Priorität und frei wählbarer Abtastperiode ist - bezüglich der durch die Task-Rechenzeiten gegebenen Randbedingungen für die Einplanbarkeit und die Rechtzeitigkeit - bei konventionellen SPS nicht oder in einer für den Anwender wenig transparenten Form möglich. Entsprechende Beobachtungen wurden auch bei dem in C implementierten Prototyp des hier vorgestellten Automatisierungsgeräts [22] gemacht. Implementiert man nun die Software des konfigurierbaren Mehrkreisreglers in PEARL, so entfallen alle genannten Einschränkungen [7,9]. Dies wird auch deutlich an in der Literatur beschriebenen Implementierungen, z. B. an einer PEARL-ähnlichen Erweiterung von PASCAL als Implementierungssprache [14].

3. Konfigurierung von Kommunikations-Verbindungen

3.1 Mehrrechner-PEARL

Für den Austausch von Botschaften in Mehrrechnersystemen stellt Mehrrechner-PEARL geeignete Sprachelemente zur Verfügung [5,7]. Damit wird es möglich, auch Kommunikationsblöcke (TRANSMIT (XMT)- und RECEIVE (RCV)-Funktionsblöcke) [20] für die Konfigurierung von Kommunikationsverbindungen einzuführen. Diese werden explizit beim Datenaustausch zwischen Feldstationen untereinander und mit der Leitstation, z. B. mit konfigurierten Prozeßvisualisierungs- und Prozeßbeobachtungsblöcken, benötigt. In Mehrrechner-PEARL kann der Austausch von Botschaften zwischen Tasks der gleichen Station oder verschiedener Stationen über Ports nach dem "No-Wait-Send-", dem "Blocking-Send-" oder dem "Send-Reply-Protokoll" abgewickelt werden. Hierzu stehen die Kommunikationsanweisungen

TRANSMIT <Botschaft> TO <Port>

bzw.

RECEIVE <Botschaft> FROM <Port>

zur Verfügung. Dabei hat man mit dem Blocking-Send-Protokoll die Möglichkeit der gegenseitigen Kommunikations-Synchronisation nach dem Rendezvous-Prinzip [5].

Die Ports werden konzeptionell im Architekturmodul [3] deklariert und können von den Problemmoduln importiert werden. Ebenfalls im Architekturmodul werden die Portverbindungen in der Form

CONNECT <Eingangsport> --> <Ausgangsport>

beschrieben.

3.2 Objektorientierte Interpretation der Modularchitektur

In Bild 3-1 ist die Modularchitektur der Software eines konfigurierbaren Automatisierungsgeräts dargestellt.

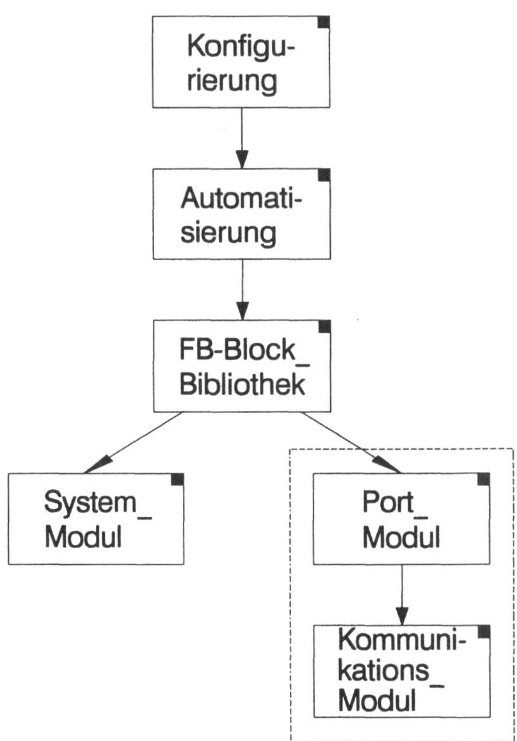

Bild 3-1: Erweiterung der Modularchitektur des konfigurierbaren Automatisierungsgeräts zur Kommunikation über Ports (gestrichelt umrandet).

In objektorientierter Interpretation [3] enthält der Funktionsblock-Bibliotheksmodul die Typen der Funktionsblockobjekte, die im Automatisierungsmodul deklariert werden und vom Konfigurationsmodul aus konfiguriert und parametriert werden. Für die Erweiterung des Funktionsblock-Bibliotheksmoduls um Funktionsblock-Objekttypen zur Kommunikation werden die benötigten Portobjekte aus dem hierfür entworfenen Port-Modul importiert. In diesem Modul ist auch eine Relais-Task [16] zur Verteilung der in einem Kommunikationsmodul zwischengespeicherten Botschaften an die Port-Objekte deklariert. Wenn man im Unterschied zu den Funktionsblock-Objekttypen den Port-Objekttyp im Portmodul selbst definiert, so erweitert sich der Modulstrukturbaum konzeptionell nur noch um die Ebene des Kommunikationsmoduls. Der Kommunikationsmodul enthält einerseits den Zwischenspeicher für ankommende Botschaften und andererseits die entsprechenden Zugriffsprozeduren zur Benutzung durch die Relais-Task und durch die Funktionen der Port-Objekte. Die Zugriffsprozeduren realisieren auch die Abbildung konfigurierter logischer Port-Verbindungen auf eine festgelegte physikalische Verbindung, falls die kommunizierenden Tasks sich in Moduln verschiedener Rechner befinden. Der Kommunikationsmodul ist damit der einzige Modul, in dem Änderungen beim Übergang zu anderen physikalischen Verbindungen notwendig werden.

3.3 Realisierung in Einrechner-PEARL

Bild 3-2 zeigt ein einfaches Anwendungsbeispiel für Kommunikationsfunktionsblöcke, wobei die Stell- und Regelgröße eines Regelkreises an eine Leitstation übertragen und dort zur Anzeige gebracht werden sollen. Transmit- und Receive-Funktionsblöcke werden mit einer Portnummer, mittels derer einer der im Port-Modul vordeklarierten Ports selektiert wird, und mit dem Protokolltyp parametriert. Zur Port-Parametrierung gehört konzeptionell auch ein CONNECT-Kommando, das die beteiligten Port-Objekte mit Zielstation und Zielport parametriert.

Zum Senden einer Botschaft muß in objektorientierter Interpretation die entsprechende Methode des parametrierten Ports, z.B.

TraPort1.TRANSMIT(Protokoll,Botschaft)

aufgerufen werden, was als Aufruf

TRANSMIT(PortNr,Protokoll,Botschaft)

realisiert wurde. Aus den Aufruf-Parametern sowie der Zielstation und dem Zielport wird die an die Kommunikationsverwaltung zu übergebende Nachricht zusammengesetzt. Auf der anderen Seite analysiert die Relais-Task die Informationen des Kommunikationspuffers und verteilt die Botschaften an die entsprechenden Empfangsports. Ihre Synchronisation mit der konfigurierten Regelungs-/Steuerungs-Task, die den entsprechenden Receive-Funktionsblock enthält, erfolgt über eine dem entsprechenden Port-Objekt zugehörige Semaphore. Ihre Synchronisation mit der Kommunikationsverwaltung erfolgt über die entsprechenden Zugriffsprozeduren mittels Kommunikationsmodul-lokaler Semaphoren [3,6].

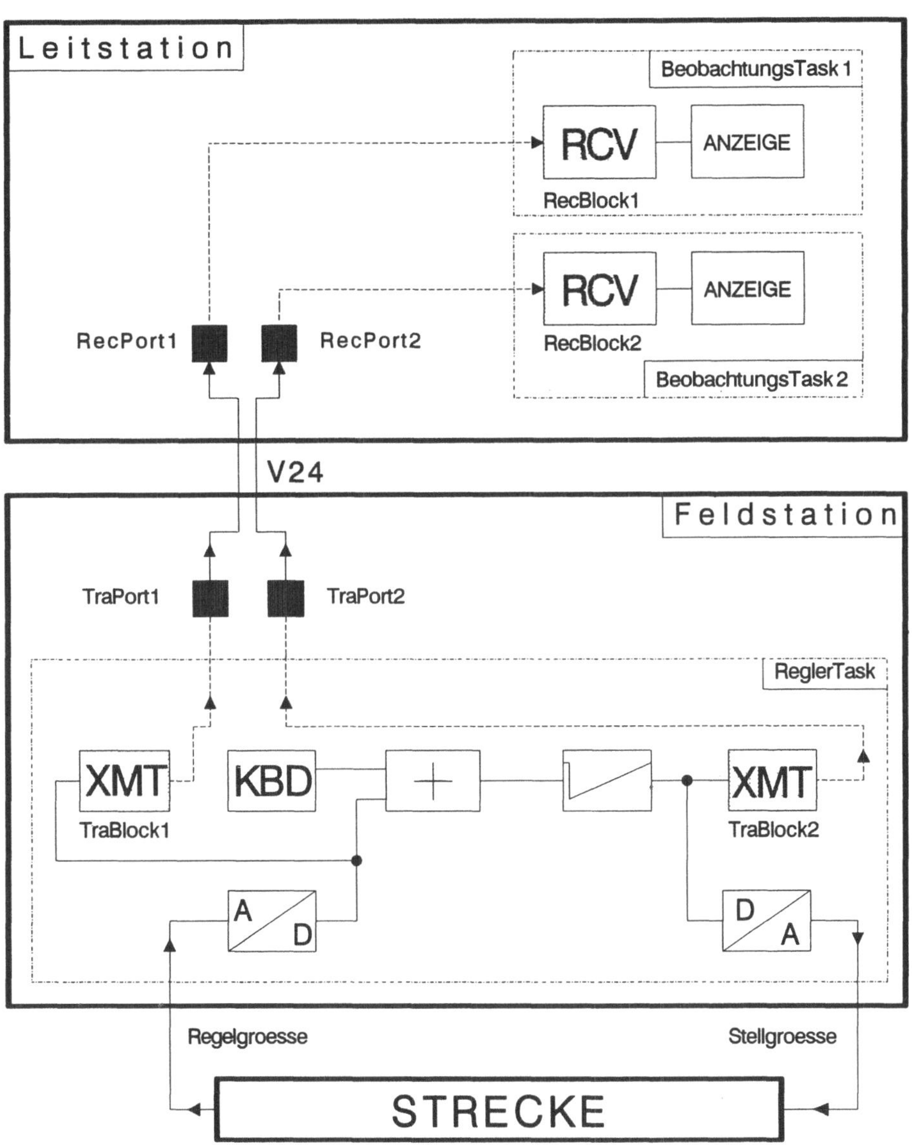

Bild 3-2: Einfaches Konfigurierungsbeispiel mit Anwendung von Kommunikationsblöcken (XMT = Transmitblock, RCV = Receiveblock).

4. Konfigurierung von Steuerungen

Es liegt nahe, die Funktionsblock-orientierte Konfigurierung nicht nur bei Regelungs- sondern auch bei Steuerungstasks anzuwenden. Dabei stellt die Erweiterung der Funktionsblockbibliothek um logische Funktionsblöcke wie UND, ODER oder NOT kein Problem dar. Auf diese Weise können Verknüpfungssteuerungstasks konfiguriert werden, die wie bei konventionellen SPS mit hinreichend kleiner Zykluszeit zyklisch periodisch eingeplant werden können.

Um die Erweiterung auf Ablaufsteuerungen durchführen zu können, benötigt man eine geeignete blockorientierte Darstellungsform, die mit dem Funktionsplan bisher üblicher Ausprägung [12] zur Verfügung steht. Die abstrakte Petrinetz-orientierte Darstellung ist zur Konfigurierung selbst nicht geeignet, da in ihr z.B. die Eingänge der Schrittblöcke nicht in konkreter Form sondern als abstrakte Transitionen definiert werden. Wollte man die abstrakte Darstellung der neuen Funktionsplannorm [11], z.B. aus Übersichtlichkeitsgründen, dennoch benutzen, müßte eine Umschaltung der Darstellung auf "Lupenfunktion" [17] vorgesehen werden (Bild 4-1). In unserem Falle wird die Übersichtlichkeit größerer Funktionspläne allerdings durch die Möglichkeit der "Mehrebenen-Konfigurierung" [13,20] gewährleistet, die wiederum konsistent für die Konfigurierung von Steuerungs- und Regelungstasks anwendbar ist [18].

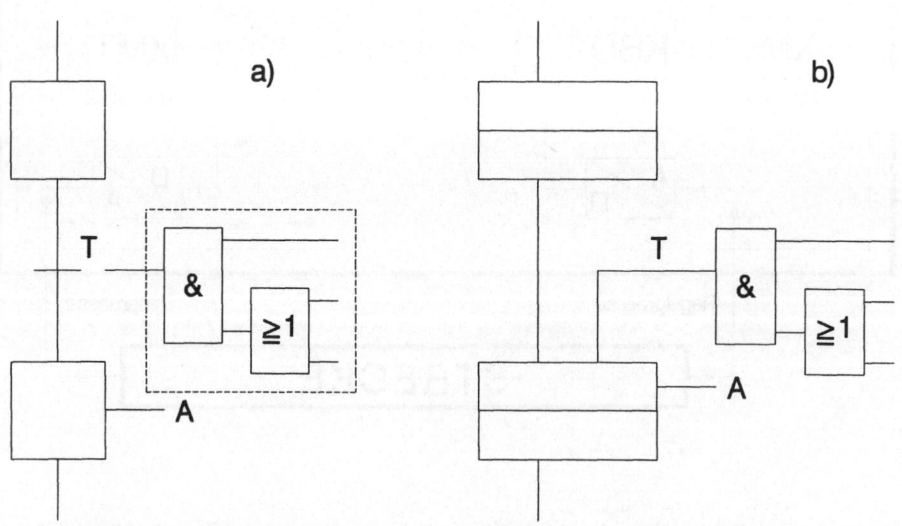

Bild 4-1: Funktionsplanausschnitt nach der "neuen" Norm [11] (mit Lupendarstellung [17], gestrichelt) (a) und nach der "alten" Norm [12] (b).
T = Transition, A = Aktionsausgang

4.1. Schritt-Funktionsblöcke für Ablaufsteuerungen

Bei der Entwicklung von Schritt-Funktionsblöcken muß beachtet werden, daß das Setzen eines Folgeschritts bei erfüllter Transitionsbedingung das Rücksetzen des jeweiligen Vorgängerschritts impliziert [11,12]. Bei Konfigurierung einer entsprechenden Rücksetzverbindung kann das Rücksetzen aber nicht beim Durchlaufen derselben Rechnenfolge geschehen, die zur Weiterschaltung führt, da ja die Berechnung des Vorgängerschritts bereits vor dem Setzen des Folgeschritts in diesem Durchlauf erfolgte. Werden allerdings nur speichernde Schritt-Aktionen [11] benötigt, kann das Rücksetzen auch im nächsten Abarbeitungszyklus erfolgen. Dies ist z.B. der Fall bei der Steuerung von Prozessen ausschließlich über speichernde digitale Ausgaben.

Die durch explizite Konfigurierung der Rücksetzverbindungen entstehende Unübersichtlichkeit läßt sich durch geeigneten Entwurf der Schrittblöcke vermeiden. Dabei wird die Weiterschaltermöglichung durch den Vorgängerschritt zunächst im Vormerkflipflop (VFF) des Folgeschritts vorgemerkt (Bild 4-2). Nur wenn auch die Weiterschaltbedingung erfüllt ist, wird auch das Ausgangsflipflop (AFF) und damit der Schrittblock selbst gesetzt. Das Rücksetzen des Vorgängerschritts erfolgt in dieser Realisierung allerdings erst im nächsten Zyklus, so daß mehrere Schritte gleichzeitig gesetzt sein können. Das wäre auch bei expliziter Konfigurierung von Rücksetzverbindungen nicht vermeidbar. Bei der Verwendung ausschließlich speichernder Aktionen, wie hier angenommen, ist dies allerdings unproblematisch.

Will man auch nichtspeichernde Befehle zulassen, so kann man das Prinzip der zulässigen Rechenfolge unabhängiger Funktionsblöcke, nachdem kein Funktionsblock einen anderen aktiv verändert, nicht mehr durchhalten. In kompilierten Steuerungsprogrammversionen werden daher auch, abweichend von diesem Prinzip, entsprechende Rücksetzbefehle für den jeweiligen Vorgängerschritt automatisch generiert [19].

4.2. Verzweigungen

In Bild 4-3 ist die Konfigurierung einer "Und-Verzweigung" im Vergleich zur entsprechenden Normdarstellung angegeben.

Die Und-Verzweigung wird durch einen Schritt ohne Aktion konfiguriert, mit dessen Ausgang die Eingangsschritte aller Zweige verbindungskonfiguriert sind. Zur größeren Anwenderfreundlichkeit und transparenteren Strukturierung kann der "aktionslose" Verzweigungsschrittblock durch einen besonderen Verzweigungsblock ersetzt werden, der zwar keinen Aktionsausgang, jedoch so viele Weiterschaltausgänge wie Verzweigungen hat (Bild 4-4).

Dieser Verzweigungsblock bildet das Gegenstück zum wieder zusammenführenden Synchronisationsblock, der im Prinzip einen Schrittblock ohne Transitionseingang und ohne Aktionsausgang darstellt, der aber soviele Setzeingänge wie zusammenzuführende Zweige benötigt (Bild 4-5).

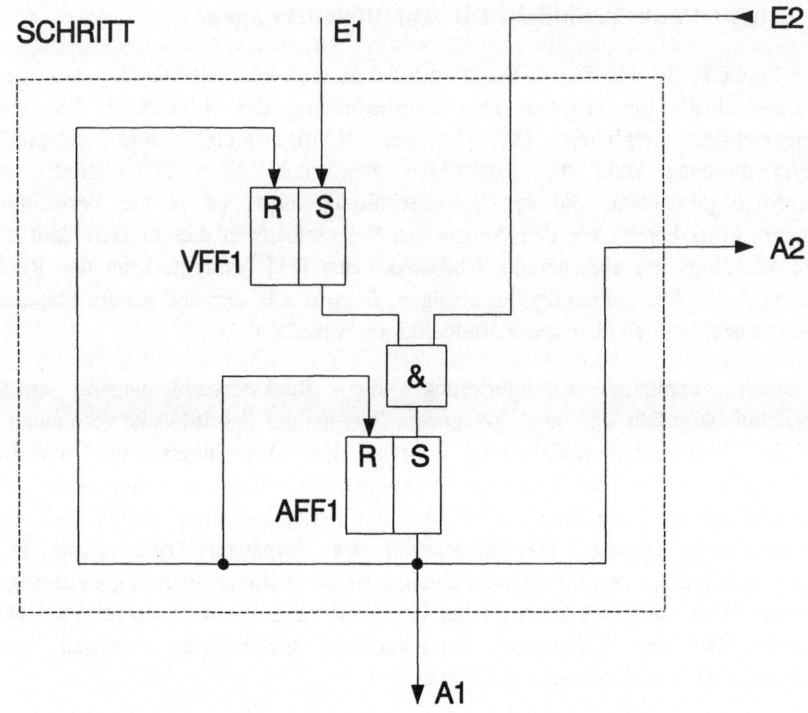

Bild 4-2: Prinzipschaltung eines Schrittblocks (E1 = Setzeingang, E2 = Weiterschaltbedingung, A1 = Weiterschaltausgang, A2 = Aktions- (Befehls-) Ausgang).

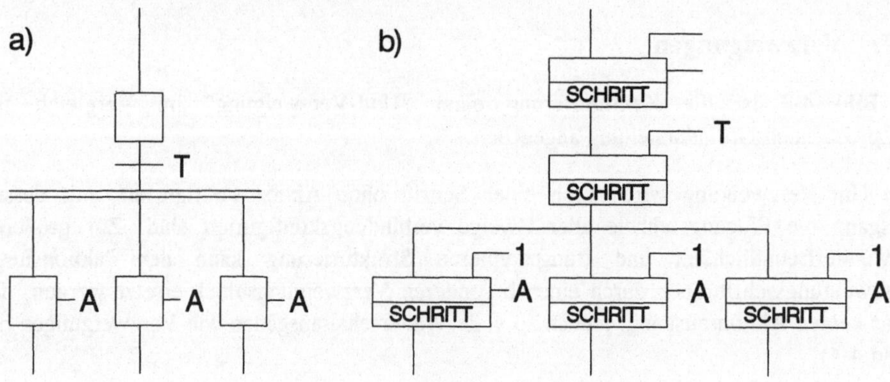

Bild 4-3: UND-Verzweigung nach DIN 40719 (a) und eine entsprechende Konfigurierungsversion (b).

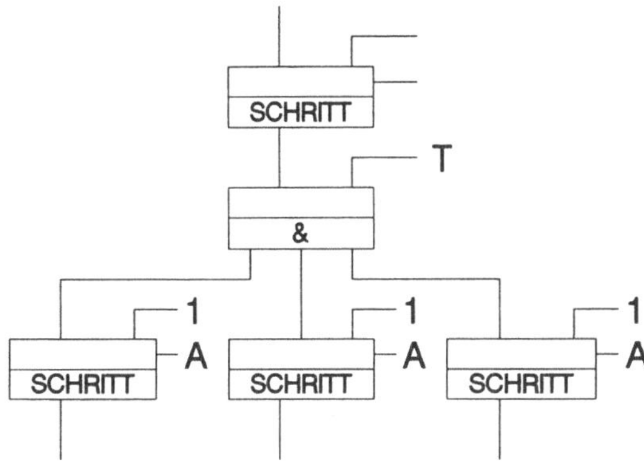

Bild 4-4: Verzweigungskonfigurierung mit Verzweigungs-Schrittblock.

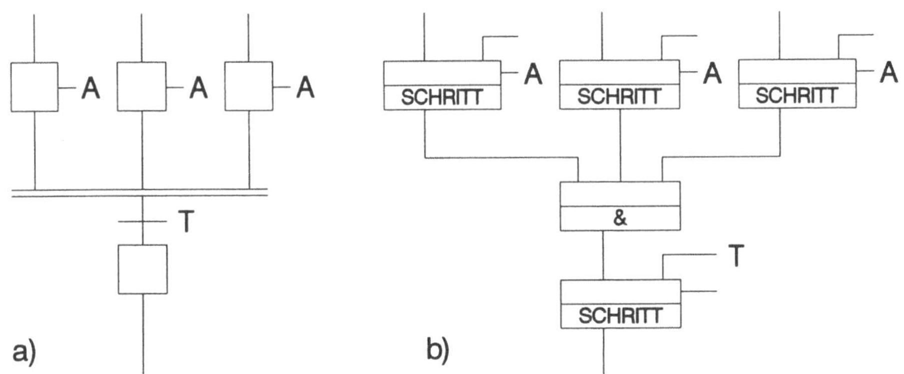

Bild 4-5: Zusammenführung nach DIN 40719 (a) und konfigurierte Version mit Synchronisations-Schrittblock (b).

4.3 Blöcke zur Kopplung mit dem Prozeß

Für die Kopplung mit dem Prozeß werden Blöcke zur "Digitalen Ausgabe" (DGO) und "Digitalen Eingabe" (DGI) benötigt (Bild 4-6). Im Falle des Ausgabeblocks wird das auszugebende Bit und dessen Wert parametriert, der Blockeingang "Enable" ermöglicht bzw. verhindert die Ausgabe. Beim Eingabeblock wird das gewünschte Eingabebit über Parametrierung selektiert.

4.4 Zyklisch aperiodische Einplanung

Die transparente Taskverwaltung von PEARL eröffnet die Möglichkeit, von der konventionellen zyklisch periodischen Einplanung von Steuerungstasks zugunsten wesentlich geringerer Auslastung des Automatisierungsgerätes abzugehen. Da das Setzen eines vom Prozeß beeinflußten Folgeschrittes nur dann möglich ist, wenn sich gegenüber dem letzten Zyklus mindestens ein Rückmeldesignal geändert hat, braucht der nächste

Zyklus auch erst in einem solchen Falle ausgeführt zu werden. Dies ist durch Einplanung der Steuerungstask auf einen von der Hardware anzubietenden Interrupt in der Form

WHEN <Interrupt> ACTIVATE <SteuerungsTask>

möglich.

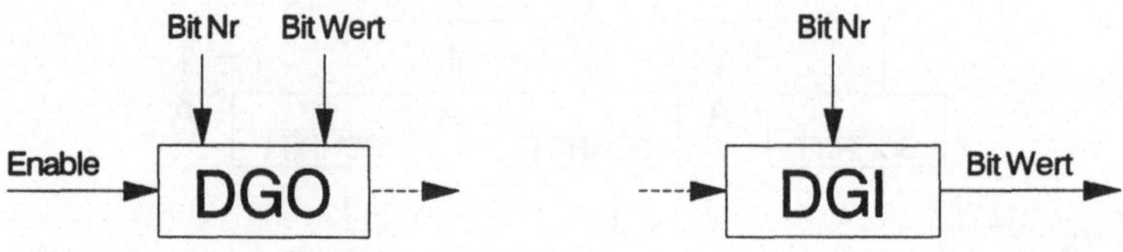

Bild 4-6: Symbole für die Funktionsblöcke "Digitale Ausgabe" (DGO) und "Digitale Eingabe" (DGI).

5. Konkurrierende Ausführung konfigurierter Tasks

5.1 PEARL-Taskverwaltung

Die lauffähigen konfigurierten Regelungs- und Steuerungstasks werden entsprechend ihrer deklarierten bzw. ihrer bei Einplanung definierten Prioritäten [21] von der PEARL-Realzeitverwaltung konkurrierend ausgeführt. Dabei müssen Steuerungstasks, die bei auftretenden Interrupts Funktionsgruppen der Automatisierungsanlage innerhalb vorgegebener begrenzter Zeitintervalle z.B. ab- oder umschalten müssen, höhere Priorität als die Regelungstasks haben. Dies ist i.a. realisierbar, da man die digitalen Regelungen ohnehin entsprechend robust gegen Schwankungen der Abtastperiode entwerfen muß.

Weiterhin wird z.B. bei Ausführung des "Receive"- Funktionsblocks einer Task diese suspendiert, wenn noch keine Botschaft im Empfangsport eingetroffen ist. Erst wenn dies der Fall ist, wird die empfangende Task wieder lauffähig und konkurriert mit weiteren Tasks um die Prozessorzuteilung.

5.2 Steuerung von Teilprozessen durch unabhängig eingeplante Tasks

Die Synchronisation des Austauschs von Botschaften über Kommunikationsblöcke nach dem "Blocking-Send-Protokoll" zusammen mit der zyklisch aperiodischen Einplanung kann weiterhin dafür genutzt werden, Teilprozesse durch unabhängig eingeplante Tasks zu steuern, wenn die jeweiligen - die Taskausführung veranlassenden - Prozeßrückführungen disjunkt sind. Auf diese Weise kann z.B. auch die komplexe Steuerung eines Gesamtprozesses in sich synchronisierende einfache Steuerungen ihrer Teilprozesse bei weiterer möglicher Verringerung der benötigten Prozessorzeit aufgelöst werden. Die zyklisch wiederholte Ausführung der Steuerungstasks erfordert allerdings in bezug auf die Transmit- und Receive-Funktionsblöcke mit parametriertem Blocking-Send-Protokoll deren selektive Ausführbarkeit innerhalb der zulässigen Rechenfolge. Das kann durch Benutzung eines Parametereingangs als Enable-Eingang erreicht werden (Bild 5-1).

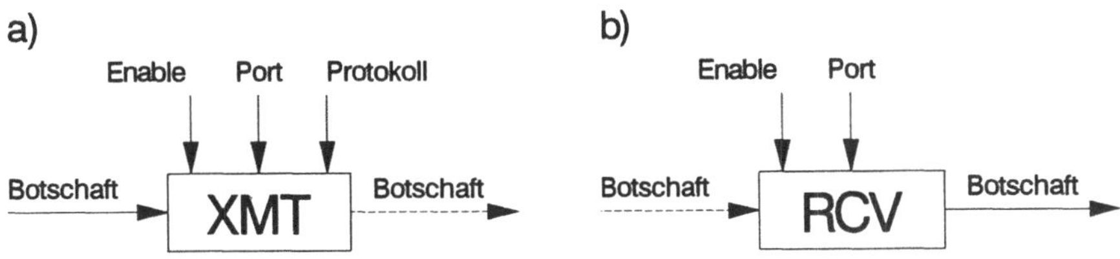

Bild 5-1: Konfigurierungssymbole für den Transmit (a) - und Receive (b) - Funktionsblock.

Zum Beispiel darf ein Receive-Block nur dann die Anweisung

RECEIVE <Botschaft> FROM <Port>

ausführen, wenn der Vorgängerschritt (n-1) des bei empfangener Botschaft zu setzenden Schrittblocks (n) gesetzt ist (Bild 5-2).

Ist die Botschaft noch nicht empfangen, wird der aktuelle Tasklauf suspendiert und nach empfangener Botschaft durch die Taskverwaltung an der Suspendierungsstelle fortgesetzt. Bei allen anderen Aktivitäten der Steuerungstask ist der Vorgängerschritt (n-1) nicht gesetzt, sei es durch Rücksetzen dieses Schrittblocks beim nächsten Zyklus oder weil der aktuelle Schritt verschieden von (n) ist, so daß in keiner anderen Aktivität der Receive-Block erneut zu einer Ausführung der RECEIVE-Anweisung führen kann.

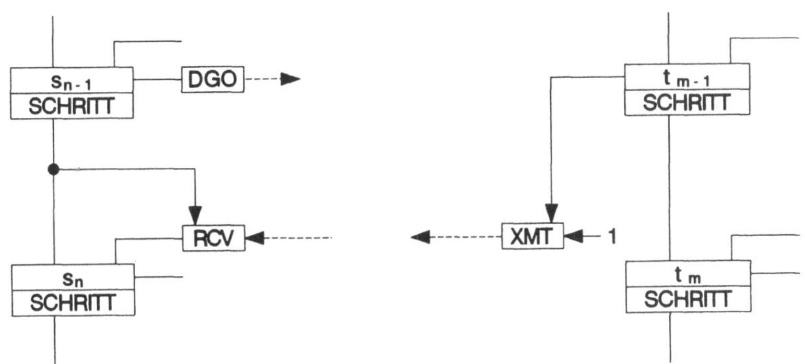

Bild 5-2: Synchronisation zweier unabhängig eingeplanter Steuerungstasks.

6. Anwendungsbeispiel

In Bild 6-1 ist der Ausschnitt eines Konfigurierungsplans für die wiederholte Klappen- und Schlittensteuerung eines A & R-Testbeds [4] dargestellt. Dabei kann die Schlittenbewegung nach Öffnen der Klappe auf 20 % parallel zur weiteren Klappenbewegung erfolgen. Dem trägt der Konfigurierungsplan durch eine entsprechende Parallelverzweigung Rechnung. Allerdings müssen beide Parallelzweige in jedem Zyklus abgearbeitet werden, selbst wenn ein Parallelzweig bereits den Zusammenführungsschritt erreicht hat. In der alternativen Konfigurierung nach Bild 6-2 werden Klappe und Schlitten von unabhängig eingeplanten Tasks gesteuert, die sich durch Botschaftenaustausch über Transmit- und Receive-Funktionsblöcke synchronisieren. Solange z.B. die Steuerung von Klappe 1 nicht den Schritt 4.1 erreicht hat, ist die Schlittensteuerungstask suspendiert und belastet den Prozessor nicht. Erst danach sind beide Tasks lauffähig. Haben beide Tasks gleiche Priorität, werden sie nach der Round-Robin-Strategie abgearbeitet [21].

7. Schlußbemerkung

Die Steuerung von Teilprozessen durch unabhängig eingeplante Tasks hat zur Voraussetzung, daß die Änderungen der entsprechenden Rückführungssignale disjunkt zu Sammelinterrupts zusammengefaßt werden können, da sonst Mehrfachaktivierungen den Rechenzeitgewinn wieder in Frage stellen. Eine derartige Konfigurierungs-Lösung kommt dabei entsprechenden hochsprachenprogrammierten Lösungen [14] am nächsten.

Zur Zeit wird an der Möglichkeit der Mehrebenenkonfigurierung gearbeitet [18], die das Problem der Konfigurierung auf begrenztem Bildschirm durch die Möglichkeit der Kreierung von Benutzerfunktionsblöcken und deren schrittweisen Verfeinerung [20] löst. Weiterhin wird an der Erweiterung des Systems im Hinblick auf graphische Konfigurierbarkeit der Parameter-Ein- und Ausgänge gearbeitet, wie dies für die Konfigurierung adaptiver Regelungen unter Verwendung von Funktionsblöcken zur Parameterschätzung [10] und zum Reglerentwurf sowie, wie hier beschrieben, bei der Verwendung von Kommunikationsblöcken erforderlich ist.

Die Entwicklung des beschriebenen Automatisierungsgeräts wurde in Kooperation und mit Unterstützung der Fa. Deutsche Aerospace / ERNO in Bremen durchgeführt.

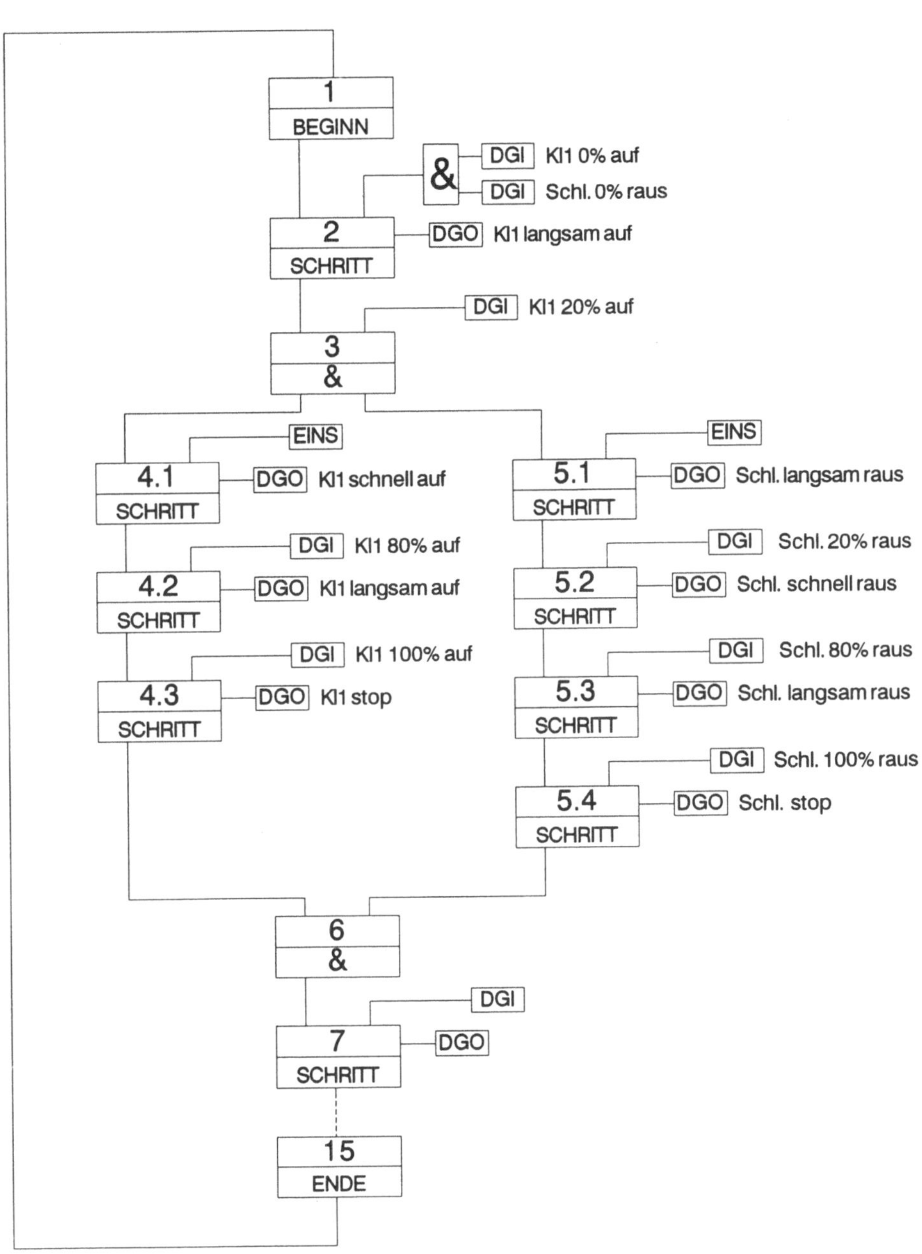

Bild 6-1: Konfigurierungsplan mit Parallelverzweigung.

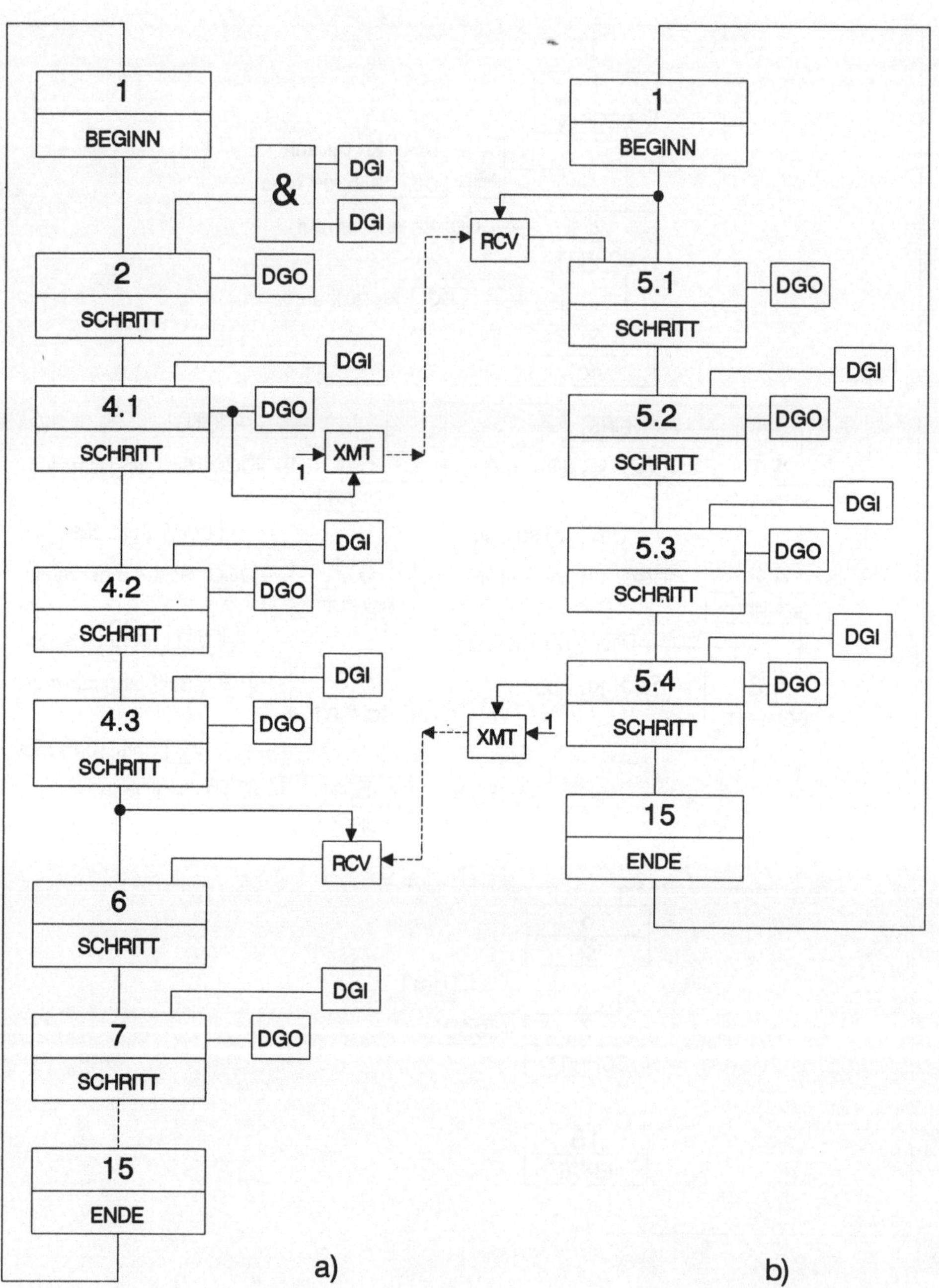

Bild 6-2: Konfigurierungsplan für das Beispiel nach Bild 6-1, allerdings repräsentiert durch zwei unabhängig eingeplante und sich synchronisierende Steuerungen der Teilprozesse "Klappe 1" (a) und "Schlitten" (b).

8. Literatur

[1] Aström, K.J., J.J. Anton, K.-E. Arzen (1986).
Expert Control.
Automatica, Vol. 22, No. 3, pp. 277-286.

[2] N.N. (1992).
Kompaktregler.
Firmenschrift der Fa. Siemens, Katalog MP 31.

[3] Thiele, G. (1991).
Software-Entwurf für Realzeit-Systeme in der Automatisierungstechnik in PEARL-orientierter Form.
Berichte Elektrotechnik 4/91, Universität Bremen.

[4] Beestermöller, H. J., J. Trost (1992).
Erweiterung eines PEARL -basierten Automatisierungsgerätes zur blockorientierten Konfigurierung konkurriender Regler- und Steuer-Tasks.
Diplomarbeit, IAT, Universität Bremen.

[5] DIN 66253 (1989).
Programmiersprache PEARL, Teil 3: Mehrrechner-PEARL.
Beuth-Verlag.

[6] Welter, R. (1992).
Entwurf und Implementierung eines Automatisierungsgeräts für Verteilte Systeme.
Diplomarbeit, IAT, Universität Bremen.

[7] Thiele, G., D. Popovic, U. Claussen, E. Wendland (1990).
Entwurf und Implementierung einer Menü-geführten graphisch konfigurierbaren und Multi-Tasking-fähigen Mehrregelkreis-Feldstation.
In H. Rzehak, L. Drebinger (Hrsg.): Proc. Echtzeit 90, Sindelfingen, pp. 147-156.

[8] Welter, R. (1992).
Implementierung einer konfigurierbaren Feldstation auf einem Einplatinenrechner.
Studienarbeit, IAT, Universität Bremen.

[9] Welter, R., G. Thiele, D. Popovic, E. Wendland (1992).
A PEARL-based Multi-Loop and Multi-Sequence Controller.
In: Proc. Euromicro 92, Paris.

[10] Thiele, G. (1987).
Algorithmen zur Parameterschätzung zeitdiskreter Einfachmodelle mit dem Prozeßrechner.
Fortschritt-Berichte VDI, Reihe 8, Nr. 133, VDI-Verlag.

[11] DIN 40719 (1992).
Teil 6: Schaltungsunterlagen - Regeln für Funktionspläne, IEC 848 modifiziert.
Beuth-Verlag.

[12] DIN 40719 (1977).
Teil 6: Schaltungsunterlagen - Regeln für Funktionspläne.
Beuth-Verlag.

[13] Mesch, F. (1987).
SIDAS II - Ein blockorientiertes Simulationssystem für dynamische Systeme.
Informationsblatt des Inst. f. Meß- und Regelungstechnik, Universität Karlsruhe.

[14] Laskowski, M., M. van Wüllen, H. Unbehauen (1989).
Portierbarkeit von Anwendungsprogrammen für freiprogrammierbare Steuerungen.
at 37, H.8, pp. 295 - 303, Oldenbourg Verlag.

[15] N.N. (1990).
SIMATIC S5. Automatisierungsgeräte S5-115U und S5-115H.
Firmenschrift der Fa. Siemens, Katalog ST 52.3 mit Nachtrag 10.90.

[16] Nielsen, K., K. Shumate (1988).
Designing Large Real-Time Systems with Ada.
Mc Graw Hill.

[17] N.N. (1992).
GRAPH-Mini.
Informationsblatt der Fa. Siemens.

[18] Kositzki, W.-D., H. Landenberger (1992).
Erweiterung auf Mehrebenen-Konfigurierbarkeit und Reentwurf des Software-Pakets zur graphischen Erstellung von Funktionsblock-Koppelplänen einer konfigurierbaren und parametrierbaren Feldstation.
Diplomarbeit, IAT, Universität Bremen.

[19] Papenfort, J. (1991).
Paketsortierung mit PADROS-PEARL.
In W.A. Halang (Hrsg.): Proc. PEARL 91 - Workshop über Realzeitsysteme, Boppard 1991.
IFB 295, Springer-Verlag, pp. 68-76.

[20] Ferling, H.-D., M. Klittich (1986).
Standardisierung von graphischen Entwurfsobjekten für die realisierungsneutrale Beschreibung von Anwenderfunktionen in offenen Automatisierungssystemen.
In R. Lauber (Hrsg.): Proc. Prozeßrechensysteme 88.
IFB 167, Springer-Verlag, pp. 312-321.

[21] PEARL 90, Sprachreport (1992).
Fa. Werum Datenverarbeitungssysteme GmbH,
Reg. 2.2.1/9201/FB.

[22] Popovic, D., G. Thiele, M. Kouvaras, N. Bouabdallah, E. Wendland (1989).
Conceptual design and C-implementation of a microcomputer-based programmable multiloop controller.
Journal of Microcomputer Applications, vol. 12, pp. 159-165.

Graphisches Dispositionssystem Grados

C. Diamantidis, Dornier GmbH Friedrichshafen

1. Systembeschreibung

Das graphische Dispositionssystem Grados ist ein weiteres Produkt der Fa. DORNIER aus der Reihe von Planungs- und Dispositionssystemen und vereint die langjährige Erfahrung auf dem Gebiet der Disposition mit graph. Bedienerführung für die interaktive Disposition von Übertragungswegen in Netzwerken. Primäre Zielgruppe der Produktentwicklung Grados sind Kunden, die interaktive, nicht vollautomatische Leitungsdisposition - unterstützt durch eine komfortable , graphische Bedienerführung und sicherer nachvollziehbarer Datenablage - betreiben wollen, wie Dispositionsstellen verschiedenener Länder, Sendeanstalten sowie öffentliche und private Netzbetreiber. Den Disponenten stehen leistungsfähige graphische Werkzeuge für die Bearbeitung von Dispositionsproblemen zur Verfügung, z.B. zur Wegfindung und Wegoptimierung, der optimalen Auslastung von Betriebsmitteln etc. Weitere ADD-ON Produkte ergänzen den Funktionsumfang des Grados-Systems. Der modulare Aufbau erlaubt eine leichte Einbettung in die vorhandene Organisationsstruktur des Kunden sowie die Implementierung seiner spezifischen Kundewünsche. Die konsquente Einhaltung von Standards sowie die Realisierung einer verteilten

Systemstruktur erlauben eine weitesgehende Hardwareunabhängigkeit und vielfältigen Konfigurationsmöglichkeiten.

2. Softwarearchitektur

2.1 Einführung

Im Rahmen der immer kürzeren Innovationszyklen und den damit verbundenen Anforderungen der Kunden an unsere Produkte, sind wir in unserer Produktentwicklung gezwungen schnell auf diese Bedürfnisse zu reagieren. Dies hat zur Entwicklung einer offenen Softwarearchitektur geführt, die es uns erlaubt unsere Entwicklung auf die spezifischen Applikationen zu begrenzen und diese in die Architektur zu integrieren.

Folgenden Anforderungen wird die Softwarearchitektur gerecht:

- Hardwareunabhängigkeit sowohl von Plattformen und Konfigurationen, d.h. vom Einplatzsystem bis hin zu komplexen Systemen.

- Leichter Erweiterbarkeit und Modifikation der Hardwarekonfiguration.

- Leichtes Einfügen von neuen Applikationen sowie eine einfache Modifikation der Applikationen.

- Leichte Prozeßverteilung innerhalb der Hardwarekonfiguration (Online) und damit verbundener optimaler Auslastung des Gesamtsystems.

- Weitestgehende Verwendung von verfügbaren Standards.

- Leichte Portierbarkeit von Applikationen.

2.2 Schematischer Aufbau der Softwarearchitektur

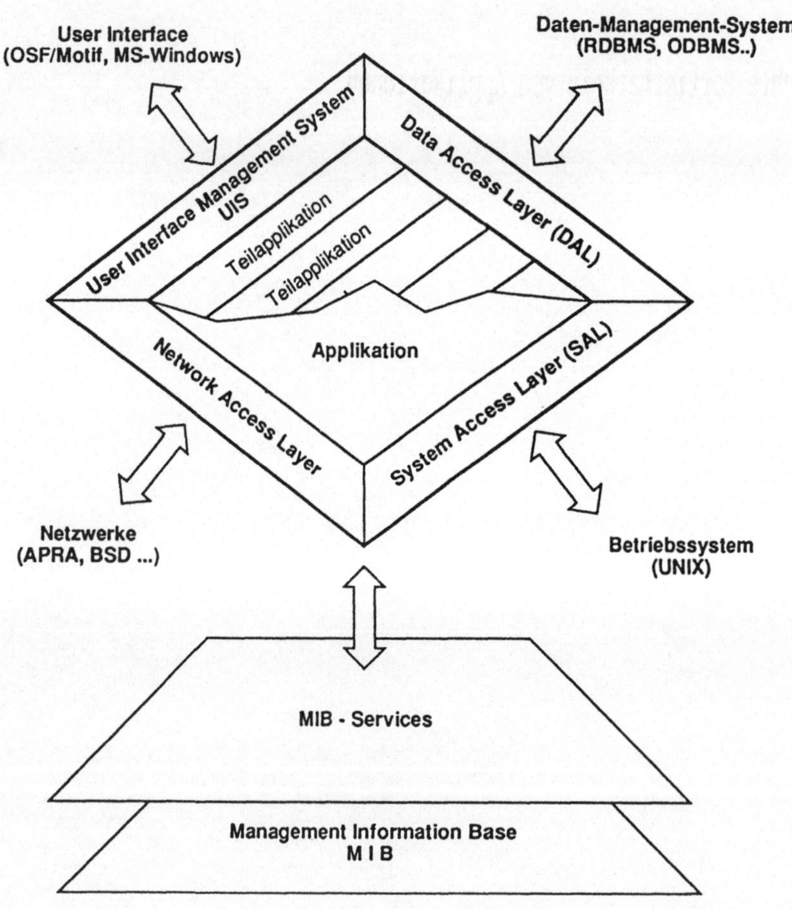

Abb. 1: Aufbau Softwarearchitektur

2.3 Komponenten

2.3.1 Management Information Base (MIB)

Die MIB stellt das Herzstück der Softwarearchitektur dar. In ihr werden alle relevanten Informationen der Systemkonfiguration definiert, modifiziert und verwaltet.

Nachfolgend eine kurze Beschreibung der Kerninformationen der MIB:

- Hardwarekonfiguration Logische Beschreibung aller im System enthaltenen Hardwarekomponenten (Rechner, Drucker, etc.), ihren Kommunikationskanälen und -Beziehungen sowie weiteren spezifischen Informationen.

- Systemsoftware
  In Abhängigkeit der definierten Hardwarekonfiguration wird hier die verwendete Systemsoftware (Betriebssysteme, Tools, etc.) definiert und den einzelnen Hardwarekomponenten zugeordnet.

- Applikationsprozeße Beschreibung der einzelnen Prozeße der Applikation mit ihrer Identifizierung, ihrem spezifischen Environment sowie ihre Zuordnung zu einzelnen Hardwarekomponenten (welche Prozeß läuft auf welchem Rechner).

- Benutzer

  Beschreibung aller mit dem System kommunizierenden Benutzer mit ihrer Identität, Lokalität und ihren einzelnen Zugriffsrechten.

Das Datenmodell der MIB ist frei wählbar, d.h. die Informationen können in einem relationalen oder objektorientierten Datenbanksystem aber auch im Filesystem abgelegt werden. Der Zugriff erfolgt dann mit den spezifischen MIB-Services, die dann auf das verwendete Datenmodell aufsetzen.

2.3.2 MIB - Services

Für die Definition, Verwaltung und Modifikation der Systemkonfiguration werden alle Funktionen exportiert die den Zugang zur MIB realisieren. Diese MIB-Services bilden die niedrigste Hierachieebene innerhalb der Software-Architektur und sind stark vom Datenmodell der MIB abhängig, d.h. zu jedem Datenmodell existieren spezielle MIB-Services die in Abhängigkeit des Datenmodells eingesetzt werden.

2.3.3 System Access Layer (SAL)

Der SAL exportiert abstrakte Funktionen für den Zugriff auf das Betriebssystem. Die Infomationen über das verwendete Betriebssystem werden der

MIB entnommen. Innerhalb des SAL werden anhand der angeforderten Funktion und den Informationen der MIB die relevanten Betriebssystemsquenzen geladen und ausgeführt. Eine erste Implementierung erfolgte für das Betriebssystem UNIX (HP-UX).

2.3.4 Network Access Layer (NAL)

Der NAL exportiert abstarkte Funktionen für die elementaren Zugriffe auf die verwendeten Netzwerke. Der Zugang der Applikation zum NAL erfolgt über die logischen Netwerkdefinitionen in der MIB und werden hier in die physikalische Welt übertragen, d.h. unter Verwendung der vom Betriebssystem zur Verfügung gestellten Kommunikationsservices wie Sockets, RPC, APRA etc.

2.3.5 Data Access Layer (DAL)

Der DAL realisert den Zugriff auf das Datenmodell der Applikation. In erster Linie werden hier die Zugriffsverfahren bestimmt und mögliche Zugriffsberechtigungen der Benutzer auf Daten abgeprüft. Alle relevanten Informationen werden der MIB entnommen.

2.3.6 User Interface Management System (UIMS)

Das UIMS bildet die Dialogebene der Applikation mit dem Benutzer. In ihr werden zum einen die Präsentationsschicht und zum anderen das Dialogsystem realisiert. Das UIMS importiert alle Funktionen für den Datenimport und -export von der Applikation. Die Applikation erfährt eine vollkommende Trennung von der Präsentation der Daten und dem Dialog mit dem Benutzer. Die Ausprägung des UIMS, d.h. welches UI eingesetzt wird (OSF-Motif, MS-Windows) und welche Zugriffsrechte der Benutzer schränken welche Funktionalitäten ein, wird der MIB entnommen. Die erste Realisierung erfolgte via TeleUse für OSF/Motif.

2.3.7 Applikation

Die Applikation beinhaltet den eigentlichen zu erbringenden Aufgabenkontext. In ihr ist die funktionale Auspägung einer Anwendung realisiert. Eine Applikation kann sich in mehrere Teilapplikationen aufteilen, die ihrerseits aus mindestens einem Prozeß jedoch im Normalfall aus mehreren Prozeßen bestehen. Jede Teilapplikation realisiert eine in sich abgeschlossene Aufgabe, die mit anderen Teilapplikationen minimale (besser keine) Beziehungen aufweisen. Dies hat das Ziel, Applikationen aus beliebigen Teilapplikationen Baukastengerecht aufzubauen. Die Kommuniktion der Teilapplikationen respektive der einzelnen Prozeße untereinander erfolgt über die Interprozeßkommunikation.

- Clientprozeße
  importieren die elementaren Dienstleistungen der Serverprozeße und transformieren diese in ihren spezifischen Aufgabenkontext.

- Typfreie Prozeße
  sind all die, die sich nicht in die oben genannten Klassen einordnen lassen, d.h im allgemeinen eine vollkommen abgeschlossene Einheit darstellen wie z.B. Initialprozeße.

2.4.2 Elementare Funktionsweise

Die elementare Arbeitsweise läuft dergestalt ab, daß der Client einen Request generiert. Dieser beinhaltet die Dienstleistung, die ein Server erbringen soll, und die Daten, die der Server für das Erbringen der Dienstleistung benötigt. Hat der Server seine Dienstleistung erbracht, wird dies dem Client zurückgemeldet, der dann mit seiner Bearbeitung fortfährt. Dieses Verfahren ist mit der prozeduralen Abarbeitung vergleichbar sofern man sich innerhalb eines Rechners befindet. Ziel soll die völlige Transparenz einer komplexen Rechnerumgebung sein, d.h. dem Softwaresystem soll die Hardwarekonfiguration vollkommen verborgen bleiben, so daß aus Sicht der Teilapplikationen die elementare Funktionsweise immer gewahrt wird.

2.4 Interprozeßkommunikation

Die Interprozeßkommunikation ist ein wesentlicher Bestandteil der Softwarearchitektur. Neben der Kommunikation der einzelnen Prozeße der Teilapplikationen untereinander ist hier auch das Implementierungsmodell der Applikation und eine verteilte Bearbeitung realisiert. Als Implementierungmodell haben wir die Client - Server Architektur ausgewählt. Sie ermöglicht uns eine hohe Flexibilität bei der Definition von Hardwarekonfigurationen, der Verteilung von Prozeßen bis hin zu ihrer Koexistenz sowie die optimale Auslastung der verfügbaren Systemressourcen.

2.4.1 Klassifizierung der Prozeße

Im Rahmen der Client - Server Architektur findet die folgende Klassifizierung von Prozeßen statt. Ein weiteres Merkmal bildet die Einschränkung, daß Prozeße einer Klasse nicht untereinander kommunizieren können.

- Serverprozeße
  stellen elementare und in sich abgeschlossene Dienstleistungen bereit und werden in Abhängigkeit ihrer Verwandschaft zueinander zu einzelnen Serverprozeßen zusammengefaßt. Die Dienstleistungen der Serverprozeße werden an Clientprozeße exportiert.

2.4.3 Kommunikation

Die Kommunikation der Client - und Serverprozeße untereinander hat rein temporären Charakter und wird mit einem eigens definierten Protokoll abgewickelt. Dieses Protokoll ist speziell auf die Bedürfnisse der Client - Server Architektur zugeschnitten und gestattet einen einfachen Verbindungsaufbau und Datentransfer. Der Zugriff auf das Netzwerk wird über die abstrakten Services des Network Access Layers realisiert. Die Protokollabwicklung selbst findet in der Client- und Serverschale und wird von den eigentlichen Applikationen komplett abgekoppelt.

2.4.4 Clientprozeß

Jeder Clientprozeß setzt sich aus einer universellen Clientschale und einer spezifischen Clientapplikation zusammen.

Die Clientschale bildet die Hauptfunktion eines jeden Clientprozeßes und stellt elementare Funktionen für

- die Steuerung des Prozeßes
- der Kommunikation der Client- und Serverprozeße,
- die Requestgenerierung,
- das Monitoring und
- der Verbindungsstatistik

zur Verfügung.

Die Anbindung der Clientapplikation erfolgt über den Export der Funktionen

- Init - Initialisierung der Clientapplikation -,
- Work - Erbringung der Aufgabe der Clientapplikation - und
- Shutdown - Deaktivierung des Clientprozeßes -

an die Clientschale.

2.4.5 Serverprozeß

Jeder Serverprozeß setzt sich analog zum Clientprozeß aus einer universellen Serverschale und einer spezifischen Serverapplikation zusammen. Die Serverschale bildet die Hauptfunktion eines jeden Serverprozeßes. Sie realisiert alle Funktionen für

- den Empfang von Request,
- die Steuerung des Serverprozeßes (Restart, Shutdown),
- der Serverstatistik,
- das Weiterleiten der Requests an die eigentliche Bearbeitung und
- der Kommunikation mit den Clientprozeßen.

Die Serverapplikation ihrerseits exportiert die Funktionen

- Init - für die Initialisierung der Serverapplikation-,
- Request - für die Bearbeitung der Client Requests - und

- Shutdown - für das Deaktivieren der Serverapplikation -
an die Serverschale.

2.4.6 Netzwerktransparenz und Requestverteilung

Primäres Ziel aus der Sicht der Client- Server Architektur ist die Beibehaltung der elementaren Funktionsweiseweise, d.h. völlige Transparenz des Netzwerkes, der Hardwarekonfiguration und der damit verbundenen Prozeßverteilung innerhalb des Gesamtsystems.

Basis für die verteilte Bearbeitung von Requests innerhalb des Gesamtsystems bildet das Routing. Es beinhaltet neben den Algorithmen der Requestverteilung auch mögliche Havariestrategien bei Systemausfällen. Innerhalb der Client-Server Architektur wird das Routing als Serverprozeß realisiert. Dieser Routingserver muß auf jedem Rechner verfügbar sein. Die Informationen der aktuellen Systemkonfiguration werden bei Start des Prozeßes aus der MIB geladen. Jede Modifikation der Prozeßzuordnung zu Hardwarekomponenten in der MIB wird diesem Server mitgeteilt, sodaß immer das aktuelle Abbild vorliegt. Der Initiator des Routings ist die Client-Schale, die mit jedem Client-Request an einen Serverprozeß der diesen Routingserver beauftragt diesen zu lokalisieren.

3. Schlußbetrachtung

Durch die Implementierung und Realisierung einer Softwarearchitektur ist es gelungen, ein Maximum an Flexibilität bei der Implementierung von Produkten auf verschiedenen Harwareplattformen und -Konfigurationen zu erreichen. Der Einsatz dieser Architektur und den damit verbunden Entwicklungsrichlinie haben sich bei der Entwicklung und dem Einsatz des Grados-Systems bewährt und wird die Basis zukünftiger Entwicklungen bilden.

BON®

Portierung einer Echtzeit-Anwendung Relativ Leicht

Klemens Schirk

CLI GmbH
Leit- und Informationssysteme
Aachen

Zusammenfassung:

Das **B**etriebsleitsystem für den **O**effentlichen **N**ahverkehr - **BON** - entstand im Rahmen eines BMFT-Vorhabens unter Einbeziehung verschiedener Partner aus Industrie und Verkehrsbetrieben.
Ziel war es, Verkehrsbetrieben mit unterschiedlichsten Anforderungen ein neues, hochwertiges Instrument zur Steuerung des Betriebsablaufes an die Hand zu geben. Mehr als 100 Personaljahre Entwicklung wurden aufgewendet, um ein zukunftssicheres Konzept zu erarbeiten und - mit Hilfe der Sprache PEARL - umzusetzen.
Inzwischen kommt das serienreif entwickelte und betrieblich erprobte System in mehreren Städten zum Einsatz.
Gegenstand des Vortrages ist der heutige Entwicklungsstand und die Erfahrungen bei der Portierung auf ein weiteres Rechnersystem. Darüber hinaus werden die Software-Werkzeuge erläutert, mit denen dieses Programm gepflegt und weiterentwickelt wird.

BON ist ein eingetragenes Warenzeichen der ÜSTRA Hannoversche Verkehrsbetriebe AG

Einleitung

Für das gesamte Projekt wurden in der 8-jährigen Planungs- und Entwicklungszeit etwa 15 Millionen DM aufgewendet. Die BON-Entwicklung zeichnet sich aus durch:

- o Unabhängigkeit von Betriebsgröße und Betriebsart (Bus, Stadtbahn)
- o Modularität
- o Erweiterbarkeit
- o Hardware-Unabhängigkeit

Die Entwicklung und Realisierung einer derart weitgehenden Konzeption war nur unter den Bedingungen eines Forschungsvorhabens möglich. Allein die Konzeptionsphase dauerte über zwei Jahre. Besonderen Wert legte man dabei auf die Hardware-Unabhängigkeit.

Die Funktionalität eines Leitsystems

Vor der Einführung eines rechnergesteuerten Betriebsleitsystemes stützt sich die Überwachung der Fahrzeuge, die Störungserkennung und Störungsbeseitigung lediglich auf die Sprechfunkabwicklung zwischen Fahrzeugen und der Leitstelle. Mit der neuen Generation Leitsystem sollte folgendes möglich werden:

- o Rechnergestützte Sprechfunkabwicklung
- o Wiedergabe des tatsächlichen Betriebszustandes
- o Automatisches Erkennen von technischen und betrieblichen Störungen
- o Rechnergestützte Betriebs- und Einsatzplanung

Grundlage zur Realisierung dieser Funktionen ist die Einführung der Datenfunkkommunikation zwischen Fahrzeugen und der Leitzentrale. In Perioden von 10-20 Sekunden werden die Standorte der Fahrzeuge an die Zentrale übermittelt.

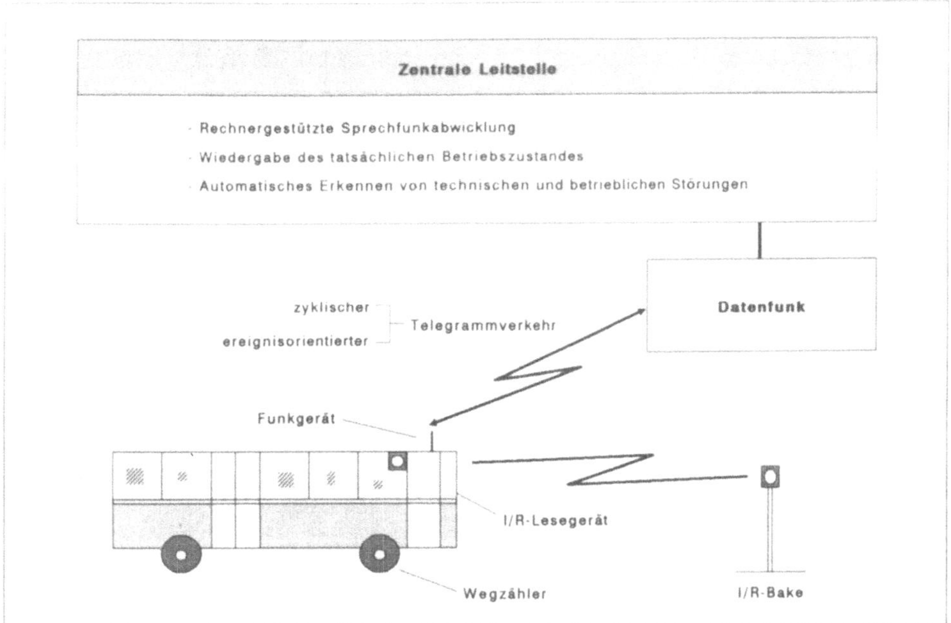

Funktionalität eines Leitsystems

Die Steuerungsaufgaben im Fahrzeug werden von einem Bordrechner übernommen. Dieser bestimmt über Ortsbakensysteme (Infrarot-Sender und -Empfänger) und einen radgetriebenen Wegzähler den genauen Standort des Fahrzeugs. Darüber hinaus steuert der Bordrechner die folgende Fahrzeugperipherie:

- o Optische Anzeige der nächsten Haltestelle
- o Akustische Haltestellenansagegeräte
- o Zielanzeigen
- o Fahrscheindrucker
- o Erfassung der Fahrgastzahl über Gewichtssensoren

Wichtigste Kriterien für die Dimensionierung eines Leitsystems und die Auswahl der entsprechenden Rechnerkonfiguration sind:

- o Anzahl der zu erfassenden Fahrzeuge
- o Datenfunkkapazität
- o Aufrufzyklus der Fahrzeuge

Zu Beginn des Projektes wurde das hochgesteckte Entwicklungsziel mit Blick auf die damals verfügbare Rechnertechnik kritisch betrachtet. Erst die prototyphafte Realisierung erster Softwaremodule in PEARL konnte die Leistungsfähigkeit der ausgewählten Rechner (Atlas Elektronik EPR 1100) nachweisen und sicherte damit den Schritt in die Hauptentwicklungsphase des Forschungsprojektes. Da ein einzelner Rechner für die gesamte Anwendung nicht ausreichen würde, entschied man sich für vier gekoppelte EPR-Systeme.

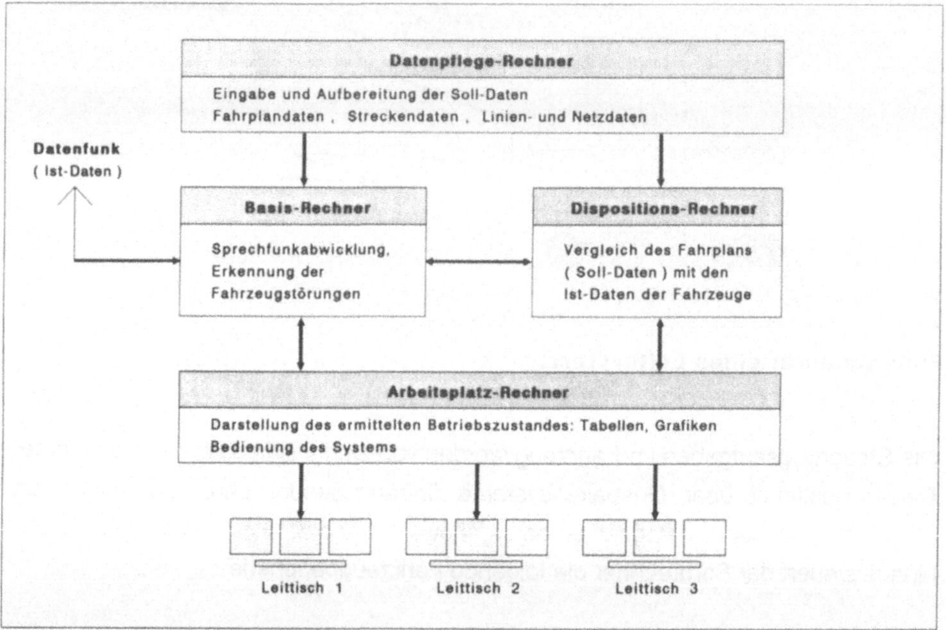

Konfiguration EPR - 1300

Die Inbetriebnahme dieser Konfiguration erfolgte im Mai 1984 beim Verkehrsbetrieb Hannover. Zu diesem Zeitpunkt wurden rechnergesteuert etwa 200 Fahrzeuge der Stadtbahn erfaßt.

Damit war das Forschungsprojekt abgeschlossen und es wurde die Vermarktung betrieben. 1986 entschied sich der Verkehrsbetrieb Wiesbaden für das BON-System und in den darauffolgenden Jahren die Verkehrsbetriebe Aachen und Lübeck. In Wiesbaden wurde das Laufzeitsystem von der EPR-Ebene auf die Mehrprozessorfamilie MPR 1300 von ALTAS ELEKTRONIK portiert. Durch den Wunsch des Verkehrsbetriebes Wiesbaden, die Datenpflege auf DEC-Rechnern zu betreiben, wurde dieser Teil der Anwendersoftware vollständig auf eine VAX 11/750 übertragen. Grundvoraussetzung dafür war die Markteinführung des PEARL-Compilers auf VAX/VMS.

Die Entwicklung eines neuen Arbeitsplatzrechners

Um die grundsätzlich positiven Ergebnisse und Erfahrungen der VAX-VMS-Portierung weiter zu nutzen, wurde innerhalb des BON-Lübeck die zweite große Portierungsphase eingeleitet. Das Laufzeitsystem wurde auch auf VAX-Rechner übertragen. Insgesamt betrachtet kann festgehalten werden, daß das Ergebnis von etwa 100 Personaljahren Entwicklungsaufwand innerhalb von 6 Monaten von etwa 10 Personen portiert wurde. Außerdem erfolgte eine erhebliche Funktionserweiterung des gesamten BON-Systems. Aus den 250.000 Programmzeilen waren mittlerweile über 500.000 geworden.
Parallel dazu wurde ein neues Konzept für den Arbeitsplatzrechner erarbeitet. Flexibilität, Industriestandard und Leistungsfähigkeit der Grafik bildeten die Kriterien. Auf VMEbus-Basis wurde, nach sorgfältiger Auswahl der Hardware, die dritte PEARL-Plattform aufgenommen: Das RTOS-UH. Die Integration eines VMEbus - Qbus - Kopplers (16 Bit-Parallel) brachte eine effiziente Lastverteilung zwischen Leitrechner und Arbeitsplatzrechner.

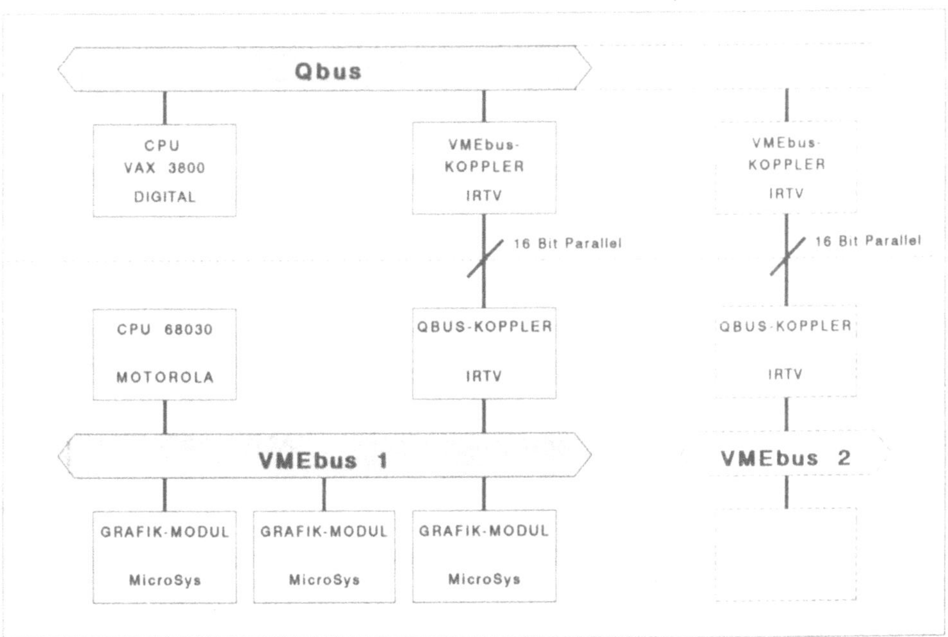

BON-System, Kopplung Leitrechner - Arbeitsplatzrechner

Für das Projekt Lübeck wurden über diese enge Kopplung eine MicroVAX II und ein 68020-Rechner am VMEbus eingesetzt.

Das neue BON-System Hannover

Ende 1990 beauftragte der Verkehrsbetrieb Hannover die Umstellung auf die neue Rechnerkonfiguration VAX-VME. In dieser Konfiguration wird die Leistungsfähigkeit des Systems besonders deutlich.

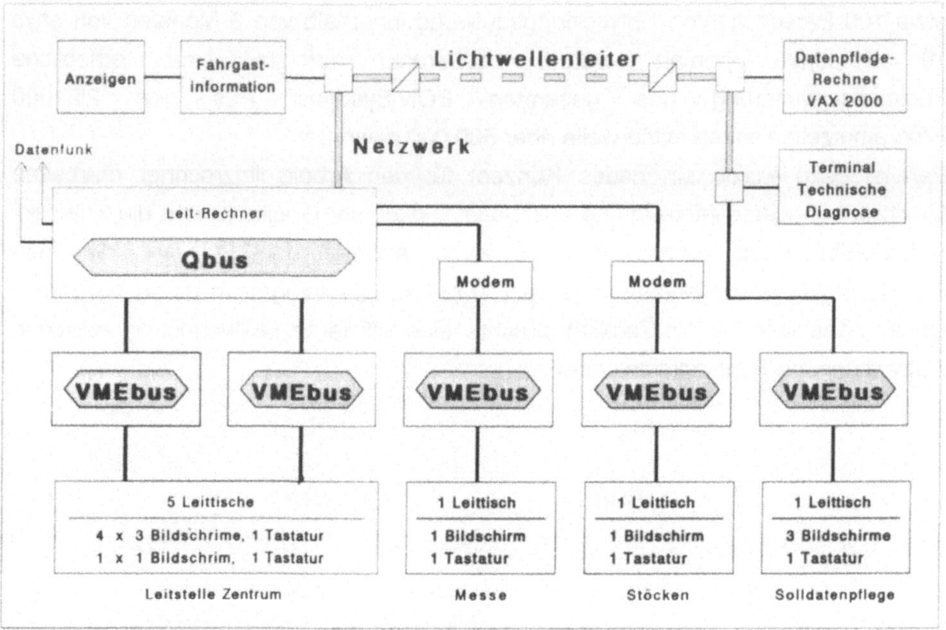

BON-System ÜSTRA AG, Hannover

In Hannover sind mittlerweile etwa 450 Fahrzeuge (200 Omnibusse, 250 Stadtbahnwagen) im Leitsystem aufgenommen. Als Leitrechner kommt eine MicroVAX 3800 zum Einsatz. Insgesamt sind über verschiedene Kopplungen acht Leittische im Betrieb. In der Leitstelle bedienen bis zu vier Disponenten das BON-System. Diese Arbeitsplatzrechner sind über jeweils einen Buskoppler mit dem Leitrechner verbunden. Zwei abgesetzte Bedienplätze mit je einem Bildschirm und einer Tastatur werden über betriebseigene Fernmeldeleitungen angeschlossen. Diese Beobachtungsplätze versorgen die Betriebsaufsicht an wichtigen Haltestellen bzw. Umsteigeplätzen mit genauen Standortinformationen über den Zubringerverkehr.

Eine Ethernetverbindung über Lichtwellenleiter verbindet die zentrale Leitstelle mit dem Verwaltungsgebäude. Hier werden - über Editoren - im Datenpflegerechner die Daten für Fahrplan, Liniennetz usw. aktualisiert. Dabei erhält das BON-System über Netzwerk von zusätzlichen Programmsystemen für die Fahr- und Dienstplanbearbeitung direkt die Leitsystem-spezifischen Daten.

Über den gleichen Netzwerkstrang ist ein Arbeitsplatzrechner mit 3 Bildschirmen angeschlossen, der den Solldatenpflegern die Betriebsüberwachung und das Operating am System erlaubt.

Heute werden zu den Hauptverkehrszeiten in Hannover bei über 300 Fahrzeugen

- o Standorte ermittelt
- o Störungsmeldungen abgesetzt
- o Automatische Anschlußsicherung durchgeführt
- o Fahrzeugdefekte erkannt und an die Werkstatt weitergegeben

Die Fahrgäste werden an Haltestellen im S-Bahn-Bereich über Bildschirme mit tatsächlichen Abfahrtzeiten der Fahrzeuge informiert. Beim Verkehrsbetrieb Lübeck ist der neue Busbahnhof mit einer Fahrgastinformation im Flughafen-Design (Mosaik-LCD-Anzeige) ausgestattet.

Entwicklung, Wartung und Pflege des BON-Systems

Die Portierung war möglich, weil eine der Entwicklungvorgaben für BMFT-Vorhaben der modulare, rechnerunabhängige Aufbau der Software war. Die genannten 500.000 Programmzeilen der BON-Software setzen sich aus 400-PEARL-Modulen und etwa 150 Tasks zusammen. Diese Module sind funktional in 13 Modulpaketen zusammengefaßt, wie z.B.:

- o Fahrzeugaufruf
- o Standortverfolgung
- o Soll-Ist-Vergleich, usw.

Die notwendigen Verbindungen zwischen einzelnen Modulpaketen und deren Submodulen existieren über exakte, funktionale Schnittstellen. Nur die strenge Einhaltung dieser Schnittstellen über klar definierte Aufgaben, Parameter und Randbedingungen gewährleisten es, daß einzelne Module ohne direkte Auswirkungen auf die Umgebung änderbar sind. Globale Datenstrukturen wurden für alle Modulpakete in eigenständigen Modulen verbindlich definiert. Der Zugriff auf sie erfolgt niemals direkt, sondern nur über Zugriffsfunktionen, die selbst für einen sicheren Zugang von außen sorgen. Insbesondere unterstützt dies die Hardwareunabhängigkeit der zentralen Funktionen.

Der BON-Systemgenerator

Das wichtigste Werkzeug zur Wartung und Pflege der Software ist der BON-Systemgenerator.
Dieser Pre-Compiler entstand aus der Forderung nach Unabhängigkeit der Anwendersoftware von Betriebsgröße und Betriebsart (Bus oder Stadtbahn).
Durch bedingte Quellcode-Erzeugung und Wert-Substitution werden die eigentlichen PEARL-Quellen aus einer einzigen Urdatei erstellt.

```
DCL    Anzahl Fahrzeuge FIXED ( % VAL FAHRZEUGANZAHL );

% IF    COMPILER = ^VAX_VMS^ THEN
        GET FROM TASTATUR BY A, SKIP;
% FIN;
% IF    COMPILER = ^RTOS_UH^ THEN
        GET FROM TASTATUR BY SKIP, A;
% FIN;
```

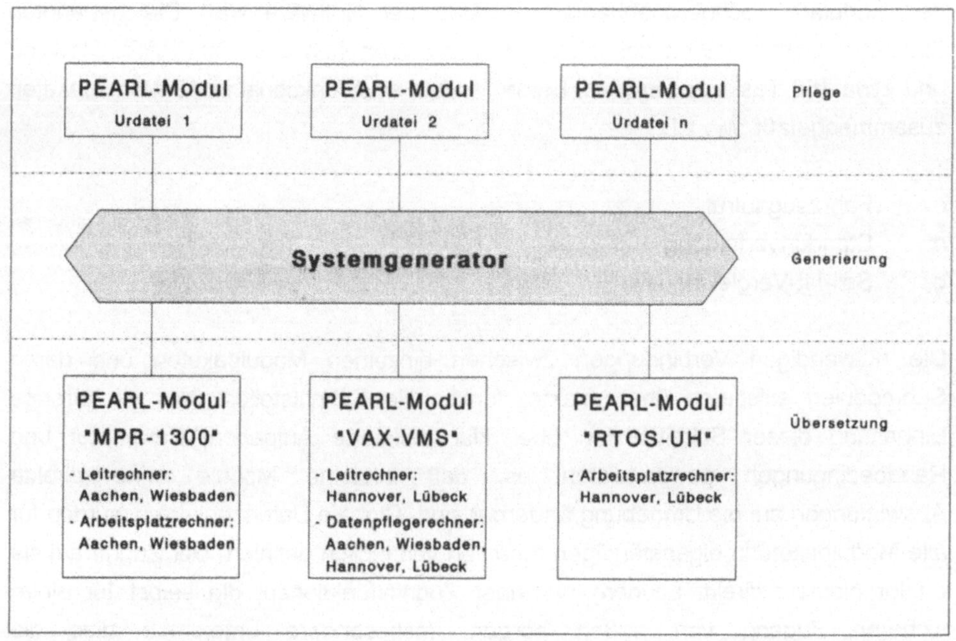

BON-Systemgenerator

Unsere Erfahrungen bei der Portierung auf verschiedene PEARL-Plattformen zeigen, daß die PEARL-Grundlage eine wichtige Voraussetzung für die Übertragung von Anwendersoftware ist. Für eine Bewertung des Portierungsverhaltens reicht jedoch die Betrachtung der "System-Teile" eines PEARL-Programmkopfes nicht aus. Wünschenswert, nicht nur für eine so komplexe und umfangreiche Anwendung, ist die Angleichung der verschiedenen PEARL-Dialekte. Dies ganz besonders in den "unscheinbaren" CHARACTER- und Ein/Ausgabe-Funktionen.

Während der ersten Entwicklungszeit standen uns auf den Rechnerfamilien von ATLAS ELEKTRONIK hervorragende Testwerkzeuge zur Verfügung. Diese vielfältigen Kontroll- und Änderungsmöglichkeiten waren auf dem VAX/VMS-System leider nicht vorhanden. Um elementare Testmöglichkeiten auf der VAX-Plattform zu bekommen, wurde die gesamte Anwendersoftware um Testroutinen erweitert. Durch Software-Interrupt werden über Testmenüs Protokollausgaben aktiviert, um Programm- und Datenzustände zu prüfen.
Wichtige Datenströme wie Funktelegramme der Fahrzeuge oder die Protokollierung aller Daten eines einzelnen Fahrzeuges beim Durchlauf durch die Software können aufgezeichnet werden. Die Analyse dieser Daten und die Möglichkeit, alle Funktionsmodule auch einzeln zu generieren und im "Testrahmen" mit diesen Protokolldaten ablaufen zu lassen, helfen bei der Fehlersuche. Dieses eingebaute "BON-Debugging-Tool" beansprucht etwa 10-15% des Quellcodes für sich. Das ist zwar einerseits ein nicht unerheblicher Aufwand, andererseits aber bietet es besondere Vorteile: Das undurchsichtige Verhalten von fremden Testwerkzeugen, die auf Betriebssystemdienste zurückgreifen, braucht der Entwickler nicht zu fürchten.
Darüber hinaus schafft es die besten Voraussetzungen für eine weitere Portierung.

Vernetztes Prozeßleitsystem auf einer Kläranlage unter RTOS-UH/PEARL

Volker Cseke

Gefec
Elektoranlagenbau und
Computertechnik GmbH
Ikarusallee 5a
3000 Hannover 1

Zusammenfassung

Der vorliegende Bericht beschreibt den Einsatz eines VMEbus-Rechner-Verbundes unter RTOS-UH/PEARL als Verbundsystem zur Steuerung und Überwachung einer Kläranlage. Die Randbedingungen für eine Auslegung waren durch die örtlichen Gegebenheiten so weit eingegrenzt, daß nur ein heterogenes Netzwerksystem zur Anwendung kommen konnte. Es wird die Problematik für die Konzeption und Auslegung eines dezentralisierten Leitsystems erläutert und auf die speziellen Bedingungen aus der Kundenanlage eingegangen. Des weiteren wird auf die Anforderungen an Visualisierungs- und Protokollierungseigenschaften von leittechnischen Anlagen auf Klärwerken eingegangen und die Lösungswege dieser Aufgaben mit Hilfe des RTOS-UH/PEARL Multi-Tasking-Systems beschrieben. Der Bericht schließt mit einer Übersicht über das im System eingerichtete Mengengerüst und den noch in der Planung befindlichen Erweiterungen.

Einleitung

Durch die sich in den letzten Jahren geänderten Verordnungen und Gesetze für die Abwasserbehandlung sind viele Betreiber von Kläranlagen gezwungen, ihre Betriebsabläufe und Systemüberwachungen an die geänderten Bedingungen anzupassen. Da aber all diese Anlagen in einem ununterbrochenem Betrieb sind, muß in vielen Fällen eine Erweiterung und Ergänzung der Technik im laufenden Anlagenzustand erfolgen. Bei der im nachfolgenden beschriebenen Anlage mußte der klärtechnische Prozeß möglichst ungestört weitergeführt werden. Durch diese Randbedingungen ergaben sich die Auslegung und der Aufbau für die Leittechnik.

Das Klärwerk, um welches es sich handelt, ist das Zentralklärwerk Steinhof. Es ist im Westen der Stadt Braunschweig angesiedelt. Betrieben wird das Klärwerk vom Abwasserverband Braunschweig. Die derzeitige Ausbaugröße des Klärwerks beträgt 450.000 Einwohnergleichwerte. Die mittlere tägliche Wassermenge umfaßt 66.000 m^3/Tag. Zum Klärwerk gehört ein Blockheizkraftwerk mit einer elektrischen Gesamtleistung von 2,4 MW zur Verwertung der auf der benachbarten Hausmülldeponie anfallenden Faulgase. Diese Faulgase werden in einer Gasreinigungsanlage aufbereitet und in einer Gasmischstation mit Erdgas auf einen einheitlichen Brennwert verschnitten.

Die Abwärme des Kraftwerkes wird für die Beheizung der gesamten Hochbauten auf der Anlage genutzt. Ebenso ist ein Sickerwasserklärwerk zur Reinigung des unter der Hausmülldeponie austretenden Sickerwassers auf dem Gelände integriert. Diese Sickerwasserkläranlage ist voll in die leittechnische Anlage eingebunden.

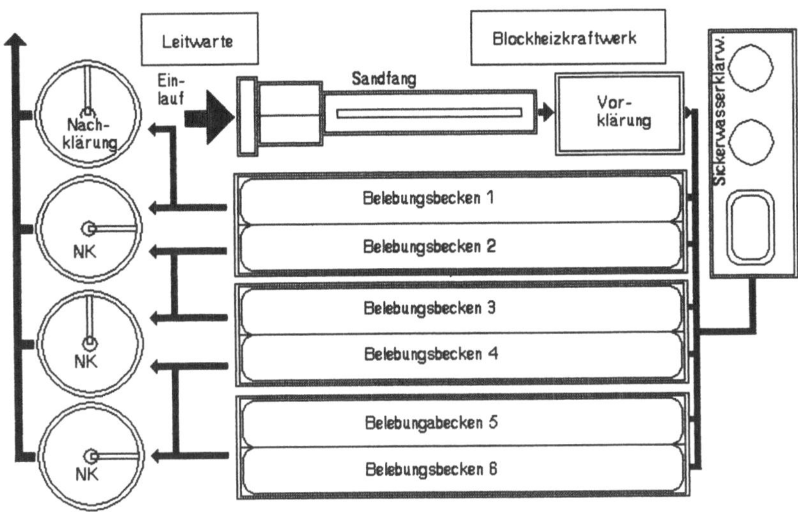

Randbedingungen

Die vorhandenen Altanlagenteile sind mit Siemenssteuerungen bestückt. Diese sollten in die neu zu erstellende Leittechnik eingebunden werden. Ferner lieferte der Hersteller für die Gasmotoren des Blockheizkraftwerkes seine Aggregate mit einem SINEC-L1-Bus-System. Dieses sollte ebenfalls integriert werden.

Für die Verbindung zwischen den einzelnen Anlagenteilen stehen nur normale Fernmeldekabel zur Verfügung. Hierdurch schieden Koppelsysteme, die auf spezielle Verbindungen angewiesen sind, aus.

Durch ein großes Maß an Sicherheitsanforderungen verlangte der Kunde autarke, für sich arbeitende, Unterleitzentralen, die auch bei Netzwerkausfall für ihren Bereich eine vollständige Funktion gewährleisten sollen. Diese Forderung bedingt ein Konzept nach dem Flying-Master-Prinzip. Jeder Rechner muß in der Lage sein, im Netz die Funktion des Masters zu übernehmen, ohne daß dies zu einem Datenverlust führt. Die einzelnen Unterleitzentralen sollen für ihren Bereich in der Lage sein, Prozeßsteuerungen auszuführen, jedoch nicht auf andere Bereiche wirken. Dies ist nur dem Leitrechner vorbehalten. Auf jedem Rechner sind alle Informationen von der . Gesamtanlage verfügbar. Hierdurch ist das Bedienpersonal in der Lage, sich in allen Anlagenteilen über den Gesamtprozeß zu informieren.

Hardwareaufbau

Das gesamte Leitsystem besteht aus fünf VMEbus-Rechnern, die miteinander über verschiedene Wege verbunden sind. Die Aufteilung der einzelnen Rechner auf die verschiedenen Aufgaben bzw. Anlagenbereich ist wie folgt:

- Sickerwasserkläranlage
- Blockheizkraftwerk (BHKW)
- Zentraler Leitrechner (Visualisierungsrechner)
- Fernwirkrechner
- Systempflegerechner (Meisterbüro)

Hierbei setzen sich die fünf Rechner jeweils aus 3 HE (Einfacheuroformat) und 6 HE (Doppeleuroformat) 19 Zoll-Baugruppenträger zusammen. Jeder Rechner ist mit einer Spannungsversorgungseinheit versehen, die aus der 24 Volt-Versorgung alle erforderlichen Spannungen wandelt. Alle Rechner werden aus einer USV-Anlage versorgt. Jeder Rechner ist mit einem Magazin für das Festplattenlaufwerk und einem Wechselplattenlaufwerk bestückt. Der Systempflegerechner ist zusätzlich mit einem Floppy- und einem Bandlaufwerk für Datensicherungszwecke ausgerüstet. Der Fernwirk-, der Visualisierungs- und der BHKW-Rechner verfügen über eine I/O-Ebene. Hiermit können direkt Prozeßsignale erfaßt und Befehle oder Sollwerte an Anlagenteile ohne Netzanschluß abgegeben werden.

a) Sickerwasserkläranlage
Der Rechner für den Anlagenbereich Sickerwasser ist in einem 19 Zoll Untertischcontainer eingebaut.
Bestückt ist der Sickerwasserrechner auf der VMEbusseite wie folgt:

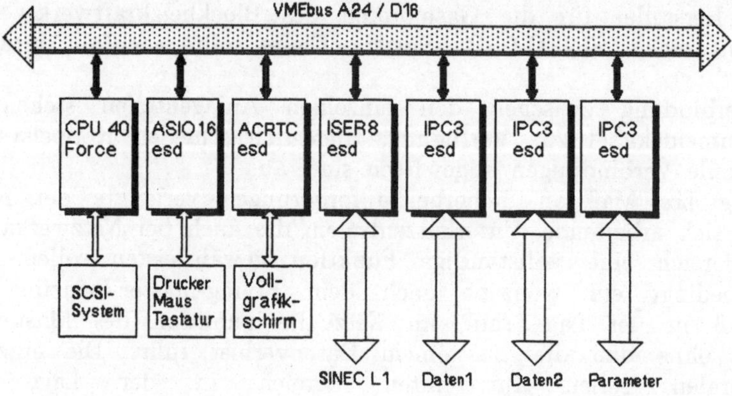

b) Blockheizkraftwerk
Der Rechner für den Anlagenbereich Blockheizkraftwerk ist in einem 19 Zoll Standardschaltschrank mit Drehrahmen eingebaut.

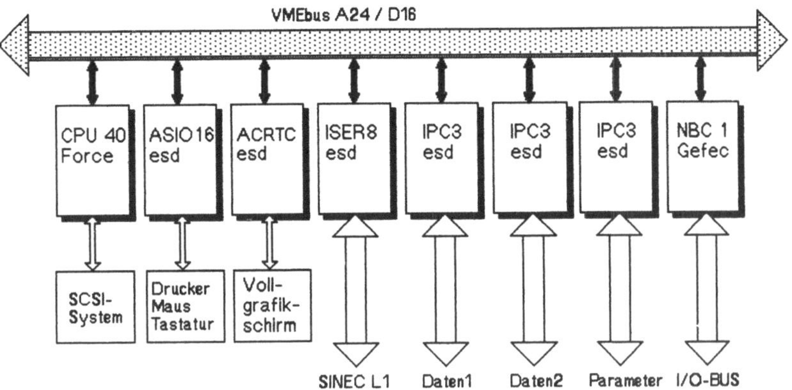

I/O-Bus-Ebene:

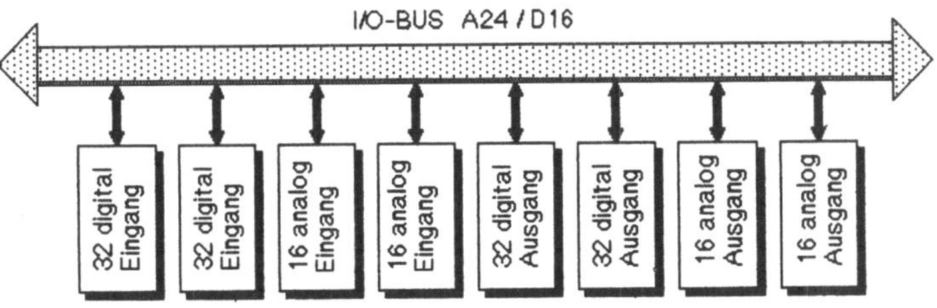

c) Zentraler Leitrechner
Der zentrale Leitrechner ist zusammen mit dem Fernwirkrechner in einem 19 Zoll Standardschaltschrank mit Drehrahmen montiert.

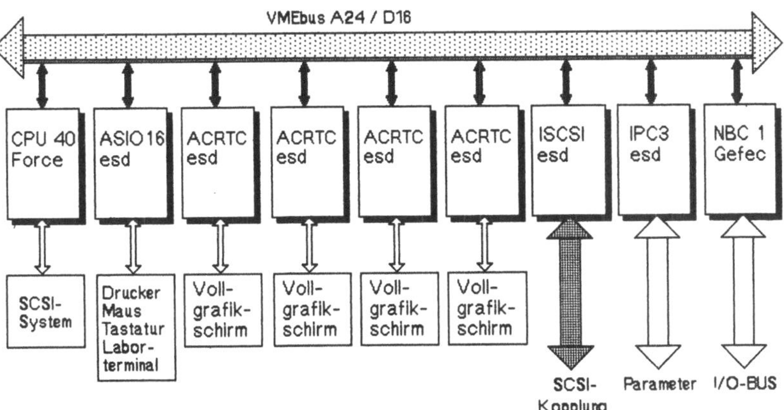

I/O-BUS-Ebene:

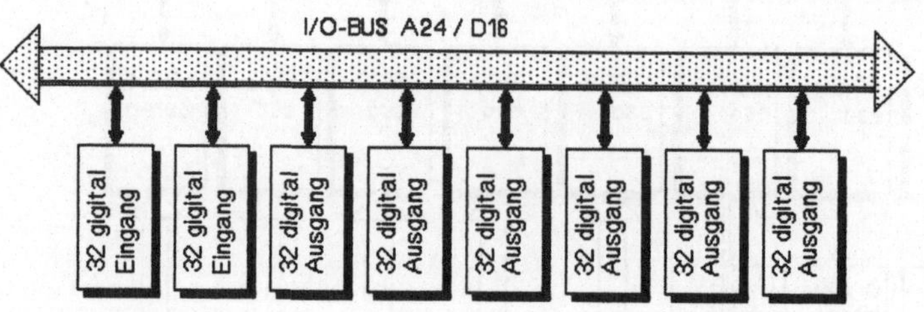

d) Fernwirkrechner
Der Fernwirkrechner für den allgemeinen Teil Klärwerk ist in einem 19 Zoll Standardschaltschrank mit Drehrahmen eingebaut. In diesem Schrank ist ebenfalls der zentrale Visualisierungsrechner eingebaut. Beide Rechner sind über eine SCSI-Bus-Kopplung miteinander verbunden.

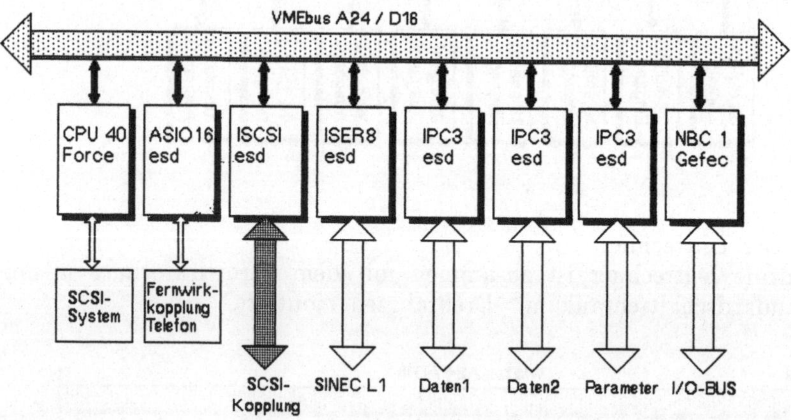

I/O-BUS-Ebene:

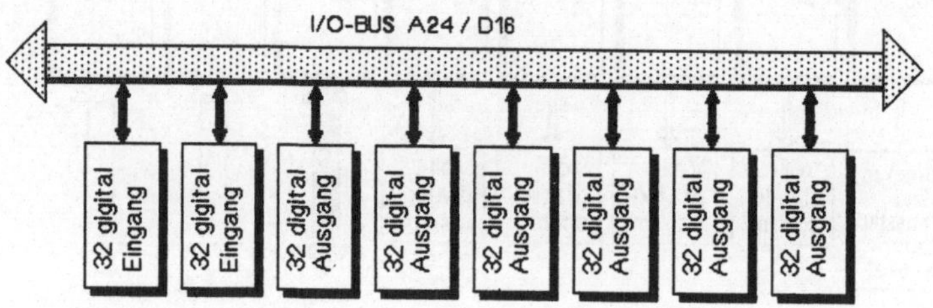

e) Datenpflegerechner (Meisterbüro)
Der Rechner für die gesamten Funktionen der Datenmodellpflege, Bilderstellung, Protokollgenerierung und Systempflege ist in einem 19 Zoll Untertischcontainer eingebaut.

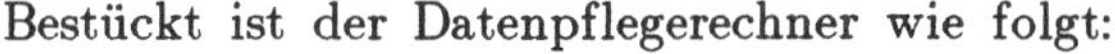

Bestückt ist der Datenpflegerechner wie folgt:

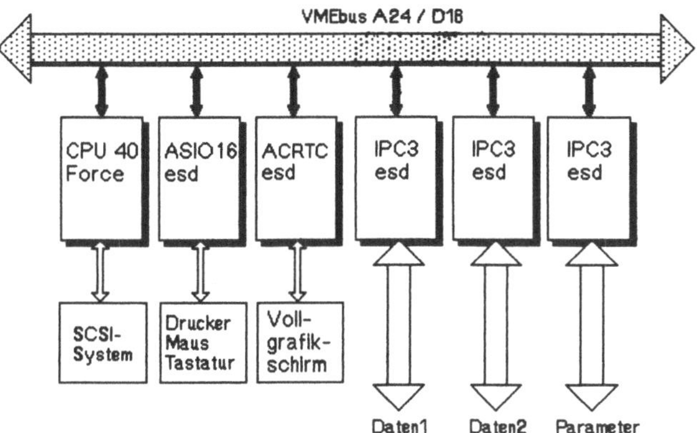

Netzwerkaufbau

Die Kopplung zwischen den einzelnen, abgesetzten Unterzentralen untereinander und mit dem zentralen Leitrechner erfolgt über 2 getrennte Datenverbindungen mit Hilfe der intelligenten Koppelkarte (IPC3). Die Karte ist mit einer 68000er CPU von Motorola ausgerüstet. Auf dieser Karte läuft unter RTOS-UH/PEARL eine eigenständige Koppelsoftware, die den gesamten Datentransfer steuert. Als Grundlage für die Organisation des Transfers dient der PDV-Bus. Hierauf ist eine Struktur aufgesetzt, die den Datentransport zwischen den einzelnen Rechnern regelt. Hierzu wird jedem Teilnehmer am Netz die Änderung eines einzelnen Datenpunktes oder Datenpunktgruppe in Verbindung mit einer Kontrollzahl mitgeteilt. Jeder Empfänger muß die Telegramme mit der Kontrollzahl bestätigen. Hierdurch wird ein Datenverlust durch Netzwerkstörungen vermieden. Sollte ein Teilnehmer ein Telegramm nicht innerhalb einer bestimmten Zeit bestätigen, so wird das Telegramm erneut gesendet. Durch die Aufteilung der Kommunikation auf zwei unabhängige Linien wird die benötigte Transferrate von 20 aktualisierten Datenpunkten pro Sekunde erreicht. Durch die Prozeßankopplung über den SINEC L1 Bus ist eine höhere Transferrate nicht erforderlich, da der SINEC Bus in diesem Fall den Flaschenhals darstellt.

Ein weiterer PDV-Bus ist in Linie über alle Rechner geführt, um einen vom Prozeß-Datenverkehr unabhängigen Dateitransfer zu ermöglichen. Hiermit ist man in der Lage, zur Laufzeit Konfigurationsdateien, Datenbasen oder Bilder zu übertragen. Vom Systempflegerechner ist es durch ein geführtes Menü möglich, alle Rechner im Netz mit neuen Informationen zu versehen, ohne den laufenden Betrieb zu beeinträchtigen. Wenn die Konfiguration auf allen Rechner geändert worden ist, kann auf Befehl ein Neustart mit geänderten Parametern durchgeführt werden.

Die Ankopplung des SINEC L1 Bus erfolgt über eine weitere, intelligente Koppelkarte. Dieser Karte (ISER8) ist ebenfalls mit einem RTOS-UH/PEARL Laufzeitsystem versehen. Auf der Karte ist die vollständige Emulation für einen SINEC L1 - Slave implementiert. Der Leitrechner, welcher mit dieser

Karte versehen ist, ist von der Bedienung des L1 - Bus vollständig entkoppelt. Die Kommunikation mit dem Restsystem erfolgt über einen von beiden Seiten les- und schreibbaren Speicherbereich auf der Koppelkarte. Die Koppelkarte teilt über Interrupt dem Restsystem mit, daß neue, gültige Daten eingetroffen sind. Zu sendene Daten werden von der ISER8 an einem Flag in dem gemeinsamen Speicher erkannt. Die Koppelkarte verhält sich im SINEC Bus wie ein normaler Slave. Alle Funktionen des Busses werden korrekt bedient.
Die Ankopplung des zentralen Leitrechners an das Restsystem erfolgt über eine SCSI-Koppelkarte (ISCI). Auch diese Karte ist eigenintelligent und verfügt über eine 68010er CPU von Motorola. Die Programmierung erfolgte unter RTOS-UH/PEARL. Der Fernwirkrechner, der als zentraler Datensammler fungiert, und der zentrale Leitrechner sind jeweils mit einer Koppelkarte bestückt. Zwischen diesen beiden Karten ist eine SCSI-Datenverbindung für Filetransfer aufgebaut. Die Ansprache vom jeweiligen Restsystem erfolgt wie ein virtuelles Laufwerk. Der Datentransfer über die SCSI-Kopplung erfolgt mit einer Geschwindigkeit von etwa 700 Datenpunkten pro Sekunde. Hierduch ist sichergestellt, daß selbst bei voller PDV-Busauslastung und einem Datenverkehr mit den Telefonaußenstationen kein Datenstau entsteht.
Die schematische Netzstruktur stellt sich wie folgt dar:

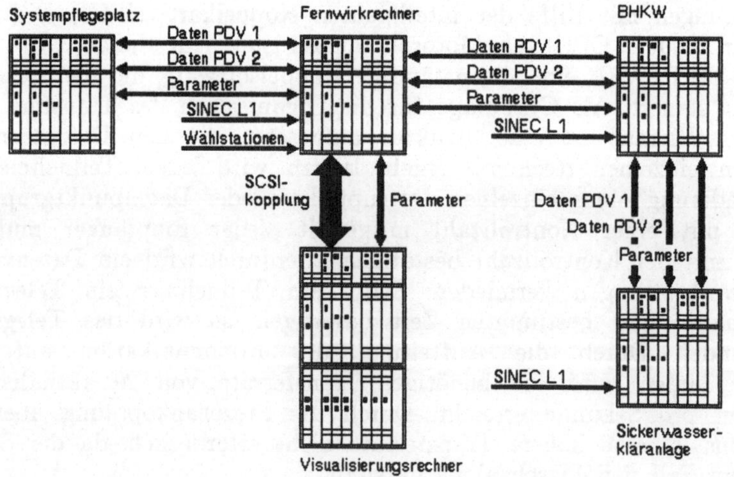

Visualisierung und Protokollierung

Die Rechner für die Sickerwasserkläranlage, das BHKW und der Datenpflegeplatz sind jeweils mit einem 19 Zoll Farbgrafikschirm ausgerüstet. Zu diesem Schirm gehört jeweils eine Maus und eine Tastatur. Die drei Rechner verfügen jeweils über einen DIN A3 Farbdrucker. Der Fernwirkrechner verfügt über keine Ausgabegeräte. Der Visualisierungsrechner ist mit vier 19 Zoll Farbgrafikschirmen und zwei DIN A3 Farbdruckern ausgestattet. Die vier Bildschirme sind auf zwei Arbeitsplätze aufgeteilt. Zu jedem Arbeitsplatz gehört eine Tastaur und eine Maus. Die beiden Drucker werden von den zwei Arbeitsplätzen gemeinschaftlich benutzt.

Die Prozeßsteuerung und Visualisierung erfolgt in erster Linie über Prozeßbilder. Aus den Bildern heraus sind alle steuerbaren Organe ansprechbar. Ein weiteres, wichtiges Hilfsmittel sind die Darstellungsformen von aktuellen oder historischen Analogwerten. Hierbei können bis zu vier Messungen in Kurvenform auf einem Bildschirm dargestellt werden. Die binären Ereignisse werden in Form von Betriebstagebüchern und Stör- und Alarmlisten festgehalten. Alle Archive werden auf der Festplatte gehalten, so daß selbst nach einem Systemausfall die Daten wieder verfügbar sind. Alle Rechner sind autostartfähig und laufen ohne Bedieneingriffe vollständig hoch.
Die Protokollierung der Fahrweise der Kläranlage erfolgt über Protokolle die den Richtlinien der ATV (Abwassertechnischen Vereinigung) entsprechen und alle relevanten Daten in Form von Tages-, Monats- und Jahresberichten ausweisen. Ferner werden die Antriebe aller Aggregate durch ein Revisoinszeitenmodul auf ihre Laufstunden und Wartungsintervalle überwacht. Durch dieses umfangreiche Protokollwesen ist es erforderlich, daß keinerlei Datenverlust auftreten darf. Hierzu werden die Protokolle auf allen Rechner parallel gehalten und können bei Festplattenausfällen von den anderen Rechner übernommen werden.

Inbetriebnahme

Die Inbetriebnahme erfolgte schrittweise für die einzelnen Anlagenteile und begann mit dem Einfahren der Gasmotoren im Blockheizkraftwerk. Hierbei wurden die letzten Schwierigkeiten mit der Emulation des SINEC L1 Slaves beseitigt. Parallel dazu erfolgte die Erprobung des PDV-Busses auf einer Linie im Zusammenspiel mit dem Fernwirkrechner. Hier konnten die ersten Erfahrungen im Umgang mit dem Bus gemacht und das Verhalten auf äußere und innere Störungen geklärt werden. Dies hatte entscheidene Einflüsse auf die weitere Inbetriebnahme und führte zu einem raschen Aufbau der restlichen Rechner, um ein möglichst großes und realistisches Testfeld zu haben. Erst hierdurch war es möglich, alle Fehler in der Kopplungssoftware zu finden und ein stabiles Verhalten auch bei Ausfall von einzelnen Netzteilnehmern zu erreichen. Im Zuge der Inbetriebnahme wurde das gesamte Datenmodell erstellt und jeder Datenpunkt von seiner Entstehungsquelle bis in den Visualisierungsrechner getest.
Im derzeitigen Ausbaustand (September 1992) sind im System etwa 6000 Prozeßpunkte aufgenommen. Für etwa 350 Analogwerte werden Mittelwerte gebildet und archiviert. Aus dem Labor des Klärwerks werden pro Tag etwa 100 Handwerte zur Protokollierung und Archivierung eingegeben. Die gesamte Steuerung und Visualisierung des Klärprozesses erfolgt über den zentralen Leitrechner. Im BHKW-Rechner ist ein übergreifendes Steuerprogramm für die Steuerung und Regelung der Gasmotoren installiert. Im Leitrechner läuft zusätzlich zum normalen Leitsystem ein autarkes Programmpaket für die Spitzenlastüberwachung und Energiekostenminimierung.
Im Rahmen der Inbetriebnahme wurde das Konzept mit möglichst eigenständigen und intelligenten Kopplungen als ein sehr brauchbarer Weg empfunden, die erforderlichen Datenmengen zu bewältigen. Ein wesentlicher Pluspunkt bei der Entwicklung war die Einheitlichkeit von Betriebssystem

und Programmiersprache auf allen Prozessorkarten. Hierbei hat sich RTOS-UH/PEARL als genügend flexibel gezeigt, um die bei der Inbetriebnahme aufgetretenen Probleme zu lösen. Bemerkenswert war hierbei, daß sich im Zuge der Inbetriebnahme das Datenmodell verdreifacht hat. Gegenüber der ursprünglichen Anforderung von etwa 2500 Datenpunkten sind mittlerweile 7500 Datenpunkte bekannt.

Ausblick

Die Kläranlage Steinhof wird zur Zeit immer noch erweitert und mit neuen Anlagenteilen versehen. Schon jetzt ist abzusehen, wann die projektierte Datenpunktmenge von 9000 Stück nicht mehr ausreicht. An den Fernwirkrechner sollen etwa 120 Pumpwerke zur Überwachung mittels Telefonwählverbindungen angeschlossen werden. Hierzu sind 10 Wählnetzschnittstellen der Telekom in den Rechner integriert. Der Leitrechner soll auf 350 Laborhandwerte erweitert werden und die gesamte Protokollierung über die Fahrweise der Kläranlage nach der Selbstüberwachungsverordnung übernehmen. Die Anlagenteile für die Schlammentwässerung und Klärschlammfaulgasgewinnung sind noch nicht an den Leitrechner angeschlossen. Sie sollen ebenso wie die Verwaltung und Steuerung der klärwerkseigenen Regenrückhaltebecken an das System angeschlossen werden. Im Ausblick auf die zu erwartende Datenpunktmenge ist das System mittlerweile für 12000 Datenpunkte konfiguriert. Durch den konsequenten Einsatz von dezentralen Intelligenzen ist die Anwortzeit des Systems immer noch akzeptabel und im wesentlichen von der Geschwindigkeit des SINEC L1 Busses abhängig. Bildaufschaltzeiten von etwa 2 Sekunden und Komplettdarstellungen von Archiven als Kurven in etwa 5 Sekunden sind noch vertretbar. Als Fazit kann festgehalten werden, daß das Leitstellensystem BDE 3000 unter RTOS-UH/PEARL sich auch für mittlere Prozeßüberwachungsaufgaben eignet. Durch Einsatz geeigneter Hard- und Software ist mit einem vergleichsweise geringen Kostenfaktor (Preis pro Datenpunkt) eine umfassende Systemüberwachung und Steuerung möglich.

"Realzeitprogrammierung mit Pearl" in der Informatikausbildung der Universität Erlangen-Nürnberg

Ch. Feder-Andres*
R. Schorr
Lehrstuhl für Programmiersprachen
Universität Erlangen-Nürnberg
Martensstr. 3, W-8520 Erlangen

Zusammenfassung

Die Pearl-Ausbildung im Rahmen des Informatikstudiums hat an der Universität Erlangen-Nürnberg bereits langjährige Tradition und erfolgt in Form von Vorlesungen, Übungen, Seminaren sowie Praktika. In dem vorliegenden Artikel beschreiben wir Lerninhalte und -ziele des vom Lehrstuhl für Programmiersprachen angebotenen Seminars zum Themenbereich "Realzeitprogrammierung mit Pearl". Im Rahmen des theoretischen Teils des Seminars lernen die Studierenden die Besonderheiten der Realzeitprogrammiersprache Pearl und verschiedene Aspekte einer Programmierumgebung für Pearl kennen. Im praktischen Teil des Seminars haben die Studierenden realistische Probleme der Realzeitdatenverarbeitung zu lösen. Die Realisierung erfolgt mittels RTOS-UH/Pearl, als ansteuerbare Prozeßhardware stehen fischertechnik-Modelle zur Verfügung.

1. Historie

Der Studiengang Informatik ist an der Universität Erlangen-Nürnberg der Technischen Fakultät zugeordnet und gehört somit zu den Ingenieurwissenschaften. Seit dem Wintersemester 1969/70 ist die Informatik ein eigenständiger Studiengang.

Die Pearl-Ausbildung im Rahmen des Informatikstudiums hat an der Universität Erlangen-Nürnberg bereits langjährige Tradition und erfolgt in Form von Vorlesungen, Übungen, Seminaren sowie Praktika. Durchgeführt werden diese Veranstaltungen vom Lehrstuhl für Programmiersprachen, vom Lehrstuhl für Betriebssysteme und dem Regionalen Rechenzentrum (RRZE) der Universität Erlangen. Im Wintersemester 1978/79 wurde vom Lehrstuhl für Programmiersprachen erstmals eine Vorlesung zur Programmiersprache Pearl mit praktischen Übungen angeboten. Seit dem Sommer-

*Ch. Feder-Andres arbeitet jetzt am Europäischen Zentrum für Netzwerkforschung der IBM in Heidelberg

semester 1985 finden regelmäßig Seminare zur Realzeitprogrammierung mit Pearl statt. Das RRZE veranstaltet zusammen mit dem Lehrstuhl für Betriebssysteme seit dem Sommersemester 1977 ein Praktikum für Studierende im Grundstudium, bei dem ebenfalls die Sprache Pearl im Mittelpunkt steht. Vom Lehrstuhl für Betriebssysteme und dem RRZE wurde im Sommersemester 1992 erstmals eine Vorlesung zur Realzeitprogrammierung im Hauptstudium des Informatik-Studiengangs abgehalten.

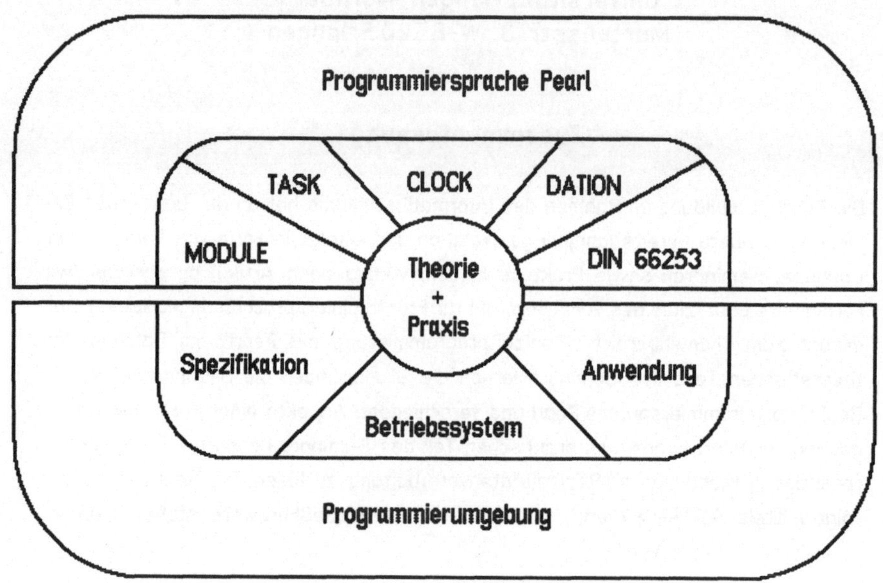

Abbildung 1: Themenkreise des Seminars

In dem vorliegenden Artikel beschreiben wir Lerninhalte und -ziele des vom Lehrstuhl für Programmiersprachen im Rahmen des Informatik-Grundstudiums angebotenen Seminars zum Themenbereich "Realzeitprogrammierung mit Pearl". Dabei gehen wir zum einen auf das zu vermittelnde theoretische Basiswissen und zum anderen auf die von den Studierenden zu lösenden praktischen Aufgabenstellungen ein. Einen Überblick über die im Seminar angesprochenen Themenkreise gibt Abbildung 1. Die konkreten Themenstellungen werden im folgenden vorgestellt. Neben technischen Lernzielen verfolgt die vom Lehrstuhl für Programmiersprachen angebotene Art der Pearl-Ausbildung auch nichttechnische Lernziele, die ebenfalls Gegenstand unserer Ausführungen sind.

2. Theoretische Grundlagen

Im Rahmen des theoretischen Teils des Seminars beleuchten die Studierenden den Themenkomplex Realzeitprogrammierung aus unterschiedlichen Blickwinkeln in Form von ca. einstündigen Vorträgen. Die Vorträge sind zu einem Teil der Programmiersprache Pearl, zu einem anderen Teil verschiedenen Aspekten einer Programmierumgebung für Pearl gewidmet.

2.1 Programmiersprache

Den Studierenden wird zunächst ein Überblick über die Entwicklung von Pearl gegeben. Dabei wird auf die Arbeit des Pearl-Vereins bzw. der GI-Fachgruppe ebenso eingegangen, wie auf die regelmäßig stattfindenden Tagungen und die Standardisierungsaktivitäten [Pearl89], [Pearl90], [Pearl91], [Stie89], [DIN66253].

Belegt wird das Seminar von Studierenden, die im Rahmen ihres Informatikstudiums bereits mindestens eine problemorientierte Programmiersprache, wie Pascal oder Lisp, kennengelernt haben. Auf diesem Vorwissen aufbauend, können die Pearl-Sprachmittel vorgestellt werden, die in der sequentiellen Programmierung üblich sind: Wertzuweisungen, Schleifen, Abfragen, Prozeduren und arithmetische Operationen mit den entsprechenden Datentypen. In diesem Zusammenhang wird auch das in Pearl realisierte Strukturierungsprinzip mit Moduln, System- und Problemteil erläutert.

Die weiteren Vorträge sind nun den Realzeitsprachelementen von Pearl gewidmet. Nach einer Einführung in die Charakteristika von Realzeitsystemen werden folgende Themen angesprochen:

- die Definition, Steuerung und Synchronisierung parallel ablauffähiger Teilprogramme,
- das Einplanen und Verarbeiten von Zeiten und Unterbrechungen sowie die Behandlung von Ausnahmen und
- die Ein-/Ausgabe von Daten des Leitstandes, des technischen Systems und des Massenspeichers mit Hilfe der Sprachmittel GET/PUT, TAKE/SEND und READ/WRITE.

Für alle Realzeitsprachmittel wird die Syntax und die Semantik erläutert und ihre Verwendung anhand von (Programm-) Beispielen veranschaulicht.

2.2 Programmierumgebung

Neben den Konzepten der Programmiersprache Pearl werden auch ausgewählte Aspekte einer Programmierumgebung für Pearl behandelt. Erörtert werden Methoden zur Spezifikation, Betriebssysteme für Realzeitanwendungen sowie Grundlagen der Robotersteuerung.

Spezifikationsmethoden

Spezifikationsmethoden für Realzeitprobleme werden exemplarisch anhand der Methode PASS (Parallel Activities Specification Scheme) und der Entwicklungsumgebung Excelerator/RTS erläutert.

PASS ist eine am RRZE entwickelte Methode zur Spezifikation von Prozeßautomatisierungssystemen [Flei84]. Sie benutzt als Stukturierungsmittel den Begriff des Prozesses. Jeder Prozeß wird mit Hilfe eines erweiterten, endlichen Zustandsautomaten modelliert. Das Ablaufverhalten eines Prozesses wird in Form von Graphen definiert. Prozesse können sowohl über gemeinsame Objekte als auch mit Hilfe von Botschaften kommunizieren. Damit können in PASS sowohl Rechenprozesse als auch technische Prozesse einheitlich beschrieben werden.

Als Anwendungsbeispiel ist die Ablaufsteuerung einer Fußgängerampel mit Hilfe von PASS zu entwickeln. Die Ampel soll, durch Knopfdruck aktiviert, den Fahrzeugverkehr anhalten und dann Fußgängern eine angemessene Zeitdauer zum Überqueren der Straße bieten. Danach soll der Verkehr wieder für die Fahrzeuge freigegeben werden.

Excelerator ist ein Werkzeug zur Analyse, Spezifikation und Planung des zu entwickelnden Programms [Göbe89]. Die Version Excelerator/RTS wurde speziell für die Programmierung von Echtzeitsystemen entwickelt und unterstützt die Spezifikationsmethode von Ward und Mellor [WM86]. Zur Erstellung und Verwaltung der Spezifikationen bietet Excelerator einen Graphikeditor, eine Datenbank, einen Fehleranalysator und einen Reportgenerator an. Als Anwendungsbeispiel für die Einsatzmöglichkeiten des Werkzeuges wird auch hier das Verhalten einer Fußgängerampel betrachtet.

Realzeitbetriebssysteme

Der Beitrag über Betriebssysteme für Realzeitanwendungen gliedert sich in zwei Teile. Im ersten Teil werden allgemeine Anforderungen erarbeitet, die von einem Betriebssystem erfüllt werden müssen, damit die Automatisierung technischer Prozesse möglich ist. Derartige Anforderungen sind beispielsweise Kommandos zur Synchronisierung paralleler Prozesse, ein direkter Zugriff auf E/A-Geräte sowie die Bereitstellung von Interrupts auf Anwendungsebene. Exemplarisch wird in diesem Zusammenhang das Betriebssystem RMOS2 [Wrob86] sowie eine Realzeiterweiterung von UNIX [Daug87] vorgestellt.

Grundlagen der Robotersteuerung

Der Beitrag zur Robotersteuerung befaßt sich mit dem Aufbau, der Steuerung und der Programmierung von Industrierobotern [BD81]. Die hierfür interessanten Elemente wie z. B. Sensoren, Effektoren und Antriebssysteme sowie Koordinatensysteme werden vorgestellt. Im Mittelpunkt der Betrachtung stehen Programmierverfahren und -systeme für Roboter. Neben dem Verfahren des manuelles Programmierens wird insbesondere die Teach-In-Programmierung besprochen, die im praktischen Teil des Seminars für die Programmierung des Robotermodells eingesetzt werden soll.

3. Praktische Übungen

Besonderer Wert wird im Seminar darauf gelegt, nicht nur Wissen über die Theorie der Realzeitprogrammierung weiterzugeben, sondern vielmehr auch den praktischen Umgang mit Realzeitsystemen zu vermitteln. Durch das Lösen konkreter Problemstellungen der Realzeitdatenverarbeitung wird die Brücke von der Theorie zur Praxis geschlagen. So wird erreicht, daß Theorie und Praxis nicht als zwei getrennte "Welten" erscheinen, sondern die Theorie als Basis zur Lösung der Probleme in der Praxis erkannt wird.

Im Rahmen der praktischen Übungen des Seminars haben die Studierenden die Möglichkeit, realistische Probleme der Realzeitdatenverarbeitung zu lösen. Mehrere Studierende bilden jeweils ein Team, das eine konkrete Implementierungsaufgabe von der Problemanalyse, über die Spezifikation, die Programmcodierung, den Test bis zur Dokumentation bearbeiten muß.

3.1 Konfiguration

Die Tabelle 1 gibt einen Überblick über die im Rahmen des Seminars eingesetzten Rechner, Compiler sowie die zur Verfügung stehende Prozeßperipherie.

	Sommersemester 1985 bis Sommersemester 1987	seit dem Wintersemester 1987/88
Hardware	KBS (Z80)	Atari 1040 (68000)
Software	RRZE-Erweiterung von Avionic-Pearl	RTOS-UH/Pearl
Prozeß-peripherie	HHG-4 Roboter	HHG-4 Roboter fischertechnik-Roboter fischertechnik-Baukasten - Aufzug - Werkzeugmaschine - Paketsortieranlage

Tabelle 1: Software- und Hardware-Konfiguration

Zunächst wurde mit Z80-Rechnern, dem Betriebssystem CP/M und einem am RRZE entwickelten Pearl-Compiler gearbeitet. Als Prozeßperipherie stand ein mit Schrittmotoren angetriebenes, vierachsiges Robotermodell HHG-4 zur Verfügung.

Seit dem Wintersemester 1987/88 werden Atari 1040 mit 68000er Prozessoren und 1 MByte Hauptspeicher, mit dem an der Universität Hannover entwickelten Betriebssystem RTOS und RTOS-UH/Pearl eingesetzt [RTOS], [Weit87]. Der HHG-4 Roboter kann über den c´t-Userport angesteuert werden [Schö86]. Als weitere Prozeßhardware werden fischertechnik-Modelle eingesetzt, die über ein spezielles, ebenfalls von fischertechnik angebotenes Interface an die parallele Druckerschnittstelle des Atari angeschlossen werden können [FT]. Über das Interface können bis zu vier Digitalausgänge (Motoren, Lampen, Elektromagnete), acht Digitaleingänge (Taster, Schalter) und zwei Analogeingänge kontrolliert werden. Die Programmierung der Ein-/Ausgangssteuerung des Interfaces erfolgt in Assembler. Der Zugriff auf die Assemblerfunktionen findet über eine Pearl-Schnittstelle statt. Diese Pearl-Schnittstelle steht den Studierenden als Ein-/Ausgabeschnittstelle zur Prozeßhardware zur Verfügung. Mit den im Seminar eingesetzten fischertechnik-Modellen können folgende Experimente durchgeführt werden:

- Steuerung eines Personenaufzugs,

- Steuerung einer Fertigungszelle, die aus einem Industrieroboter und einer Werkzeugmaschine besteht,
- Steuerung eines Roboters mit einem Teach-In-Programm und
- Steuerung einer Paketsortieranlage.

Im folgenden werden die beiden zuerst genannten Experimente ausführlich beschrieben.

3.2 Steuerung eines Aufzugs

Das zur Verfügung stehende Aufzugmodell besteht aus drei Ebenen (Erdgeschoß, 1. Stock, 2. Stock) und dazugehörigen Tastern (siehe Abb. 2). Diese Taster dienen zur Ermittlung der Position des Fahrkorbes. Außerdem sind weitere vier Taster als Ruftaster in den einzelnen Stockwerken angebracht. Eine rote Lampe ist direkt mit dem Aufzugmotor verbunden und leuchtet dann, wenn der Motor in Betrieb ist. Eine grüne und gelbe Lampe dienen zum Anzeigen der Richtung, in der sich der Aufzug bewegt.

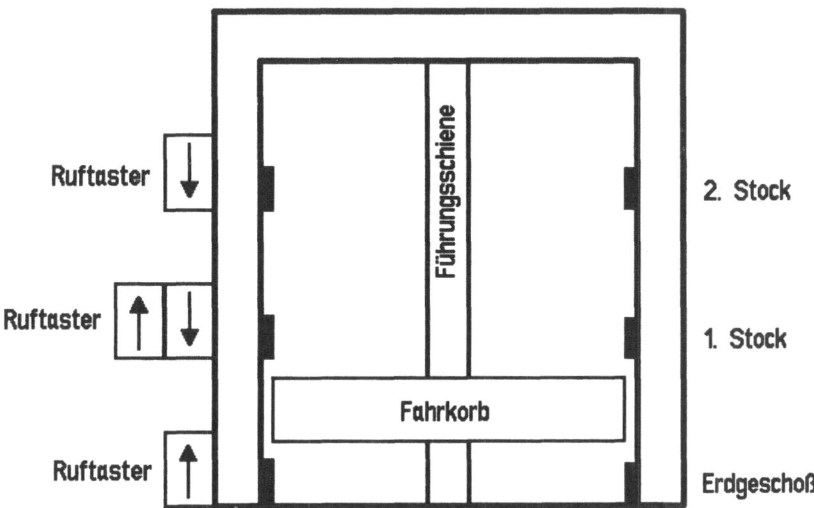

Abbildung 2: Modell des Aufzugs

Die Aufgabe der Studierenden ist es, eine Aufzugsteuerung zu entwickeln. Die Auswahl des Zielstockwerks soll dabei über die Tastatur oder die Maus des an das Aufzugmodell angeschlossenen Rechners erfolgen. Hinsichtlich der Steuerung des Aufzugs sind verschiedene Ausbaustufen denkbar:

1. **Einfache Steuerung:** Die Sollposition des Fahrkorbs wird über die Tastatur und die Istposition mit Hilfe der Taster ermittelt. Aus dem Vergleich von Ist- und Sollposition wird die Fahrtrichtung bestimmt.

2. **Steuerung mit Ruftastenspeicher:** Die Steuerung soll sich die Fahrtwünsche der zu befördernden Personen merken. Der Aufzug kann jederzeit gerufen werden. Die Aufträge sollen in der Reihenfolge bearbeitet werden, in der sie eingehen, eventuell kann eine Optimierung des Weges vorgenommen werden.

3. **Steuerung mit Richtungspriorität:** Diese Art der Steuerung betrachtet den linken bzw. rechten Ruftaster im 1. Stock als Taster für den Fahrtwunsch nach oben bzw. unten. Der Aufzug reagiert auf eine Anforderung aus dem 1. Stock nur dann sofort, wenn die Wunschrichtung mit der aktuellen Fahrtrichtung übereinstimmt.

Neben dem Steueralgorithmus spielen die Betriebssicherheit, die Bedienungsoberfläche und die Dokumentation eine große Rolle. Anforderungen an die Betriebssicherheit sind, daß
- der Motor mit einem einzigen Befehl (Not-Aus) ausgeschaltet werden kann,
- das Betätigen eines Alarmknopfes eine Meldung auslöst und
- eine Meldung ausgegeben wird, falls der Aufzug "steckenbleibt".

Die Bedienungsoberfläche soll
- übersichtlich den Betriebszustand anzeigen,
- jederzeit Eingriffe in den Ablauf zulassen, um z. B. den Aufzug gezielt in ein Stockwerk zu fahren oder anzuhalten und
- unterschiedliche Betriebsarten zulassen (z. B. Auswahl aus verschiedenen Steueralgorithmen, Vorsehen bestimmter Wartezeiten).

Zur Programmdokumentation gehört
- die Problembeschreibung mit Anforderungsdefinition,
- ein Überblick über die gewählte Lösung,
- ein Überblick über die Programmstruktur (Moduln, Taks, Prozeduren, Aufrufhierarchie, Funktionsbeschreibung der Komponenten),
- das kommentierte Programmlisting und
- eine vollständige Bedienungsanleitung.

3.3 Steuerung einer Fertigungszelle

Die Fertigungszelle setzt sich aus einer Werkzeugmaschine und einem Roboter zusammen (siehe Abb. 3). Die Werkzeugmaschine besteht aus einem Rundtisch, der als Transporteinheit dient, und einem Bohrer. Auf dem Tisch sind in einem Abstand von 90 Grad vier Behälter für Werkstücke angebracht. Der Tisch kann mit Hilfe eines Motors nach links und rechts gedreht werden. Die korrekte Position eines Werkstücks unter dem Bohrer kann mittels eines Tasters überprüft werden. Der Bohrer ist an einem Maschinengalgen befestigt und kann über einen Motor auf und ab bewegt werden. Die Endpositionen des Galgens werden durch Endtaster festgelegt. Der Bohrvorgang selbst kann durch Ansprechen einer Lampe angezeigt werden.

Abbildung 3: Modell einer Fertigungszelle

Der Roboter wird über vier Gleichstrommotoren bewegt. Je einer dieser Motoren steuert den Drehkranz, Oberarm, Unterarm bzw. Greifer des Roboters. Jedem der Motoren ist eine Lampe zugeordnet, die immer dann aufleuchtet, wenn der Motor angesprochen wird. Jeder der Motoren kann eingeschaltet, nach links oder rechts bewegt und ausgeschaltet werden. Außerdem existieren Taster für Rückmeldungen vom Drehkranz, Ober- und Unterarm sowie vom Greifer.

Die Aufgabe für die Studierenden lautet, ein Steuerungsprogramm zu entwickeln, so daß der Roboter Werkstücke in den Behältern der Werkzeugmaschine ablegt, die dann dort mit einer Bohrung versehen werden. Anschließend werden die Werkstücke vom Roboter wieder entfernt und abgelegt. Zur Programmierung des Roboters soll das Teach-In-Verfahren angewendet werden.

Die Anforderungen an das Steuerprogramm sind z. B.:

- die Drehrichtung des Rundtisches sowie die Drehgeschwindigkeit, Bohr- und Wartezeiten zwischen den einzelnen Arbeitsgängen sollen variabel und einstellbar sein,
- im Teach-In-Modus können Bewegungsfolgen erstellt bzw. bereits erstellte Folgen modifiziert werden,
- die Bewegungsfolgen können auf Diskette gesichert und wieder gelesen und gestartet werden; außerdem kann die Folge auf Bildschirm oder Drucker ausgegeben werden,
- jede Bewegungsfolge kann unter Angabe eines Wiederholungsfaktors ausgeführt werden und
- jede Bewegungsfolge ist jederzeit unterbrechbar.

Ebenso wie bei der Aufzugsteuerung kommen der Betriebssicherheit, Bedienungsoberfläche und Dokumentation große Bedeutung zu. Die in Abschnitt 3.2 beschriebenen Anforderungen an die Bedienungsoberfläche und die Dokumentation gelten auch für die Steuerung der Fertigungszelle. Problemspezifische Anforderungen an die Betriebssicherheit sind:

- jeder Motor muß einzeln ausgeschaltet werden können,
- die Bohrmaschine darf nur auf ein korrekt positioniertes Werkstück abgesenkt werden.,
- die Bohrmaschine darf sich entlang des Galgens nur innerhalb der beiden Endschalter bewegen,
- der Bohrvorgang darf eine maximale Bearbeitungszeit nicht überschreiten, um eine Zerstörung des Werkstücks zu verhindern, und
- es gibt für den Roboter einen Initialpunkt, der mit einem einzigen Befehl angefahren werden kann.

4. Lernziele

Das in diesem Artikel beschriebene Seminar verfolgt sowohl technische als auch nichttechnische Lernziele.

Kern der technischen Lernziele ist natürlich das Erlernen der Programmiersprache Pearl. Dabei liegt der Schwerpunkt auf den Sprachelementen, die das Lösen von Problemen der Realzeitdatenverarbeitung unterstützen. Bei der Entwicklung der Prozeßsteuersoftware wird vor allem Wert auf das ingenieurmäßige, systematische Vorgehen gelegt. Hierbei spielt die Definition von Teilzielen, wie Spezifikation, Programmcode, Testdaten und Dokumentation, eine große Rolle. Schließlich soll durch die praktischen Aufgaben der Umgang mit Prozeßhardware erlernt werden.

Das Seminar adressiert Aspekte der Realzeitprogrammierung, die normalerweise in verschiedenen Lehrveranstaltungen, oftmals noch von unterschiedlichen Lehrstühlen, angeboten werden. Somit erhalten die Studierenden in diesem Seminar die Möglichkeit, die Zusammenhänge einiger Lehrgebiete der Informatik (Programmiersprachen, Betriebssysteme, Software Engineering) für eine konkrete Klasse von Anwendungen in ihrer Gesamtheit kennenzulernen. Ein weiteres nichttechnisches Lernziel des Seminars ist es, sich Basiswissen zur Vortragstechnik anzueignen. Dieses Wissen umfaßt Inhalt und Umfang eines Vortrags ebenso, wie die Gestaltung der Folien, die Auswahl geeigneter vortragsbegleitender Materialien und die sprachliche Darstellung. Hierzu werden mit allen Studierenden Vortragsthema und -inhalt vor dem Vortragstermin besprochen. Nach jedem Vortrag findet eine Nachbesprechung in der Gruppe und mit den Betreuenden statt, in der sowohl der Inhalt des Vortrags als auch die Art der Präsentation beurteilt werden. Die Programmierarbeiten müssen im Team von drei bis vier Studierenden bewältigt werden. Hierbei machen manche Studierende das erste Mal die Erfahrung, in einer Gruppe zu arbeiten und in dieser Gruppe eine gute Gemeinschaftsleistung erbringen zu müssen.

5. Erfahrungen

Es hat sich gezeigt, daß Lehrveranstaltungen zur Programmierung mit Pearl bei den Studierenden sehr beliebt sind. Zum Teil mußten aufgrund der großen Nachfrage Seminare sogar parallel abgehalten werden. Umfragen bei den Studierenden haben ergeben, daß die positive Resonanz auf die Seminare vor allem zurückzuführen ist auf :

- die Ausgewogenheit zwischen Theorie und Programmierpraxis,
- die Möglichkeit, selbständig an einem eigenen Projekt zu arbeiten, und

- die realistischen Problemstellungen der Realzeitprogrammierung.

Dafür nehmen die Studierenden sogar den gegenüber anderen Seminaren erhöhten Aufwand von zwei weiteren - nicht anrechenbaren - Stunden pro Woche für die Implementierungsarbeiten in Kauf.

Zusammenfassend läßt sich feststellen, daß Pearl als Programmiersprache mit den besonderen Sprachkonstrukten zur Prozeßautomatisierung für Studierende attraktiv ist. Dies gilt insbesondere dann, wenn die Implementierungsarbeiten so anschaulich Maschinen zum "Leben erwecken" können.

Im Seminar eingesetzte Literatur

[BD81] C. Blume, R. Dillmann. Frei programmierbare Manipulatoren - Aufbau und Programmierung von Industrierobotern. Chip-Wissen. Würzburg. 1981.

[BNNR82] H. Brinkkötter, K. Nagel, H. Nebel, K. Rebensburg. Systematische Programmieren mit Pearl. Akademische Verlagsgesellschaft Wiesbaden. 1982.

[Daug87] S. Daughty. Adding Real Time Capabilities to the UNIX Operating System. in Workshop über Realzeitsysteme Pearl ´87. Boppart. 1987.

[DIN66253] Deutsches Institut für Normung: Informationsverarbeitung. Programmiersprache Pearl. Teile 1-3.

[EF] P. Elzer, L. Frevert. PEARL Ein Führer durch die Sprache der Prozeßrechner.

[Fels84] G. Fels. Programmieren mit Pearl - Handbuch für technische und kommerzielle Anwendungen unter Berücksichtigung der Systemumgebung. Berlin, München. 1984.

[Flei84] A. Fleischmann. Ein Konzept zur Darstellung und Realisierung von verteilten Prozeßautomatisierungssystemen. Dissertation an der Universität Erlangen-Nürnberg. 1984.

[Frev85] L. Frevert. Echtzeit-Praxis mit Pearl. Teubner Stuttgart. 1985.

[FT] fischertechnik COMPUTING. Bauanleitung, Programmieranleitung, Interface IBM Personal Computer. fischer-werke. Tunlingen.

[Göbe89] R. Göbel. Die Softwarewerkzeuge Excelerator und XTOOLS. in H. Balzert (Hrsg.). CASE Systeme und Werkzeuge. BI Angewandte Informatik. Mannheim. 1989. pp.159-181.

[KMR79] A. Kappatsch, H. Mittendorf, P. Rieder. Pearl - Systematische Darstellung für den Anwender. R.Oldenbourg München Wien. 1979.

[Pearl89] R. Henn, K. Stieger (Hrsg.). Pearl 89 Workshop über Realzeitsysteme. Springer Informatik-Fachberichte 231. 1989.

[Pearl90] W. Gerth, P. Baacke (Hrsg.). Pearl 90 Workshop über Realzeitsysteme. Springer Informatik-Fachberichte 262. 1990.

[Pearl91] W. Halang (Hrsg.). Pearl 91 Workshop über Realzeitsysteme. Springer Informatik-Fachberichte 295. 1991.

[RTOS] RTOS-UH/Pearl - Integriertes Echtzeit Multitasking Programmiersystem. Heise Verlag. 1987.

[Schö86] B. Schöfer. Kontaktsperre aufgehoben - Universelles Parallel-Interface für den Atari ST. in c´t 1986, Heft 3. pp.60-64.

[Steu84] H. Steusloff. Realzeit-Programmiersprachen. Informatik Spektrum, Band 7, Heft 2. 1984, pp.81-93.

[Stie89] K. Stieger. Pearl 90 - die Weiterentwicklung von Pearl. in R. Henn, K. Stieger (Hrsg.). Pearl ´89 Workshop über Realzeitsysteme. Springer Informatik-Fachberichte 231. 1989. pp.99-137.

[Weit87] C. Weitz. RTOS PEARL. Heise Verlag Hannover. 1987.

[Wrob86] M. Wrobel. Echtzeit-Multitasking Multiprozessor-Betriebssystem RMOS2. Tagungsband Personal-Realtime-Computing ´86. Markt&Technik, München. 1986. pp.21-48.

[WM86] P. Ward, S. Mellor. Structured Development for Real Time Systems. Volume 1-3. Englewood Cliffs. 1986.

[WW78] W. Werum, H. Windauer. Pearl Process and Experiment Automation Real Time Language. Vieweg Braunschweig. 1978.

[Zöb87] D. Zöbel. Programmieren von Echtzeitsystemen. R. Oldenbourg München, Wien. 1987.

Atari ist eingetragenes Warenzeichen der Atari Corp.
fischertechnik ist eingetragenes Warenzeichen der fischer-werke, Tunlingen.
UNIX ist eingetragenes Warenzeichen von AT&T.

PEARL in der Ausbildung an der FernUniversität

Wolfgang A. Halang
FernUniversität
Fachbereich Elektrotechnik
Postfach 940
W-5800 Hagen 1

1 Einleitung: Das Umfeld

Die FernUniversität ist eine Gesamthochschule des Landes Nordrhein-Westfalen. Zur Zeit sind rund 50.000 Personen als Voll- oder Teilzeitstudenten sowie als Zweit- oder Gasthörer eingeschrieben, wobei der letztgenannte Status besonders gerne dann gewählt wird, wenn allein Interesse an Weiterbildung besteht. Das Studium erfolgt im wesentlichen selbständig zu Hause an Hand zugesandten Lehrmaterials und wird durch Präsenzveranstaltungen ergänzt, die in den Studienzentren der FernUniversität stattfinden. Von den insgesamt 65 Studienzentren sind 29 in Nordrhein-Westfalen und weitere 31 in den übrigen Bundesländern angesiedelt; 3 Studienzentren befinden sich in Österreich und je eines in Ungarn und der Schweiz. Die Eröffnung weiterer Fernstudienzentren ist geplant, insbesondere in Osteuropa. Als Studienabschlüsse können sowohl das Diplom I als auch das Diplom II erworben werden. Darüberhinaus bestehen Möglichkeiten zur Promotion und Habilitation.

In den beiden technischen Studienrichtungen Informatik und Elektrotechnik sind zur Zeit etwa 8000 bzw. 3000 Studenten immatrikuliert. Die Informatik bietet ein ziemlich komplettes Spektrum von Lehrveranstaltungen an, worunter sich Programmierkurse in den Nichtechtzeitsprachen FORTRAN, Pascal und PL/1 sowie ein Kurs über Ada und Smalltalk befinden. Die Behandlung von Prozeßsteuerung und Realzeitsystemen ist in der Elektrotechnik angesiedelt. Fachhochschulabsolventen der Elektrotechnik können einen Ergänzungsstudiengang, der zu einem Universitätsabschluß mit Promotionsberechtigung führt, belegen.

Der von Herrn Prof. R. Lauber verfaßte, und in Zukunft vom Autor dieses Beitrages betreute, Kurs "Prozeßautomatisierung I" beschäftigt sich mit Prozeßrechensystemen. Einen Schwerpunkt dieses Kurses bildet die Echtzeitprogrammierung zur Realisierung von Automatisierungsfunktionen, die an Hand der Sprache PEARL dargestellt wird. Dieser und andere Kurse steht Gasthörern auch für ihre Weiterbildung zur Verfügung. Der Fachbereich Elektrotechnik bietet insgesamt 28 Weiterbildungsblöcke an, darunter einen unter dem Titel "Prozeßautomatisierung", der neben dem oben genannten Kurs noch einen weiteren zu Fragen des Requirements Engineerings und der Durchführung von Prozeßautomatisierungsprojekten umfaßt. Weitere inhaltlich verwandte oder anschliessende Weiterbildungsblöcke existieren zu den Themen

- Sensorik
- Digitale Signale und Systeme
- Grundlagen der Regelungstechnik
- Regelungssysteme
- Grundlagen der Robotik
- Kommunikationsnetze
- Kommunikationstechnik
- Nachrichtentechnik

sowie in der Informatik über

- Programmierung komplexer Systeme
- Grundlagen und neuere Anwendungen von Datenbanksystemen

Die erfolgreiche Teilnahme an einem Weiterbildungsblock wird durch ein Zertifikat bestätigt.

Die Tatsache, daß sich die Konzepte der Echtzeitprogrammierung unter allen verfügbaren Programmiersprachen am deutlichsten und einfachsten in PEARL darstellen lassen, erklärt das wachsende Interesse, dessen sich PEARL seit einiger Zeit in der Lehre, insbesondere an den Fachhochschulen, erfreut. Dies legt es nahe, auch über eine Intensivierung des Einsatzes von PEARL an der FernUniversität nachzudenken. Die Grundlage dafür könnte ein neuer, eigenständiger Kurs bilden, der sowohl in die Echtzeitprogrammierung einführt, als auch umfassende Kenntnisse über PEARL vermittelt.

2 PEARL im Kurs Prozeßautomatisierung

Der Fernstudienkurs Prozeßautomatisierung I besteht aus 7 Kurseinheiten. Diese beschäftigen sich mit den Themenbereichen Grundlagen, Prozeßrechnergerätesysteme, Prozeßperipherie, Echtzeitprogrammierung, Programmiersprachen für die Prozeßautomatisierung, Prozeßrechnerbetriebssysteme sowie Zuverlässigkeit und Sicherheit von Prozeßautomatisierungssystemen. Zwar wird in der Kurseinheit "Echtzeitprogrammierung" nur allgemein in die Entwicklung von Realzeitprogrammen eingeführt und PEARL noch nicht explizit erwähnt, jedoch sind die dargestellten Konzepte bereits "PEARL-orientiert", d.h. sie beruhen auf der gleichen anwendungsgerichteten Denkweise, aus der heraus die Anforderungsspezifikation und letztendlich die Sprachdefinition von PEARL entstand. Dies gilt insbesondere für das einfache, betriebssystemunabhängige Task-Zustandsmodell und für die explizite zeitliche Einplanung von Rechenprozessen, die in keiner anderen Programmiersprache mit uneingeschränkter Ausdrucksmöglichkeit implementiert worden ist. Das Gleiche kann über den grundsätzlichen Teil der Kurseinhet "Prozeßrechnerbetriebssysteme" gesagt werden, der sich mit der durch die Einsatzanforderungen ergebenden Funktionaltät von Realzeitbetriebssystemen beschäftigt. Stufenweise wird ein Mini-Betriebsystem entwickelt, das in vielen Aspekten an das universelle PEARL-Betriebssystem [1] erinnert und als eine stark vereinfachte Version des letzteren betrachtet werden kann.

Obwohl die Kurseinheit "Programmiersprachen für die Prozeßautomatisierung" PEARL nicht in den Mittelpunkt stellt, sondern nur anhand dieses konkreten Beispiels für eine Echtzeitprogrammiersprache die Charakteristika der Realzeitprogrammierung darzulegen beabsichtigt, so stellt diese Kurseinheit doch eine fast vollständige Einführung in Basic-PEARL dar. Voraussetzung zum Verständnis sind allerdings Kenntnisse allgemeinen Programmierens und einer anderen technisch-wissenschaftlichen Programmiersprache.

Zuerst wird PEARL in Zusammenhang gestellt hinsichtlich (höherer) Programmiersprachen überhaupt, hinsichtlich Echtzeitprogrammiersprachen und hinsichtlich deren historischer Entwicklung. An die Darlegung der bei der Definition von PEARL zugrundegelegten Anforderungen und verfolgten Entwicklungsziele schließt sich eine Darstellung der wichtigsten Konzepte und Sprachmittel an. Diese beginnt mit dem modularen Aufbau und der typischen Strukturierung von PEARL-Programmen in System- und Problemteile. Dann werden die in PEARL vorgesehenen Datenobjekte und die auf ihnen zulässigen Verknüpfungs- und Zugriffsoperationen eingeführt. Es folgt die Diskussion der in PEARL vorgesehenen klassischen ausführbaren Anweisungen. Bei der Behandlung der PEARL-Sprachmittel zur Ein-/Ausgabe wird dem Konzept der Datenstation breiter Raum gewidmet unter besonderer Berücksichtigung der im Systemteil vorzunehmenden Beschreibungen von Geräteanschlüssen und -verbindungen. Die Übersicht über Basic-PEARL schließt mit der Einführung der realzeittypischen Sprachkonstrukte zur Vereinbarung von Tasks, zur Steuerung der Task-Zustandsübergänge, der Einplanung von Task-(Re-)-Aktivierungen sowie zur Unterbrechungsmaskierung. Als Synchronisationshilfsmittel wird der Semaphor kurz erwähnt.

Weiterhin geht die Kurseinheit noch auf die aktuelle Erweiterung von PEARL im Hinblick verteilte Systeme ein. Dazu wird die veränderte Struktur von Mehrrechner-PEARL-Programmen dargestellt, das Collection-Konzept eingeführt und die erforderlichen Beschreibungen von Stationen, physikalischen und logischen Verbindungen, peripheren Anschlüssen und der Software-Konfiguration erläutert. Schließlich wird noch auf die Möglichkeit zur dynamischen Rekonfiguration in Abhängigkeit von wechselnden Betriebszuständen sowie auf die Konzepte, Protokolle und ausführbaren Anweisungen zum Botschaftenaustausch zwischen verschiedenen Netzknoten hingewiesen.

Die in der Kurseinheit gegebene Einführung in PEARL hat sich — nicht zuletzt wegen der die Selbstdokumentation von Programmtexten fördernden PEARL-Syntax — als hinreichend eingehend zum Verständnis eines voll ausgearbeiteten, mehrseitigen Regelungsprogrammes und zur eigenständigen Formulierung von den Fernstudenten im Rahmen von Hausaufgaben abzuliefernder Echtzeitprogramme erwiesen.

3 Konzept für einen fernstudiengerechten PEARL-Kurs

Aus den in der Einleitung genannten Gründen erscheint es wünschenswert, auch an der FernUniversität einen PEARL-Kurs anzubieten. Diés könnte natürlich in der klassischen

Form, d.h. allein auf der Grundlage schriftlichen Kursmaterials, erfolgen. Für die Vermittlung einer Programmiersprache ist ein solcher "Trockenkurs" jedoch wenig geeignet, da das Übungselement und die Rückkopplung mit dem Rechner fehlen, ohne die eine Programmiersprache nicht erlernt werden kann. Aus diesem Grunde sind vom Lehrstuhl Praktische Informatik I der FernUniversität (Prof. Dr. G. Schlageter) mehrere elektronische Weiterbildungskurse ("Computer Based Training") entwickelt worden, und zwar für wissensbasierte Systeme, UNIX, C, SQL und neurale Netze, die auf dem Medium Hypertext aufbauen. Die Kurse werden seit dem zweiten Halbjahr 1992 von einem renommierten Verlag auf jeweils 2 Disketten zusammen mit schriftlichem Begleitmaterial vertrieben. Zur Bearbeitung der Kurse ist ein IBM-kompatibler PC mit MS-Windows 3.0 erforderlich. Durch den Einsatz von Hypertext ist es nicht nur möglich, die Kurse linear durchzuarbeiten, sondern durch Verzweigungen und mit Hilfe einer Textsuchfunktion können gewünschte Teilinformationen besonders effektiv aufgefunden werden. Dadurch eignet sich dieses elektronische Kursmaterial besonders gut zur weiteren Nutzung als Sprach-Manual. Schließlich erlaubt Hypertext noch, beliebige persönliche Kommentare zu jeder Seite des gelieferten Materials hinzuzufügen. Ein besonderer Vorteil rechnergestützten Lernens ist, daß das in einer Kurseinheit vermittelte Wissen unmittelbar durch praktische Übungen vertieft werden kann.

Aus den oben dargelegten Gründen erscheint das Konzept eines elektronischen Weiterbildungskurses praktikabel und sinnvoll, auch zur Vermittlung von PEARL. Dies umso mehr, als daß deutlich über 50% der an der FernUniversität eingeschriebenen Informatik- und Elektrotechnikstudenten eigene Rechner zur Verfügung haben. In diesem Zusammenhang liesse sich auch die vom Hochschulrechenzentrum der FernUniversität unterhaltene und verschiedene elektronische Kommunikationsmedien unterstützende Kommunikationsinfrastruktur ("PORTACOM") zum Austausch von Programmen und Daten und zum Abruf zentral bereitgehaltener Informationen nutzen.

Das Lernprogramm und das Sprachhandbuch eines elektronischen Weiterbildungskurses über PEARL könnte in der gleichen Form wie oben für die Sprachen C und SQL umrissen als Hypertext bereitgestellt werden. Für die Durchführung der Programmierübungen können die auf den Rechnern der Studenten ohnehin vorhandenen jeweiligen Editoren, Hilfsprogramme und Massenspeicher eingesetzt werden. Wegen seiner Eigenschaft als Programmiersprache für die Prozeßautomatisierung kann PEARL im Gegensatz zu etwa C nicht sinnvoll erlernt werden, wenn als Ein-/Ausgabemedien nur Terminal, Drucker und Plattenspeicher zur Verfügung stehen. Da man einerseits von einer recht heterogenen Rechnerausstattung der Fernstudenten ausgehen muß und andererseits der Anschluß von Prozeßperipherie und Unterbrechungsleitungen an den am weitesten verbreiteten Rechnertyp nicht in konzeptionell sauberer Weise möglich ist, erscheint es didaktisch sinnvoll, einen mit den typischen Prozeßperipherieanschlüssen versehenen Einplatinenrechner als Ablaufumgebung für PEARL-Programme bereitzustellen. Mithin ist zur Installation auf den PCs der Studenten ein Cross-Compiler erforderlich. Der von ihm erzeugte Code könnte über eine serielle Schnittstelle, wie sie in allen gängigen PCs vorhanden ist, an den Einplatinenrechner übertragen werden, wo ein PEARL-orientiertes Echtzeitbetriebssystem dann für die Ausführung der Maschinenprogramme sorgt. Eine zusätzliche Aufgabe dieses Betriebssystems ist, den angeschlossenen PC während des Ablaufs von PEARL-Programmen als Bedienerdatensichtgerät anzusteuern. Schließlich muß zur Durchführung sinnvoller Programmierübungen noch eine externe Umgebung in Form von Prozeßmodellen bereitgestellt werden, die an den Einplatinenrechner angeschlossen und deren Funktion gesteuert und geregelt werden kann.

4 Offene Fragen

Das im letzten Abschnitt vorgestellte Konzept für einen fernstudiengerechten PEARL-Kurs wirft insbesondere unter dem Kostengesichtspunkt einige Fragen auf, zu deren Klärung die Meinungen der Teilnehmer des diesjährigen PEARL-Workshops beitragen könnten. Die Ergebnisse dieser Diskussion sollen dann in die Entwicklung des schriftlichen und rechnergestützten Kursmaterials einfließen. Im einzelnen geht es um die folgenden Fragen.

- Welcher Bedarf, insbesondere in der beruflichen Fortbildung, besteht an einem Fernstudienkurs über Echtzeitprogrammierung und PEARL?
- In welche Weiterbildungsblöcke sollte der PEARL-Kurs integriert werden?
- Welche Anforderungen werden an einen solchen Kurs gestellt; wo sind die Schwerpunkte zu setzen?
- Wie weit soll von rechnergestützten Lernprogrammen Gebrauch gemacht werden?
- Sollten bereits existierende Bücher dem Kurs zugrunde gelegt werden, und wenn ja welche(s) (vgl. dazu die unten angegebenen Bücher [2–9])?
- Welche Möglichkeiten werden gesehen, mit Hilfe der Infrastruktur der FernUniversität die Verbreitung von PEARL und ihre Lehre an anderen Bildungseinrichtungen zu fördern?
- Welche preisgünstigen PEARL-Programmiersysteme stehen für die persönlichen Rechner von Fernstudenten zur Verfügung?
- Sollten wegen der heterogenen Rechnerausstattung der Studenten verschiedene Versionen des Compilers oder sollte ein portabler PEARL-Compiler angeboten werden?
- Welche den Anforderungen genügenden Einplatinenrechner stehen zur Verfügung und zu welchem Preis?
- Welche Echtzeitbetriebssysteme lassen sich dort implementieren und zu welchen Kosten?
- Welche preisgünstigen Prozeßmodelle stehen zur Verfügung und haben sie sich im Lehrbetrieb an Präsenzhochschulen bereits bewährt?

Literatur

[1] P.J. Brunner, H. Bösmann, A. Tarabout und W. Werum: *Universelles PEARL-Betriebssystem.* Bericht KFK-PDV 55, Karlsruhe 1976.

[2] H. Brinkkötter, K. Nagel, H. Nebel und K. Rebensburg: *Systematisches Programmieren mit PEARL.* Wiesbaden: Akademische Verlagsgesellschaft, 1982.

[3] W. Werum und H. Windauer: *Introduction to PEARL. Process and Experiment Automation Realtime Language. Description with examples.* Braunschweig-Wiesbaden: Vieweg, 1982.

[4] G. Fels: *Programmieren mit PEARL. Handbuch für technische und kommerzielle Anwendungen unter Berücksichtigung der Systemumgebung.* Berlin-München: Siemens, 1984.

[5] A. Kappatsch, H. Mittendorf und P. Rieder: *PEARL. Systematische Darstellung für den Anwender* — 2. Aufl. München-Wien: Oldenbourg, 1984.

[6] L. Frevert: *Echtzeit-Praxis mit PEARL.* Stuttgart: Teubner, 1986.

[7] B. Reißenweber: *Programmieren mit PEARL.* München: Oldenbourg, 1987.

[8] C.-M. Weitz: *RTOS PEARL. Integriertes Echtzeit-Multitasking-Programmiersystem. Eine kleine Einführung in PEARL-UH.* Hannover: Heise, 1987.

[9] H. Meintzen: *Anwendungsprogrammierung für Digitalsysteme. Beispiele mit PEARL und PC.* Berlin-New York: W. de Gruyter, 1989.